走进小学数学文化课堂

方少杰 著

中国科学技术大学出版社

内 容 简 介

本书以北师大版教材为蓝本，梳理出小学各年级相关的数学文化渗透点，通过课堂量化观察、案例分析的方法，整理渗透数学文化的不同课堂教学案例，生成了自学式、讲授式、讨论式、重构式、复制式五种数学文化渗透教学策略，最后选取30个数学文化案例，具体阐述了将中华优秀传统文化融入小学数学教学的可操作性，以期在教学过程中提高学生的数学素养、文化素养、思想素养。本书可为广大小数数学教师提供教学参考。

图书在版编目(CIP)数据

走进小学数学文化课堂/方少杰著. —合肥：中国科学技术大学出版社，2024.1
ISBN 978-7-312-05838-7

Ⅰ. 走… Ⅱ. 方… Ⅲ. 小学数学课—课堂教学—教学研究 Ⅳ. G623.502

中国国家版本馆 CIP 数据核字(2023)第 250901 号

走进小学数学文化课堂
ZOUJIN XIAOXUE SHUXUE WENHUA KETANG

出版 中国科学技术大学出版社
安徽省合肥市金寨路 96 号，230026
http://press.ustc.edu.cn
https://zgkxjsdxcbs.tmall.com
印刷 安徽省瑞隆印务有限公司
发行 中国科学技术大学出版社
开本 787 mm×1092 mm 1/16
印张 15.25
字数 389 千
版次 2024 年 1 月第 1 版
印次 2024 年 1 月第 1 次印刷
定价 45.00 元

序

方少杰老师自2016年以来一直致力于数学文化走进小学数学课堂的教学研究，这本《走进小学数学文化课堂》是她研究成果的结晶，请我作序，欣然命笔。

读书教益。方少杰老师实践的数学文化课堂具有灵动的思维和美妙的文化融会，真正实现了数学文化课程的深度拓展、广度延伸和厚度提升，也让我感悟到她对数学文化课程的执着追求、教学的慎思笃行和博学严谨的科研态度。

本书具有以下三个突出特点：

一是落实“立德树人”的根本任务，专注数学文化内容传承。小学数学课程传统文化理解与传承的教学研究，有助于小学生在学习、思想和情感等方面形成养成教育。

二是从儿童立场出发，倾力数学文化教学策略与方法的课堂实践。从儿童身心发展阶段性特征入手，借助游戏、活动、操作等教学方式，让教学方法活动化、游戏化。

三是抓住数学文化跨科，拓展学科教学内容。数学文化聚焦多学科交叉融合，达到生活、自然等多方面交叉，做到学科融合，强化策略传承。

对研究小学数学文化课理论与实践的广大教师来说，该书是一本不可多得的参考用书，它为小学数学文化教学研究打开了一扇窗。对小学生而言，它让小学数学课堂变得丰富多彩，有利于激发小学生学习数学的兴趣，有利于拓宽小学生探究数学的空间，有利于小学生更好地认识数学、理解数学、学习数学。对于课程而言，该书也丰富了小学数学课本教学内容，完善了小学数学拓展课程体系。

“让数学之美处处绽放，让数学文化走进课堂，让数学课堂富有哲理”，是数学课堂追求的永恒目标，希望本书能够带着教学人的数学文化思考走向诗和远方。

沈南山
合肥师范学院
2023年8月22日

目　　录

第一章　小学数学文化教育概述

“教育工作者要做到铸魂育人、立德树人。”中华传统文化博大精深，如果数学教师能把这些知识很好地渗透到常规的教学中，将它与教学有机结合，就能够使学生在数学课堂学习体验中去感受数学传统文化，感受文化的魅力，产生文化的共鸣，从而实现数学的文化教育功能。作为一名一线小学数学教师，笔者于2018年成功申报了“小学数学课程传统文化理解与传承的实践研究”省级课题，尝试探索数学传统文化渗透于小学课堂教学的研究，并使之应用于数学课堂教学。笔者试图通过该课题的研究，促使学校、教师、学生都能浸润在优秀传统文化的环境中，从本质上改变学生学习数学的目标，从而让数学这门课程成为学生健康成长的重要元素。

第一节　小学数学文化教育的意义

优秀数学文化凝聚着中华民族自强不息的精神追求和历久弥新的精神财富，作为国家未来的希望，小学生要承担起弘扬传统文化的重任。将传统文化融入小学数学教学中，不仅可以使学生感受到传统文化的魅力，还可以激发学生的学习兴趣、锻炼学生的数学思维，培养学生刻苦钻研、严谨认真的学习态度，激发学生的爱国热情，提高学生的综合素养，增强学生的文化自信心和民族自豪感，促进学生健康成长。

一、小学数学课堂融入数学文化的必要性

“浇花浇根，育人育心。”只有深入挖掘隐藏在数学知识背后的本质与核心的数学文化，才能让数学教学具有深度。有了文化的积淀，学生的成长才会有更大的空间。有了中华传统文化的渗透，小学数学教育工作才能进一步成为人文科学与自然科学间的桥梁，小学数学的教育内涵才会更加丰富。

（一）数学教育的目的要求提升数学文化素养

进入21世纪后，数学文化的研究开始走进中小学课堂，《义务教育数学课程标准(2022年版)》(以下简称《数学课程标准》)在“课程理念”部分对课程内容的选择，明确提出要“继承和弘扬中华优秀传统文化”；在“教材编写建议”中，提出要“展现数学发展史中伟大数学家，特别是中国古代与近代著名数学家，以及他们的数学成果在人类文明发展中的作用，增强学生的爱国情怀与民族自豪感”。《数学课程标准》无论在课程目标上还是课程内容上，都十分注重兼顾数学的科学性和人文性，突显了数学的文化特质和文化价值，注重学生对数学文化

素养的全面培养和提升。数学教育目的可以归结为三个方面：一是思维训练的实施；二是实用知识的获取；三是文化素养的提升。此外，伴随着新一轮数学课程改革，在各种版本的小学数学课程标准实验教科书中，数学文化得到了较为广泛的渗透，这些教材主要是通过"你知道吗""数学阅读"等辅助材料，向学生介绍一些思想背景知识。例如，通过介绍数学史的相关内容，让学生沿着历史的脉络了解数学的起源和发展；通过讲述数学家的故事，让学生知道数学是人类文明和科技发展的重要工具，更是现代自然科学的基础和源头。如果学生通过这种形式喜欢上数学，从而培养出更进一步的探究精神，这对课堂教学是很好的补充和尝试。

著名数学教育家张殿宙先生在《数学文化的一些新视角》中指出，数学文化必须走进课堂，要在实际教学当中，使学生在学习数学的过程中，真正受到文化感染，产生文化素养和文化共鸣，体会数学的文化品位和人情味。这是从微观的角度将数学文化渗入课程标准及教科书并体现在数学教学的全过程之中。

2018年4月，北京师范大学首次发布了《21世纪核心素养5C模型研究报告(中文版)》，这份报告基于我国社会、经济、科技、教育发展需求，进一步追问"打下中国根基、兼具国际视野"的人应该具备哪些素养，提出了"21世纪核心素养5C模型"，明确"文化理解与传承"素养是核心，是一个中国人具有中国根基、打下中国烙印的体现，为其他素养提供了价值指引。发展学生的数学素养是数学教育的重要任务。我们可以将数学文化贯穿于教学的始终，作为培养学生数学素养的宝贵素材。

(二) 数学教育价值观的转变要求进行数学文化教育

教育发展至今，虽然成果丰硕，但是出现的问题也层出不穷。比如，校园暴力、学生心理问题、高分低能、理论与现实脱节，等等。基于对以往教育问题的反思，张广君教授在《教学的人为与人文：关注当代教学的文化历史使命》中提出：21世纪的中国学校教育所承担的现实责任，不再是简单地传递知识，单纯地强调智力、能力、个性或者其他具体的价值，而是站在时代发展对当代人的整体素质所提出的新的要求的高度，以知识为基础，以人文同化、化育成人为宗旨，在传承知识、培育智能、涵养品性、助长生命等方面，进行历史的、综合的、理性的探索。随着国家一系列相关文件的出台，数学教育价值观也发生了转变，要求进行数学文化教育。2014年，教育部印发的《完善中华优秀传统文化教育指导纲要》强调有序推进中华优秀传统文化教育，将其系统融入课程和教材体系。2021年，教育部强化重大主题教育整体设计，印发《中华优秀传统文化进中小学课程教材指南》等指导性文件，并针对数学学科明确提出了具体的教学要求。党的十九大报告鲜明指出：我们必须"推动中华优秀传统文化创造性转化、创新性发展，继承革命文化，发展社会主义先进文化，不忘本来、吸收外来、面向未来，更好构筑中国精神、中国价值、中国力量，为人民提供精神指引"。

(三) 缺乏人文关怀的数学课堂教学现状的实践诉求

近几年，纵观小学、初中、高中的数学课程的新课标、新教材，不难发现，数学教育的目标是：试图对数学课堂教学注入新的学习文化，设计反映现实生活的数学情境，以激发学生主动探究的热情，从而挖掘真实世界中数学的应用价值。

肖正德在《中小学中华优秀传统文化教学的突出问题及完善之路》一文中指出，我国中小学中华优秀传统文化教学师资的现状，可用"缺、弱、差"三字概括，教师文化素养参差不齐，在课堂教学中忽视了传播中华优秀传统文化。2020 年，西北师范大学教育学院副教授王明娣在《中华优秀传统文化融入教学的价值、困境及路径》中提出，社会、学校、家庭普遍以学生的成绩高低论成败，教育越发功利化，以中华优秀传统文化涵养学生德育形成的美好理想基本落空。

由于当下数学课堂对知识、技巧等工具性价值的过度追逐，原本具有丰富意蕴的数学被单调枯燥的数学符号、推理演算所取代，使数学本来拥有的文化气质被一点点剥落，并逐渐丧失文化性。因此，有必要对渗透数学文化的小学数学课堂教学进行深入研究。

二、小学数学课堂融入数学文化的意义

以“文化理解与传承”素养为核心，对于建立人力资源强国具有深远意义。在小学数学课堂上加强中华优秀传统文化教育，是培育和践行社会主义核心价值观，落实立德树人根本任务的重要基础。

（一）促进学生文化自信的树立

通过数学文化的学习，可以帮助学生了解中华优秀传统文化，感悟中华民族的智慧与创造力，体验中华优秀传统文化的魅力，增强学习的自觉性，形成积极的数学情感态度观，在学生幼小的心灵里播下文化自信的种子。

数学史是数学教学内容的重要组成部分，教师以数学教材为主线，在平时的教学中，适时地介绍一些数学史知识，充分挖掘出教材中蕴含的数学史料，并将这些内容与数学课堂教学紧密联系起来，不仅能丰富学生的学习内容，还能激发学生学习的主动性，培养学生的民族自豪感和责任感。如在“大数的认识”的教学中，学生第一次系统地了解了各种计算工具——算盘、计算器以及各种类型的计算机。对于算盘这种计算工具，很多学生感到陌生。教材中也只是简单地介绍了算盘产生的年代以及算盘算珠的简单认读。算盘作为一种古代发明而今天仍在使用的工具，有必要让学生对其进行广泛而深入的探究。通过调查，学生不仅了解到算盘是中国古代发明的计算器，享有中国“第五大发明”的美誉，而且还了解到算筹是中国独特的一种计算工具，它是一种竹制、木制或骨制的小棍，有纵式和横式两种不同的摆法。把算筹放在地面或盘中，就可以一边摆弄小棍，一边进行运算。学生通过深入探究，对这两种起源于古代的计算工具，有了较为深刻的认识，也获得了传统文化方面丰富的知识，充分感受了古代劳动人民的智慧。

中国是一个有着五千多年文明历史的泱泱大国，五千多年的灿烂文化是我们引以自豪和骄傲的，也是我们传统文化的精髓所在。在小学数学教学中进行传统文化理解与传承的实践探索，能够帮助学生从多角度多方面学习传统文化，继承发扬优秀的传统文化，让学生内在的文化底蕴和谐丰实，增强学生文化自信，让学生成为中国传统文化的传承者、创新者。

（二）促进学生核心素养的培育

数学文化以其博大精深的价值观教育和思想教育价值提升了小学数学课堂的深度和厚度，拓展了小学数学课堂的宽度和广度。在教学中，落实知识与情感、过程与方法、情感态度价值观的三维目标，提升学生的数学素养和数学文化的教育价值不容忽视。教学中，教师可以利用传统数学问题，鼓励学生积极探索数学文化，注重对数学思想和方法、数学精神和数

学观念的教学，注重数学应用性和人文性的教学，注重数学的产生和发展的过程，以此培养学生的创造性思维，锻炼学生完整思考的数学能力。

例如，“鸡兔同笼”的问题，也是我国古代典型的具有发散性思维的数学问题。教学要求用方程来解答这个问题。在教学过程中，教师可以设置这样几个问题：你们对“鸡兔同笼”的问题了解多少？你们有什么新的思考和解答方法？通过鼓励，引导学生主动思考和探索，让学生大胆发言，踊跃交流。通过问题引导，学生不仅理解了这道题的含义，还知道了大约在1500年前《孙子算经》中就记载了该问题。古代对这道题的解法叫“砍足法”，其解题思路是：“假如砍去每只鸡、每只兔一半的脚，则每只鸡就变成了‘独脚鸡’，每只兔就变成了‘双脚兔’。”这种思维叫化归法。就是在解决问题时，先不直接分析问题，而是将题中的条件或问题进行变形，使之转化，直到最终把它归成某个已经解决的问题。这样，学生从我国古代的数学论著中就能学到先进的数学思想和思维方法，同时也引发了学生由衷的感叹，引领学生在活动中体验数学、理解数学、运用数学，培养他们的科学探索精神，促进学生核心素养的培育。

（三）促进学生美好品格的形成

中华优秀传统文化蕴含的隐形的数学精神形态，将唤醒学生的主体观念和创造热情，有助于学生了解数学在人类文明发展中的作用，体会数学家的创新精神和严谨的治学态度。例如，在学习“圆的认识”时，向学生介绍早在2000多年前，我国古代就有对圆的精确记载，我国伟大的思想家墨子，曾这样描述：“圆，一中同长也。”这个发现比西方早了1000多年。我国古代对于圆的记载还远不止这些。在《周髀算经》里有“圆出于方，方出于矩”。通过这样的介绍，激起学生强烈的民族自豪感，激发学生从小树立起为国家富强、为民族振兴而发奋读书、顽强拼搏、积极奉献的责任感。

以典型人物凸显人文精神。运用教材中我国古代数学家对数学研究做出的巨大贡献教育学生，让其受到传统数学文化特质的影响。例如，我国古代数学家刘徽利用出入相补的原理计算平行四边形的面积；我国现代数学家陈景润在哥德巴赫猜想研究中取得了举世瞩目的成就等。通过介绍这些案例，使学生懂得我国人民不仅勤劳智慧且富有创造力，明白在科学高度发达的今天，我们更应该向古人努力学习，发奋读书，敢为人先，再创数学研究的新高峰。

以翔实史料光耀民族精神。教材中的“你知道吗”模块，其中多为数学史料，介绍我国古代数学家对数学研究的突出贡献，展现了数学文化的光辉。例如，大约2000多年前成书的《九章算术》中，记载了用一组方程解决实际问题的史料；“方田章”论述了平行四边形面积的计算方法；《九章算术》中论述了底面是正方形的长方体体积“方自乘，以高乘之即积尺”等。教师通过组织学生认真阅读、交流感悟，使学生的民族自豪感和使命感油然而生。

（四）促进学生用数学的眼光去发现美

数学符号、数学公式、数学逻辑等的简洁美，几何图形、公式等的对称美，数学定理、数学规律的统一美，分析推理的奇异美，等等，通过学习这些数学美，在提高学生的学习兴趣的同时，又有助于他们正确看待与欣赏数学美。

我国传统图案种类繁多，纹样丰富，它既代表着中华民族的悠久历史、社会的发展进步，也是世界文明艺术宝库中的巨大财富。从那些变幻无穷、淳朴浑厚的传统图案中，我们可以看到各个时代的工艺水平和中华民族一脉相承的文化传统。如在“图形与变换”一节中，向学生展示战国时期的铜镜、唐代花鸟文锦、陶器、剪纸图案、年画、脸谱等一些吉祥如意的传统物件。在教学前，教师让学生收集有关图案的资料，了解每幅图案的出处、年代，以及代表的含义或者所蕴含的数学思想。学生通过调查、上网、查阅书籍等方法，了解图案的来历和发展，了解祖国灿烂辉煌的文化，培养热爱祖国文化的情感，更为重要的是，体会到了数学中蕴含的美，从小受到美的熏陶。再如，在教学“轴对称图形”时，可以让学生从生活中寻找轴对称图形，有的学生回答枫叶、蝴蝶、衣服，有的同学还指出剪纸、脸谱、风筝等具有中国传统的物品，这时教师可适时地对他们进行热爱中国传统文化、保护和传承中国传统技艺的教育。在这节课的后半部分，还可让学生亲自动手剪一剪、画一画，并展示他们的剪纸和脸谱作品，让学生在动手操作中进一步感知轴对称图形的特征，体会数学与传统文化的联系，增强学习数学的乐趣。同样，在“圆的认识”一课中，可以让学生通过一组图片认识生活中的圆如月饼、圆月后，告诉学生圆不仅是一个几何形体，在传统文化中圆还含有团圆、美满的美好寓意。

学生在欣赏美、享受美的同时感受到数学与传统文化的深度融合，感受到传统文化的精华，感受到传统文化带给我们的感官愉悦。

（五）促进教师文化修养的提升

在小学数学课堂教学中，教师应充分发挥传统文化优势，将数学文化与数学教学有机结合起来，使学生在潜移默化中感受、接受并认同数学文化，进而提升学生的数学素养和文化素养。通过“感受数学之美”“走进数学历史”“体会数学应用”等形式，使学生在学习过程中受到传统文化的熏陶和影响，激发学生的学习兴趣和潜能。小学阶段是学生学习知识、掌握知识的重要阶段，教师应将传统文化与小学数学教学有机结合起来，并融入教学实践。因此，教师应不断丰富自身的专业知识，加强对传统文化的深入研究。在数学文化教育中，教师必须要提升自身的文化修养，做一个合格的文化传承人。

随着经济全球化的发展和文化多元化的推进，传统文化教育作为文化遗产的一部分成为社会教育的重要组成部分，人们越来越意识到传统文化的重要性，而传统文化的教育也逐渐走进了小学课堂。数学是小学阶段的重要课程之一，传统文化教育在数学教学中的作用备受关注。小学数学课堂是传统文化教育的一个重要场所，传统文化的教育将有助于小学生对数学知识的理解和掌握。在数学教学中融入传统文化，不仅可以增强学生的文化素养和审美情趣，还可以提高学生的思维能力和解题能力，促进数学教学的深入开展，有助于培养学生的数学思维能力，发掘其潜能，从而提高数学学习的效果。因此，在小学数学课堂中融入传统文化教育，具有重要的理论和实践意义。

第二节　小学数学文化教育现状分析

中华优秀传统文化源远流长，优秀的传统文化蕴含了各门学科的优秀文化知识。因此，在小学数学的课堂教学中，教师应将优秀传统文化有效地融入教学过程中，以激发学生学习数学的兴趣，增进学生对传统文化的了解，但是实际教学中大部分教师忽视了数学文化的教育。为此笔者对安徽省灵璧县部分教师进行了调查访问，通过分析调查问卷，发现了目前小学数学文化教育存在的一些问题。

一、问卷调查的设置

本次问卷调查选择了安徽省灵璧县21个乡镇和4所直属小学的198名教师，其中有数学科任老师，有数学班主任老师，也有数学学科教研组长和数学教学方面的校级管理者。问卷覆盖人群层次分明，代表性强。本次问卷共11道题目，主要从教师对数学文化的理解、数学文化与教材、数学文化与学生、数学文化与教学四个方面展开调查。

数学文化在小学数学课堂教学渗透的实践研究调查问卷

（教师卷）

尊敬的老师：

数学文化教学受到越来越多的关注和重视，本问卷是为了了解数学教师的数学文化素养以及数学文化的教学情况，旨在探讨数学文化教学的实践研究，本问卷不需署名，所有的回答将被保密。您的回答对我们来说非常重要，请您客观、真实地反映实际情况。感谢您的配合！

1. 您对数学文化了解吗？（　　）

A. 非常了解　　B. 了解　　C. 了解一些　　D. 根本不了解

2. 您理解的数学文化有哪些？（　　）

A. 数学家、数学史、数学美

B. 数学教育、数学发展中的人文成分以及数学与各种文化的关系

C. 数学的思想、精神、方法、观点、语言及其形成与发展过程

3. 您一般通过哪些途径了解数学文化？（　　）

A. 上网　　B. 图书报刊　　C. 培训讲座　　D. 同事交流

4. 您会在课余时间有意识地收集并学习有关数学文化方面的知识吗？（　　）

A. 经常会　　B. 一般　　C. 偶尔会　　D. 从不

5. 您认为学生的数学学习是否应该涉及数学文化方面的内容？（　　）

A. 应该　　B. 不应该　　C. 无所谓

6. 您在课堂教学设计中会设计与数学文化有关的知识吗？（　　）

A. 经常会　　B. 一般　　C. 偶尔会　　D. 基本不会

7. 您认为有必要在课堂中讲授数学文化的知识吗？（　　）

A. 有必要　　B. 没必要　　C. 无所谓

8. 您认为应该如何加强数学文化在小学数学教学中的数学渗透？（可多选）（　　）

A. 教师本身注重数学文化

B. 加强考试评价对数学文化的导向作用

C. 营造课堂良好的数学文化氛围

D. 明确数学文化作用的新政策

9. 您认为建设和传播数学文化的方式有哪些？（可多选）（　　）

A. 将数学文化渗透到数学课堂教学中

B. 教师开展第二课堂

C. 开展丰富多彩的数学课外活动
D. 举办和参与数学故事的实践活动
E. 搭建数学文化宣传平台

10. 您认为课堂教学渗透数学文化的困难有哪些？(可多选)(　　)
A. 课时紧张，没时间讲
B. 学生不感兴趣
C. 这是很虚的东西，对学生没有用
D. 考试不考的不用讲
E. 可用的数学文化素材缺乏
F. 对数学文化不了解

11. 对小学数学教材中数学文化的教学(如“从结绳计数说起”)，您主要采用的方法有哪些？(可多选)(　　)
A. 教师讲解为主，学生学习交流
B. 提出自学要求，学生自学为主
C. 呈现资料，让学生展开讨论交流
D. 整合加工文化素材，重视数学思想渗透
E. 重现情境亲历过程，直观感受数学文化
F. 学生课下学习，没有反馈
G. 其他(请写出您的教学方法)

二、数学文化渗透现状的调查分析

本次调查是为了了解数学文化在小学教学中的渗透情况，了解教师对数学文化的看法，了解数学文化在学生的日常数学学习中的认识现状和普及程度，从而发现数学文化在数学教学渗透中存在的问题，并针对相关问题提出建设性的对策，以期找到数学文化在小学数学课堂中实施的有效策略和途径。本次参加调查问卷的教师来自灵璧县县直学校、城镇及农村小学，覆盖面较广，具有较好的代表性。本次共发放问卷 187 份，收回问卷 182 份，有效问卷有 180 份。

(一) 教师对数学文化的认识情况

问题 1 和问题 2 主要反映了教师对数学文化的认识情况。两个问题的统计情况见表 1-1 和表 1-2。

表 1-1　“您对数学文化了解吗?”统计情况

选　　项	人数	比例
A. 非常了解	1	0.6%
B. 了解	24	13.3%
C. 了解一些	146	81.1%
D. 根本不了解	9	5%

表 1-2 “你理解的数学文化有哪些?”统计情况

选　　项	人数	比例
A. 数学家、数学史、数学美	38	21.1%
B. 数学教育、数学发展中的人文成分以及数学与各种文化的关系	60	33.3%
C. 数学的思想、精神、方法、观点、语言及其形成与发展过程	75	41.7%
多选	7	3.9%

从表 1-1 中可以看出,有 5%的教师对数学文化完全不了解,仅有 13.9%的教师相对了解数学文化。因此,教师们对数学文化的重视程度不高,对数学文化的认识不足。表 1-2 反映了教师的数学文化知识储备量不高,他们虽然对数学思想方法和数学史有一些了解,但是没有系统地学习和研究过数学文化,对数学文化的理解存在片面性。

(二) 教师了解数学文化的途径

问题 3 和问题 4 主要反映了教师了解数学文化的途径。两个问题的统计情况见表 1-3 和表 1-4。

表 1-3 “您一般通过哪些途径了解数学文化?”统计情况

选　　项	人数	比例
A. 上网	53	29.4%
B. 图书报刊	32	17.8%
C. 培训讲座	56	31.1%
D. 同事交流	15	8.3%
多选	24	13.3%

表 1-4 “您会在课余时间有意识地去收集并学习有关数学文化方面的知识吗?”统计情况

选　　项	人数	比例
A. 经常会	22	12.2%
B. 一般	46	25.6%
C. 偶尔会	101	56.1%
D. 从不	11	6.1%

从表 1-3 中可以看出,教师了解数学文化的主要途径是参加培训讲座,占比为 31.1%,其次是通过上网了解相关文化知识。从表 1-4 中可以看出,仅有 12.2%的教师会经常收集并学习数学文化方面的知识,有 6.1%的教师表示从不收集并学习有关数学文化方面的知识,这说明教师有意识地学习数学文化的主动性较低。

（三）教师对数学文化重要性的认识

问题 5 和问题 7 主要反映了教师对数学文化重要性的认识。两个问题的统计情况见表 1-5 和表 1-6。

表 1-5　“您认为学生的数学学习是否应该涉及数学文化方面的内容?”统计情况

选　　项	人数	比例
A. 应该	175	97.2%
B. 不应该	1	0.6%
C. 无所谓	2	1.1%
多选	2	1.1%

表 1-6　“您认为有必要在课堂中讲授数学文化的知识吗?”统计情况

选　　项	人数	比例
A. 有必要	173	96.1%
B. 没必要	1	0.6%
C. 无所谓	5	2.8%
多选	1	0.5%

从表 1-5 中可以看出，有 97.2%的教师认为学生的数学学习应该涉及数学文化方面的内容。从表 1-6 中可以看出，有 96.1%的教师认为有必要在课堂中讲授数学文化的知识。因此，问题 5 和问题 7 可以反映教师能充分认识数学文化的重要性。

（四）数学文化的数学课堂的实施情况

问题 6 和问题 8 主要反映了数学文化在数学课堂上的实施情况。两个问题的统计情况见表 1-7 和表 1-8。

表 1-7　“您在课堂教学设计中会设计与数学文化有关的知识吗?”统计情况

选　　项	人数	比例
A. 经常会	28	15.6%
B. 一般	56	31.1%
C. 偶尔会	84	46.7%
D. 基本不会	11	6.1%
多选	1	0.5%

表 1-8 “你认为应该如何加强数学文化在小学数学教学中的数学渗透?”统计情况

选项情况	人数	比例
选一项	10	5.6%
选两项	57	31.7%
选三项	43	23.9%
选四项	70	38.8%

从表 1-7 中可以看出,虽然大部分教师能够认识到数学文化的重要性,但是能经常把数学文化写入教学设计中的教师只有 15.6%,更多的教师是偶尔落实,甚至有 6.1%的教师不会在教学设计中提及数学文化。从表 1-8 中可以看出,大部分教师认为应该从多方面加强引导数学文化在小学数学教学中的教学渗透,从而促进数学文化在小学数学课堂上真正开花结果。

(五) 数学文化的数学课堂的实施策略

问题 9 和问题 11 主要反映了数学文化的数学课堂实施策略。两个问题的统计结果见表 1-9 和表 1-10。

表 1-9 “您认为建设和传播数学文化的方式有哪些?”统计情况

选项情况	人数	比例
选一项	7	3.9%
选两项	27	15%
选三项	39	21.7%
选四项	59	32.8%
选五项	48	26.6%

表 1-10 “对小学数学教材中数学文化的教学(如‘从结绳计数说起’),您主要采用的方法有哪些?”统计情况

选项情况	人数	比例
选一项	105	58.3%
选两项	30	16.7%
选三项	31	17.2%
选四项	12	6.8%
选五项	1	0.5%
选六项	1	0.5%

从表 1-9 中可以看出,有 81.1%的教师选择三种及以上策略和渠道进行数学文化教育。从表 1-10 中可以看出,落实到具体的某一堂课时,有 58.3%的教师只采用一种教学方法进行数学文化教学。因此,这从一个侧面反映了数学文化要想真正完美地渗透到一堂课上,教师必须要掌握方式和策略,不能纸上谈兵,要有例可循,有法可依。

（六）数学文化的数学课堂的实施障碍

问题10主要反映了在数学课堂上进行数学文化教育的阻碍因素。此问题的统计情况见表1-11。

表1-11　“您认为课堂教学渗透数学文化的困难有哪些?”统计情况

选项情况	人数	比例
选一项	22	12.2%
选两项	79	43.9%
选三项	60	33.3%
选四项	8	4.5%
选五项	8	4.5%
选六项	3	1.6%

从表1-11中可以看出，数学文化在教学实施方面存在一定的困难。一些教师希望在教学中渗透数学文化，但是由于应试教育对数学成绩的要求、课堂时间不充裕、数学文化课程内容占比较小等客观因素，教师在平时的数学教学中对数学文化较少提及。同时，这也受一定的主观因素影响，例如，教师和学生对数学文化的重视程度不够，部分数学教师自身的数学文化知识储备不足，以及个别教师认为没有必要了解数学文化。

第三节　小学数学文化的教育性

数学文化，作为近些年被屡屡提及的数学名词，不是新鲜事物。相反，它已深深地蕴含在数学课程的血脉之中。在当前立德树人和学科育人的大背景下，数学文化作为数学学科内容的重要组成部分，它的教育性被充分重视，在学科教学中承担着十分重要的教育意义和价值。

一、价值观教育

（一）培养学生的价值追求

1. 充分利用数学文化史料，渗透数学文化的人文教育价值

在漫长的数学发展史中，涌现出许许多多的重要事件、重要人物与重要成果，许多教师认为这些和数学教学没有很大的关系，即使是一些教材中编入的数学家的故事，也容易被一些教师忽略。这些数学家的故事或数学发展史上的一些故事都是体现数学文化价值的一种非常有效的载体。因为通过生动、丰富的事例，学生可以初步了解数学产生与发展的过程，知道数学对人类文明发展的作用，提高学习数学的兴趣，加深对数学的理解，感受数学家的严谨态度和锲而不舍的探索精神等。所以教师在数学课堂教学中应注意收集与数学内容有关的数学故事，在讲到相关内容时，随时穿插讲解，并与学生进行交流，对学生进行数学文化的人文价值教育。例如，在学习"圆的周长与面积"时，可开展一次以圆为主题的阅读活动，如"圆的历史""圆周率'π'的由来""祖冲之对圆周率'π'的贡献""圆周率小数点后一百位趣味记忆法"……引导学生从多方面感知圆的文化属性，感受圆特有的美，也可让学生了解数学知识的历史渊源，了解古人的聪明智慧，增强民族自豪感。

2. 积极组织数学实践，让学生体验数学文化的活动教育价值

《小学数学课程标准》明确要求：教师要向学生提供充分从事数学活动的机会，帮助他们在自主探索和合作交流过程中真正理解和掌握基本的数学知识和技能、数学思想和数学方法，获得广泛的数学活动的体验。因此，教师精心设计数学实践活动，引领学生在活动中体验数学、理解数学、运用数学，培养他们的科学探索精神，使他们体验到数学文化的价值。

(1) 举办数学故事演讲赛。数学家的成长经历、数学思想形成过程的曲折与艰辛、失败后的执着与成功后的谦卑等丰富的人文内涵，无不让学生深受震撼，给学生起到了榜样示范和激励作用。

(2) 组织开展数学游戏活动。例如，"统计与可能性"教学内容就涉及"击鼓传花"和"石头、剪刀、布"的教学情境。这两款游戏来自我国古代传统民间游戏，具有悠久的历史。学生在游戏的过程中了解游戏的起源和发展，真切地感受到中国数学文化的丰富内容。

(3) 组织开展综合实践活动课。例如，在上"我是小会计"一节课时，教师要求学生先通过计算，再填写发票上的大、小写金额，通过认识大写数字，既让学生体会到了我国古代劳动人民的聪明才智，又感受到我国传统数学文化的传承和发展。只有让学生利用已有的数学经验，了解数学学习与数学文化的联系，获得积极的数学活动情感，才能使学生在不知不觉中受到数学文化的熏陶，并不断培育学生健全的人格。

(二) 培养学生的数学精神

1. 充分利用翔实的数学史料，让学生感受数学文化底蕴

数学史是数学文化的重要组成部分。教学时，教师以教材中的"你知道吗?"为导引，利用史料中包含的数学文化因素引导渲染，激发学生的主观感受，从而增强学生的民族自豪感和责任感。如在教学"圆的周长"时，学生通过实验发现圆的周长总是直径的 3 倍多，这时教师适时引出圆周率，并向学生强调："很早以前，人们就开始研究圆周率到底是多少"。然后指导学生阅读"你知道吗?"这一模块的学习内容。

> 约 2000 年前，中国的古代数学著作里《周髀算经》中就有"周三径一"的说法，意思是说圆的周长是直径的 3 倍。大约 1500 年前，中国伟大的数学家和人文学家祖冲之计算出圆周率在 3.1415926 和 3.1415927 之间，成为世界上第一个把圆周率的值的计算精确到 7 位小数的人。他的这项伟大成就比国外数学家得出这样精确数值的时间，至少要早 1000 年！

通过阅读，了解我国古代数学家的研究成果，激发了学生强烈的民族自豪感。再如教学"圆的认识"时，向学生介绍早在 2000 多年前，我国古代就有对圆的精确记载。墨子是我国伟大的思想家，在他的一部著作中有这样的描述："圆，一中同长也"，这个发现比西方早了 1000 多年。通过这样的介绍，增强了学生敢为天下先的意识。

2. 借助相关的数学史料，引导学生经历数学发展过程

数学史是人们研究数学发生发展及其内在规律的科学，也可以说数学史研究的是有关数学的历史。它不仅要追溯研究关于数学演绎变化、发生发展的过程，还要探究摸索各种各样的影响因素，以及在历史方面数学的发展对人类文明所产生的影响。其研究对象不仅仅包含数学学科本身的内容，还涉及历史学、文学、哲学等社会科学内容，是一门交叉性很强的学科。数学教师给学生讲述数学历史故事，可以让学生知道数学学科复杂而有趣的发展过程，了解数学理论发展的文化和历史背景知识，加深对数学内容及其思想变迁的理解，有利于帮助学生形成发展的数学观。张奠宙认为，运用数学史知识，可以形成数学的文化氛围，提升数学的文化品位。

在数学史教育中，我们可以通过在教材中穿插相关的数学故事，来发挥激励和榜样作用，可以揭示数学发展的曲折历程，培养学生的探索精神，可以在教学中追忆数学家的成败历程，吸取有益的教训，还可以考察历史上的数学思想方法，强化数学素质教育。在数学教学中，结合教学内容，适时、适度、适量地运用一些数学史料，不仅可以激发学生的学习兴趣、拓展他们的思维，而且可以帮助学生更好地理解数学。

3. 重视数学发现方法，不断提升学生的数学素养

现代教育原理与心理学认为，在进行概念和定理教学时，教师一开始就陈述教学内容是不适宜的，应该有目的地提出一些供研究的素材，并做必要的启发或指引，让学生去思考，通过实验、演算、推理或观察、分析、类比、归纳等步骤，探索规律，建立猜想，自我发现。在教学中，可以帮助学生理解数学概念，不只是要求学生对概念、定理、公式等知识死记硬背，还要求他们了解知识的由来，不仅可以拓宽学生的数学视野，还可以让学生进行数学“再创造”，即主动构建数学知识体系，将各知识串联起来，以提高学生的数学素养。数学概念和定理的教学是一项重要的教学内容，在教学中应重视它们形成的思维过程，不能只重结果和应用。这样可以有效地提高学生的创造力，培养他们的创新精神，提升他们的数学素养。

（三）培养学生的数学态度

1. 充分利用显性的教学素材，培养学生积极的情感态度

小学数学教材中的例题、习题、注释、图画，有不少是展示数学文化的材料。因此，将这些教材作为融知识传授、能力培养和思想品德教育为一体的教学载体，可以培养学生的数学学习兴趣，坚定他们的意志，是一种积极的情感体验。如在“图形与变换”一节中，向学生展示战国时期的铜镜、唐代花鸟文锦、陶器、剪纸图案、年画、脸谱等一些吉祥如意的传统物件。在教学前，教师可以让学生收集有关图案的资料，了解每幅图案的出处、年代，以及代表的含义或者所蕴含的数学文化。学生经过调查、上网、查阅书籍等方法，了解图案的来历和发展，了解祖国灿烂辉煌的文化，激发他们的学习兴趣，培养他们热爱祖国文化的情感。更为重要的是，学生体会到了数学中蕴含的美，受到了美的熏陶。再如，在教学“轴对称图形”时，可以让学生从生活中寻找轴对称图形，有的学生找到了枫叶、蝴蝶、衣服，特别是有的同学还找到了剪纸、脸谱、风筝等中国传统物件，这时教师可适时地对他们进行中国传统文化教育，宣传保护和传承中国传统技艺的重要性。

2. 充分挖掘隐形的传统文化素材，塑造学生科学严谨的数学文化特质

在小学数学课堂上要充分挖掘数学文化的隐形素材，融入学科教学中，充分引导学生感受科学严谨的数学文化特质，提升学生的数学素养。例如，在教学“从结绳计数说起”时，通过对十进制和“位置值”内容的挖掘，在教学中，帮助学生逐步建立模型，以期让学生感受到科学严谨的数学学科精神。教材中的“你知道吗”模块，内容多为数学史料，介绍了我国古代数学家对数学研究的突出贡献，展现了数学文化的光辉。例如，2000 多年前成书的《九章算术》中，记载了用一组方程解决实际问题的史料；"方田章"论述了平行四边形面积的计算方法；《九章算术》中论述了底面是正方形的长方体体积"方自乘，以高乘之即积尺"等。教师通过组织学生认真阅读材料，交流体会感想，不仅让学生的民族自豪感和使命感油然而生，而且让学生明白了科学探索的过程是一个不断求真、不断向前的过程。

（四）培养学生的数学情感

1. 以丰富的数学文化为教学素材，引导学生积极参与数学学习活动，培养学生对数学的好奇心和求知欲

在现行的小学数学教材中，显性的传统文化教育的内容很少，需要教师认真钻研教材，充分发掘教材中的潜在的数学文化因素，在传授数学知识的同时，潜移默化地对学生进行数学文化渗透。通过对特定习题的分析、联想引申，引出数学文化因素。例如，当题干中出现"长江、黄河"时，教师就可以适时介绍："长江是我国的第一大河；黄河是中华民族的摇篮，孕育了华夏五千年文明，是我们的母亲河，我们应该感到无比的荣耀，要保护我们的母亲河。"再如，"求正方体冰块的体积"时，可以引出"早在夏朝，中国人就已经掌握了存储冰块的技术"。教师可适时启发学生思考：这一史实说明了什么？进而引导学生感受中国古代劳动人民的聪明才智，使学生充分领略到我国古代数学文化的无穷魅力。通过编写例题、拓展教材、补充练习，有意渗透文化因素。教师可有意将一些可以折射我国传统文化的内容作为题干编写在例题中。例如，学习"质数和合数"之后，可以引导学生讲一讲数学家陈景润刻苦研究、勇攀数学高峰的故事。通过这样的形式，激励学生发奋学习，培养他们的民族责任感，帮助他们从小树立远大理想和为科学献身的宏伟志向。

2. 利用数学文化素材，在数学活动中获得成功的体验，磨炼克服困难的意志，建立自信心

在历史悠久的数学长河里，数学文化名题就像一颗颗明珠散落其中，引导学生解决这些问题的过程就是一次次锻炼提升的机会。比如"鸡兔同笼"问题，就是我国古代典型的具有发散性思维的数学问题。在教学过程中，教师可以设置这样几个问题：你们对"鸡兔同笼"的问题了解多少？你有什么新的思考和解答方法？通过鼓励，引导学生主动地思考和探索，让学生大胆发言，踊跃交流。通过问题引导，学生不仅理解了这道题的含义，还知道大约 1500 年前《孙子算经》中就记载了"鸡兔同笼"问题。古代对这道题的解法叫"砍足法"，解题思路是"假如砍去每只鸡、每只兔一半的脚，则每只鸡就变成了'独脚鸡'，每只兔就变成了'双脚兔'"。这种思维叫化归法。就是在解决问题时，先不对问题直接分析，而是将题中的条件或问题进行变形，使之转化，直到最终把它归成某个已经解决的问题。这样，学生从我国古代的数学论著中就已经了解了先进的数学思想和思维方法，同时学生在解答问题的同时，也磨炼了他们克服困难的意志。

二、思想方法教育

数学思想方法是数学知识和数学文化的精粹。引导学生领悟数学思想方法，有利于帮助学生理解数学本质。在小学阶段蕴藏着丰富的数学思想方法，如抽象、分类、归纳、模型等。小学数学教师在课堂教学中应结合具体的数学知识，有意识地向学生渗透这些数学思想方法，可以通过自主探究、合作交流等活动来提高学生的数学能力和数学素养。

（一）抽象

数学是在不断抽象概括、模式化的过程中丰富发展起来的。小学阶段的数学具有鲜明的阶段性和初始性，很多时候需要用数学模型的思想来指导教学。从学生的生活经验出发，让他们亲身经历实际生活中遇到的问题是如何抽象为数学模型的过程，有助于锻炼和发展他们的思维能力。

案例 1-1

“还剩下多少——认识减法”教学片段

师：（出示情境图）从左边的这幅图中，你能获得哪些数学信息？

生：树上有 5 个苹果。

师：右边这幅图呢？

生：掉下来 2 个苹果，树上还剩下 3 个苹果。

师：两幅图连起来，你能具体说一说吗？

生：原来树上有 5 个苹果，掉下来 2 个，还剩下 3 个苹果。

师：同学们观察得很仔细，那结合这两幅图，你们能提一个数学问题吗？

生：树上还剩几个苹果？

师：这个问题我们先摆一摆看，我们用圆片代替苹果，请先拿出 5 个圆片，这表示什么？（树上原来有 5 个苹果）再拿走 2 个，表示什么？（掉下来 2 个）那还剩几个？（3 个）如果用算式来表示该怎么列？

生：5－2＝3。（板书：5－2＝3）

师：那这里的 5、2、3 分别表示什么呢？

生：5 表示原来树上有 5 个苹果，2 表示的是掉下了 2 个苹果，3 表示的是树上还剩下 3 个苹果。

师：“5－2＝3”还可以表示什么数学问题呢？请互相说一说。

在此教学案例中，教师在教学中初步渗透了数学的建模思想，由于低学年的学生学习数学是从具体、形象的实例开始的，需要借助于操作加以强化，然后让学生在生活中加以扩展，赋予“5－2＝3”更多的意义，以此逐渐提高学生举一反三、抽象概括的学习能力。

概念课的教学同样存在抽象的问题。在教学中，只有让学生正确认识这些数学概念，才能有效渗透其中的数学文化，才能更快地掌握数学知识，以此提升学生的数学解题能力。因此，在数学学习中，需要教师从数学概念入手，将数学文化渗透到数学解题中，在了解数学背后的文化的同时，抽象出数学概念。

例如，我们以“千克、克、吨”这部分数学内容的教学为例。对于这部分的数学内容来说，需要让学生了解重量的概念。因此，在学习之前，教师可以先收集一些与本节课教学内容有关的实验案例，并且将这些案例巧妙地设计到课堂教学中，让学生在实际案例中掌握重量的意义。例如，在数学学习中，教师可讲述伽利略在比萨斜塔扔两个铁球的案例。在举例的时候，教师可利用多媒体为学生展示相关的视频，通过这样的教学方式，能够让学生清楚地了解重量的概念，激发出学生学习数学的乐趣，使学生有效掌握数学知识。通过数学文化的渗透，实现学生数学素养的提升。

（二）分类

人类认识世界、发现规律，很多是建立在分类的基础之上，无论是在生活中，还是在数学课堂上，分类无处不在，分类的数学思想也无处不在。

案例 1-2

“图形分类”教学片段

1. 呈现图形，出示课题

师：咱们学过哪些图形？这么多的图形，今天咱们就一起来给它们分分类。

2. 初次分类，感受思想

师：看到课题，你有什么想问的吗？

(1) 梳理学生问题

问题1：为什么要对图形进行分类？（呈现超市图片或某个学生正在整理房间的图片，引导学生感受分类思想。生活中，分类可以让我们的生活更便利，数学上的分类是一种很好的研究方法。）

问题2：怎么分类？（让学生独立思考，并让他们到讲台上利用希沃软件进行分类操作。）分类过程中，引导学生追问：为什么这样分类？分类的标准是什么？

(2) 教学平面图形和立体图形

① 明晰概念。结合课题开始的猜图形游戏，引导学生说一说平面图形和立体图形，认识平面图形和立体图形的类别特征。

② 区别联系。利用希沃软件展示平面图形和立体图形有哪些不同点，又有什么联系呢？

3. 二次分类，明确方法

师：有了上面分类的经验，如果想把刚才的这些平面图形继续进行分类，你会怎么分呢？

(1) 独立思考：让学生用自己的方法对图形进行分类，并用简洁的语言说出他的分类方法。

(2) 小组交流：整理本组同学的分类方法，安排一人向全班汇报。

(3) 学生的分类方法可能会与教材不同，只要合理，教师就要给予肯定。（直边图形、曲边图形）

4. 再次分类，放手提升

师：有了前面两次的分类经历，相信大家对于分类一定积累了很多的经验，现在请你运用这些方法，继续进行分类，汇报交流时说清楚自己是怎么分的。

…………

此案例中，学生的分类思想方法在课堂上得到了充分的锻炼，提高了学生的认识，使他们切实感受到分类是一种探究的手段和方法。

（三）归纳

在数学学习中，数学的概念和知识相对较多，且具有一定的逻辑性。由于小学阶段的学生年纪小、心理认知不成熟等，不容易理解一些数学原理，因此觉得数学很难，这不利于数学文化的渗透。而课本中的教学内容都是编写者们经过长期的验证不断修订而成的，是学生学习数学文化的有利因素。因此，为了有效解决这些问题，在数学学习中，教师要深挖课本教材，将数学文化和数学知识相结合，为学生展示具有趣味性的数学内容。这样才能让学生认识数学文化，改善学生的数学学习体验。

例如，我们以“圆”这部分内容的教学为例。在这部分内容的学习中，需要让学生认识什么是圆，掌握圆的周长以及面积的算法。因此，为了能够将数学文化渗透到数学学习中，教师在讲解圆的发展时，让学生思考：“同学们，你们有没有观察过太阳的形状、车轮的形状以及呼啦圈的形状？对，都是圆形。大家想不想了解历史生活中的圆呢？现在我就给大家讲一讲。”教师再结合古人根据太阳的形状得出圆的概念、古人制作圆形的陶瓷以及用圆形木头来运输大件物品等案例，向学生阐述圆的发展历史，以及古人在数学发展过程中起到的重要作用。在数学学习中，教师向学生展示古代数学家的发现：“同学们，刚才我们说到了古代生活中圆的应用，现在说说圆的含义。”这个时候，教师要结合课本为学生讲解古人寻找圆定义的例子。如墨子提出“圆，一中同长”，意思就是圆心到圆的边缘的长度都是一样的。最后，经过数学文化渗透，学生掌握了相应的数学知识。通过深挖数学课本，运用数学故事为学生开展教学，既能激发出学生学习数学的乐趣，使学生自愿加入到课堂学习中来，有效掌握数学知识，也能让学生在数学故事中发现数学文化，有助于学生数学素养的提升。

（四）模型

数学本身来源于生活实际，是生活实际的总结和概括。随着学生年级的提升，需要记住的知识也会越来越丰富，这会给学生带来一定的学习压力。此外，教师在传统教育理念的影响下，固化的课堂教学模式会让学生产生十分枯燥的学习感受，不利于学生学习乐趣的提升和数学文化的渗透。因此，在数学学习中，需要教师改进教学方式，结合学生的实际情况和教学内容，为学生创设具有生活气息的数学学习环境，这样才能激发出学生学习数学的乐趣，让学生在探索中丰富自己的数学知识，从而实现数学文化的渗透。

例如，我们以“购物”这部分数学内容的教学为例。由于小学阶段的学生年纪小、心理认知不成熟等，他们对人民币的认知是片面的，有的学生甚至不认识人民币。因此，为了让学生能够正确认识人民币的面值以及它在生活实际中的作用，教师可以借用信息技术，进行微课教学。首先，教师向学生展示不同面值的人民币，让学生对人民币有一定的印象。接着，教师为学生创设具有真实性的数学环境，如超市结账时的场景。教师可以让学生仔细观察售货员和顾客使用的人民币面值分别是多少。学生经过观看微课视频，将数学内容转变成动画内容贮存在自己的脑海中，强化了他们的记忆，使他们能够快速掌握课堂重难点。通过结合实际案例，为学生创设具有生活气息的数学学习环境，学生不仅能够产生学习数学的乐趣，还能了解人民币的相关知识，认识不同面值的人民币，不仅有助于提高学生保护人民币的意识，还有助于数学文化的渗透。

总的来说，数学文化的教育性，脱离不了学生这一主体，要在充分考虑学情的基础上，以生为本，有机渗透，实现育人目标。数学文化的教育性也脱离不了数学学科，数学文化既不是强加的内容，也不是拓展的内容，它与数学学科紧密结合、有机地融为一体，需要学生自然地习得。这一过程中，教师不仅要思考数学文化的教育内容，还要注重教育形式和方法，它们都是数学文化落地生根的关键因素。

第二章　小学数学教材显性数学文化的梳理与分析

在现行的小学数学教材中，显性的数学文化教育内容很少，需要教师认真钻研教材，充分发掘教材中潜在的数学文化因素，在传授数学知识的同时，潜移默化地对学生进行数学文化的渗透。本章主要对现行小学数学教材(北师大版)与传统文化相关知识点进行梳理。北师大版教材中的“传统文化”，内容和选材丰富多彩，其主要呈现形式有两种：显性的专题呈现形式(如“阅读材料”“课题学习”“探究活动”“设计题”“节前语”等)和隐性的呈现形式(如练习、习题、例题中蕴含的背景材料等)。本章将详细解读12册教材中与传统文化的结合点，为进一步的探究教学实施提供研究的基础。

第一节　一年级数学课本中显性数学文化的梳理和分析

一、整体分析

北师大版一年级数学教材中显性数学文化内容共有23次。从单元分布上看，一年级上册教材第一、三、七单元出现显性文化内容的次数分别为3、4、3次，第二、五单元各出现1次，“数学好玩”中出现1次，而第四、六、八单元没有出现；一年级下册教材中显性文化内容在第四单元出现4次，在第三单元、“数学好玩”中各出现1次，在整理和复习、总复习中各出现2次，在其他单元中没有出现，可见显性数学文化内容在单元间分布不均衡。

从知识领域方面看，一年级数学教材中显性文化内容在数与代数领域出现12次，在图形与几何领域出现9次，在综合实践领域出现2次，在统计与概率领域没有出现。由此，一方面可以看出显性文化内容在知识领域中出现得不均衡；另一方面可以看出，教材编写者对显性文化内容的选择是审慎的，虽然想尽可能广泛地使用文化性学习素材，但素材的安排和使用一定要符合学生的认知规律。

从显性数学文化内容的安排上看，一年级数学教材选用了8次蕴含显性文化内容的图片、图案类素材，5次游戏、故事类的显性文化内容，以及2次古代数学发明的内容。从中可以看出，低年级数学课本素材选择宜直观形象、图文并茂、生动有趣，要符合低年级学生的年龄和心理特点。一年级数学教材结合教学内容选用了4种数学史料，体现了教材编写者注重数学史资源的教育价值。

从显性数学文化内容的呈现方式上看，有正文、阅读材料、例题、习题、情境图5种形式，各形式占比情况如图 2-1 所示。

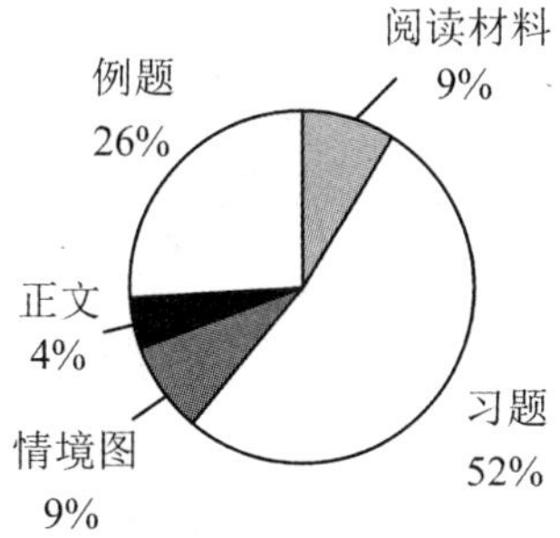

图 2-1　一年级数学文化显性内容呈现方式统计图

从图 2-1 中可以看出，以习题方式呈现显性文化内容超过总次数的一半，其次是例题的呈现方式，可见教材编写者尽可能结合正文和练习加以体现显性数学文化。一年级显性数学文化内容没有“你知道吗”模块，而是以阅读材料的方式在例题、习题中呈现数学史料，教材编写者力求把数学史的启示纳入数学内容的展开过程，因此不会造成教科书编写和教学实践中数学史作为“点缀”的“两张皮”现象。

显性数学文化内容呈现的类型表现在数学史料、数学应用和数学素材 3 个方面，各类型在教材中的占比情况如图 2-2 所示。

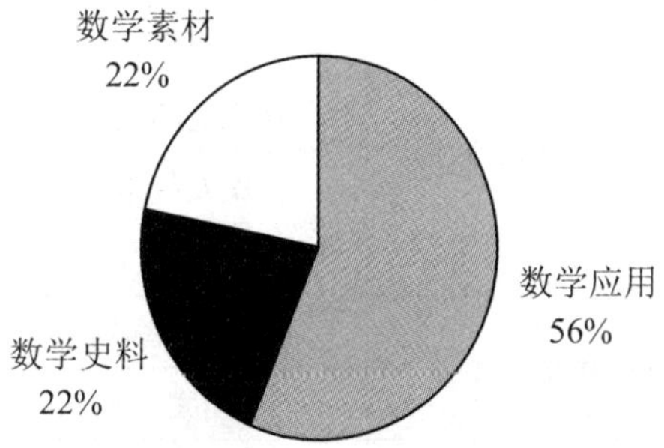

图 2-2　一年级数学文化显性内容呈现类型统计图

从图 2-2 中可以看出，数学应用是显性文化内容的主要呈现类型；数学素材和数学史料占比相同，它们大多以图片、游戏、故事的形式出现，这充分反映了教材编写者更加注重教学内容的多样性和趣味性，更加注重学生的年龄特征。

二、具体文化梳理

一年级数学文化显性内容的具体情况见表 2-1。需要说明的是，为区别一般阅读材料，笔者将“你知道吗”模块单独统计。

表 2-1　一年级数学文化显性内容具体分布

	页码	单　元	内　容	呈现方式	类　型
上册	4	第一单元　生活中的数	快乐的家园图片	情境图	数学素材
	6		风车、北极星图片	习题	数学素材
	12		数字诗及珠算	例题	数学素材
	22	第二单元　比较	跷跷板	例题	数学素材
	30	第三单元　加与减(一)	珠算	例题	数学应用
	35		珠算	习题	数学应用
	37		珠算	习题	数学应用
	43		珠算	例题	数学应用
	44	第五单元　位置与顺序	龟兔赛跑	习题	数学应用
	74	第七单元　加与减(二)	古人计数	情境图	数学史料
	75		古人计数	习题	数学史料
	76		古人计数	阅读材料	数学史料
	91	数学好玩	扑克牌游戏	习题	数学应用
下册	25	第三单元　生活中的数	古人计数	阅读材料	数学史料
	39	第四单元　有趣的图形	折飞机	习题	数学应用
	40		认识七巧板	正文	数学史料
	41		图案及故事	习题	数学应用
	42		图案欣赏	例题	数学素材
	44	整理和复习	七巧板拼图案	习题	数学应用
	47		图案	习题	数学应用
	66	数学好玩	九宫格填数游戏	例题	数学应用
	85	总复习	图案	习题	数学应用
	90		图案	习题	数学应用

第二节　二年级数学课本中显性数学文化的梳理和分析

一、整体分析

北师大版二年级数学教材中显性数学文化内容共有 31 次，其中上册出现 14 次，下册出现 17 次。从单元分布上看，二年级上册除第三、七、九单元外，其他单元都有显性文化内容，其中第一单元出现 3 次，第四单元出现 4 次；二年级下册除第五、八单元外，其他单元都有显性文化内容，其中第三单元出现 7 次。从统计中可以发现显性文化内容在单元间的分布不均衡。

从知识领域分布来看，二年级数学教材中显性文化内容在数与代数领域出现 17 次，在图形与几何领域出现 12 次，在综合实践领域出现 2 次。二年级数学教材在数与代数领域有 11 个单元，在图形与几何领域有 5 个单元，在综合实践领域有 2 个单元，在统计与概率领域有 1 个单元，可以看出二年级数学教材显性文化内容在各领域的数量和各领域的单元数量是一致的。

从显性数学文化的内容安排上看，二年级数学教材选用了游戏类素材 5 次，选用蕴含丰富文化意蕴的图片 6 次，大多数显性文化内容是以图文并茂的形式呈现的，可见显性数学文化内容丰富多样，大都涉及学生的日常生活和学校生活。

从显性数学文化内容的呈现方式上看，有正文、阅读材料、例题、习题、情境图 5 种形式，各形式占比情况如图 2-3 所示。

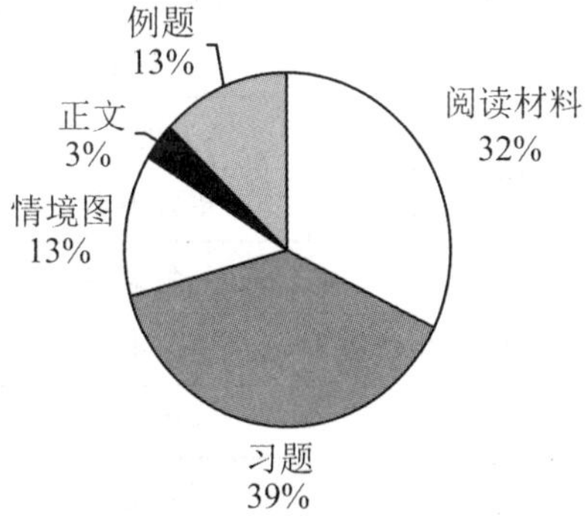

图 2-3　二年级数学文化显性内容呈现方式统计图

从图 2-3 中可以看出，习题和例题依然是数学文化内容呈现的重要方式，而阅读材料占比情况和一年级相比，明显提高，从 9%提高到 32%。这种安排一方面体现了教材编写者注重文化的素材及教育价值，另一方面说明教材编写内容要和学生的发展相一致，随着学生的识字水平的提高、生活经验的丰富，教材中逐渐增加了数学语言的比重。

显性数学文化内容呈现的类型表现在数学史料、数学应用和数学素材 3 个方面，各类型在教材中的占比情况如图 2-4 所示。

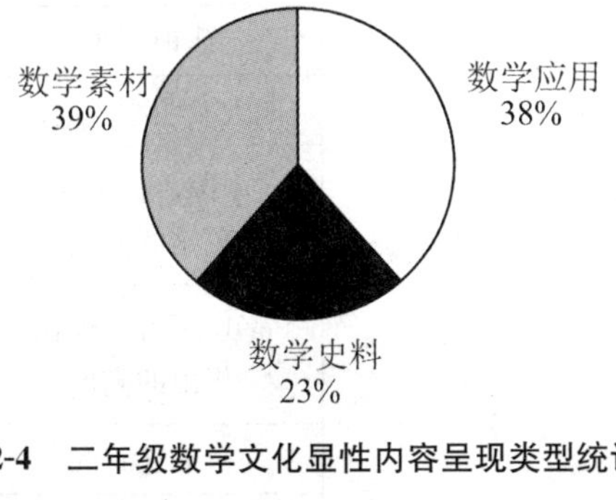

图 2-4　二年级数学文化显性内容呈现类型统计图

从图 2-4 中可以看出，数学应用和数学素材的占比相差不大，二者占比共达 77%，数学史料占比为 23%。从这些数据中可以发现教材编写的特点：符合学生的年龄特点，具备可读性，学生易于接受。

二、具体文化梳理

二年级数学文化显性内容的具体情况见表 2-2。需要说明的是，为区别一般阅读材料，笔者将“你知道吗”模块单独统计。

表 2-2 二年级数学文化显性内容具体分布情况

册别	页码	单元	内容	呈现方式	类型
上册	2	第一单元 加与减	套圈游戏	情境图	数学素材
	3		投飞镖	习题	数学素材
	9		九宫格填数	习题	数学应用
	13	第二单元 购物	中国有多少钱	阅读材料	数学史料
	26	第四单元 图形的变化	剪纸	正文	数学应用
	27		剪纸	习题	数学应用
	28		华容道游戏	例题	数学应用
	29		竹蜻蜓	习题	数学应用
	36	第五单元 2～5 的乘法口诀	俗语三七二十一	例题	数学应用
	44	整理和复习	做手工	例题	数学应用
	47		华容道游戏	习题	数学应用
	57	第六单元 测量	长度单位	阅读材料	数学史料
	81	第八单元 6～9 的乘法口诀	故事中的乘法口诀	阅读材料	数学应用
	103	总复习	剪纸图案	习题	数学应用
下册	13	第一单元 除法	福字、月饼图案	习题	数学素材
	16	第二单元 方向与位置	介绍指南针	阅读材料	数学史料
	18		中国地图	习题	数学素材
	22	第三单元 生活中的大数	珠穆朗玛峰的高度	例题	数学素材
	24		认识算盘	阅读材料	数学史料
	25		四大发明距今时间	阅读材料	数学史料
	26		中国古代记录数字的方法	阅读材料	数学史料
	27		黄山、香山、泰山、华山的高度	情境图	数学素材
	30		祖冲之其人	阅读材料	数学史料
	31		关于恐龙的说明文字	阅读材料	数学素材

续表

册别	页码	单　元	内　容	呈现方式	类　型
	35	第四单元　测量	北京钱市胡同	阅读材料	数学素材
	66	第六单元　认识图形	七巧板	习题	数学应用
	68		七巧板	习题	数学应用
	75	第七单元　时、分、秒	奥运开幕	情境图	数学素材
	84	数学好玩	富有中国传统元素的图片	情境图	数学素材
	85		属相	习题	数学素材
	93	总复习	爱因斯坦从“笨瓜”到科学巨人	习题	数学素材

第三节　三年级数学课本中显性数学文化的梳理和分析

一、整体分析

北师大版三年级数学教材中显性数学文化内容共有 20 次，其中上册出现 7 次，下册出现 13 次。从单元分布上看，三年级上册第四、五、六单元没有选用显性数学文化，第八单元选用 2 次，其他单元各选用 1 次；三年级下册除第七单元外，其他单元都选用了显性数学文化内容，次数相差不大。从单元安排次数上看，显性数学文化内容分布是均衡的。

从内容领域上看，显性数学文化在数与代数领域出现 11 次，在图形与几何领域出现 8 次，在综合实践领域出现 1 次，在统计与概率领域没有出现。综合以上统计，可以看出三年级数学教材显性文化内容的编排特点：显性文化内容在各领域的出现次数和单元的内容占比较为均衡。

从显性数学文化的内容安排上看，图案类素材出现 5 次；关于数学发展史的内容出现 3 次，中外数学发展史均有介绍；外国名人介绍出现 2 次。从中可以看出教材编写者努力从数学发展史中挖掘有利于小学生学习数学的素材资源。

从显性数学文化内容的呈现方式上看，有正文、阅读材料（含“你知道吗”模块）、习题、例题、情境图 5 种形式，各形式占比情况如图 2-5 所示。

从图 2-5 中可以看出，数学文化内容丰富多样，阅读材料（含“你知道吗”模块）这一呈现方式占比最大，可以看出随着学生文字理解和表达能力的提高，教材逐渐增加了文字的表述。从三年级开始，北师大版数学教材设置了“你知道吗”模块，供学生自主阅读，拓宽学生视野。习题作为一、二年级常用的呈现方式，在三年级教材中依然大量使用，占比达到 35%，这说明显性数学文化内容在教材中的安排具有连续性。

显性数学文化内容呈现的类型表现在数学史料、数学应用、数学知识和数学素材 4 个方面，各类型占比情况如图 2-6 所示。

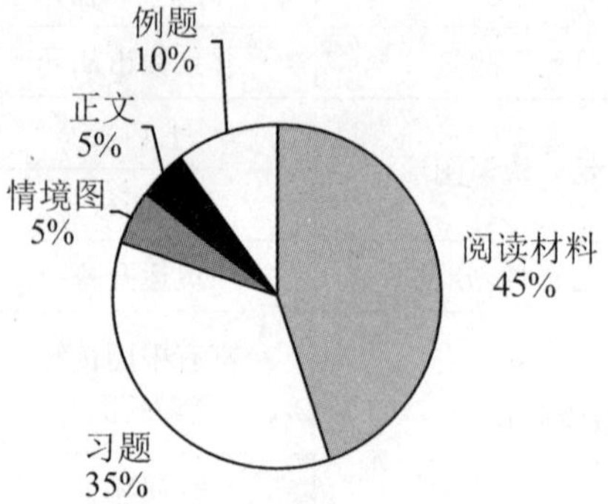

图 2-5 三年级数学文化显性内容呈现方式统计图

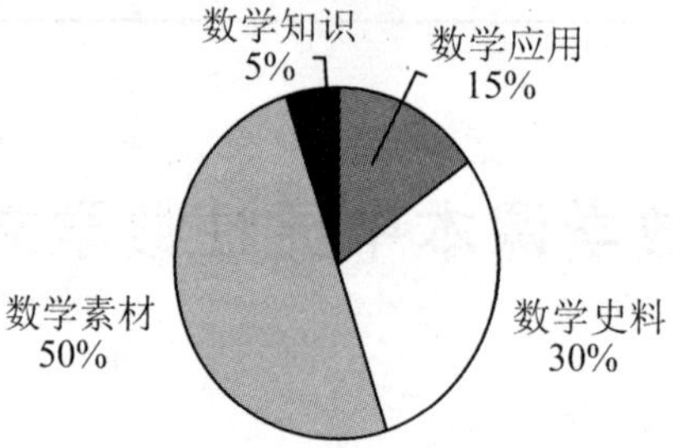

图 2-6 三年级数学文化显性内容呈现类型统计图

从图 2-6 可以看出数学素材占比 50%，数学应用占比 15%，反映了教材对素材的选择要符合学生的认知规律，要贴近学生的实际生活；数学史料的占比相较一、二年级教材有了提高，这样的安排是因为随着学生阅读水平的提高，学生可以更好地理解数学内涵和传统文化。

二、具体文化梳理

三年级数学文化显性内容的具体情况见表 2-3。需要说明的是，为区别一般阅读材料，笔者将“你知道吗”模块单独统计。

表 2-3 三年级数学文化显性内容具体分布

	页码	单　元	内　容	呈现方式	类　型
上册	12	第一单元　混合运算	24 点扑克游戏	习题	数学应用
	16	第二单元　观察物体	中国象棋	例题	数学素材
	23	第三单元　加与减	达·芬奇出生年	习题	数学素材
	69	第七单元　年月日	平、闰年知识	“你知道吗”	数学史料
	79	数学好玩	少年高斯的故事	“你知道吗”	数学史料
	81	第八单元　认识小数	小数古代表示法	“你知道吗”	数学史料
	89	第八单元　认识小数	白海豚长度	习题	数学素材

续表

	页码	单　　元	内　　容	呈现方式	类　　型
下册	4	第一单元　除法	分橘子	情境图	数学素材
	6		高铁速度	阅读材料	数学素材
	23	第二单元　图形的运动	剪纸图案	正文	数学应用
	24		图案	习题	数学素材
	26		剪纸图案	习题	数学素材
	37	第三单元　乘法	计算乘法的方法	“你知道吗”	数学史料
	40	整理和复习	图案	习题	数学素材
	48	第四单元	质量单位	“你知道吗”	数学知识
	57	第五单元　面积	中国古代的面积表示	“你知道吗”	数学史料
	61	数学好玩	徽标	例题	数学素材
	69	第六单元　认识分数	古代不同国家分数的表示方法	“你知道吗”	数学史料
	79		制作七巧板	习题	数学应用
	90	总复习	2012 年奥运部分运动员成绩	阅读材料	数学素材

第四节　四年级数学课本中显性数学文化的梳理和分析

一、整体分析

北师大版四年级数学教材显性数学文化内容共有 18 次，教材中对数学文化的设置都是以教学内容为依据的。从单元分布上看，四年级上册教材中，第一单元出现显性文化内容 6 次，而第二、四单元没有出现；四年级下册教材中，显性文化内容在第一、三、五单元各出现 2 次，在第四、六单元没有出现，可见数学文化内容的分布不均衡。

从知识领域方面看，四年级数学教材中显性数学文化内容在数与代数领域出现 15 次，在图形与几何领域出现 2 次，在综合实践领域出现 1 次，统计与概率领域没有出现，由此可以看出，数学文化内容的分布不均衡。

从显性数学文化的内容安排上看，教材选用了如部分省、市及特别行政区的图片，国庆 60 周年阅兵图文资料等体现人文现实的数学内容；教材对数学史料的介绍突出系统性，把相关数学史纳入整个人类数学发展中，比如古人计数中介绍了古埃及象形数字、玛雅数字及中国算筹数码，关于计算工具的历史方面，既介绍了中国传统的计算工具，也介绍了美国发明的电子计算机。

从显性数学文化内容的呈现方式上看，有正文、阅读材料、“你知道吗”、习题、情境图 5 种形式，各形式在教材中的占比情况如图 2-7 所示。

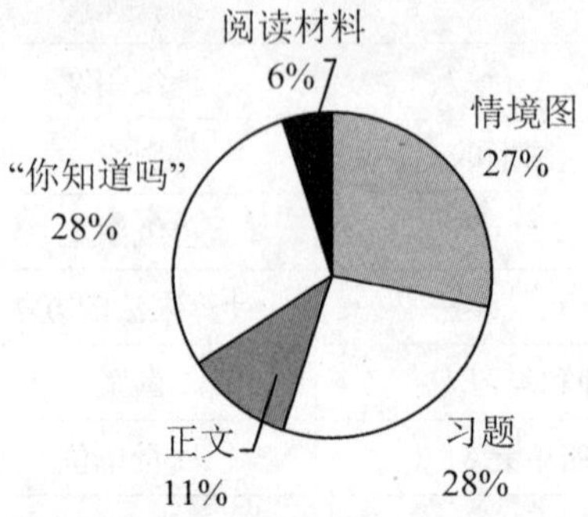

图 2-7 四年级数学文化显性内容呈现方式统计图

从图 2-7 中可以看出，“你知道吗”这一固定模块依然是数学教材显性文化呈现的重要方式，习题和情境图也是四年级数学教材显性文化呈现的重要方式，而正文和阅读材料就成为显性数学文化呈现方式的有益补充。

从显性数学文化内容呈现的类型表现来看，主要有数学史料、数学应用、数学知识和数学素材 4 个方面，各类型在教材中的占比情况如图 2-8 所示。

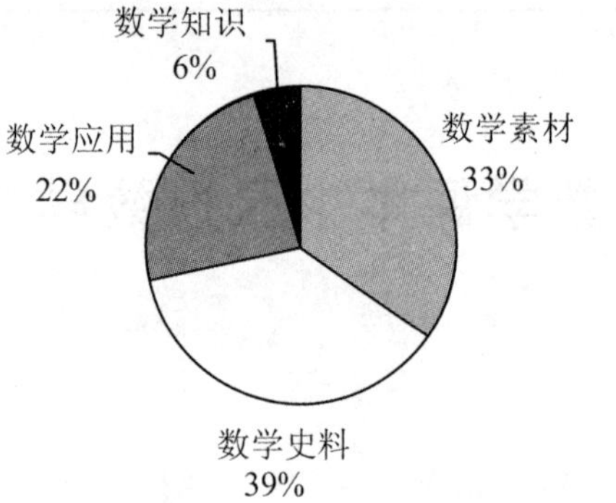

图 2-8 四年级数学文化显性内容呈现类型统计图

从图 2-8 中可以看出，数学史料是显性文化的主要表现内容；数学素材和数学应用中显性文化内容多以图片的形式展现，占比较大，充分显示了数学教材在编写时力图向学生提供现实的、有趣的、富有挑战性的学习材料。

二、具体文化点梳理

四年级数学文化显性内容的具体情况见表 2-4。需要说明的是，为区别一般阅读材料，笔者将“你知道吗”模块单独统计。

表 2-4　四年级数学文化显性内容具体分布

	页码	单　元	内　容	呈现方式	类　型
上册	6	第一单元　认识更大的数	部分省、市及特别行政区的图片	情境图	数学素材
	10		国庆 60 周年阅兵	情境图	数学素材
	11		上海世界博览会	习题	数学素材
	12		古人计数	正文	数学史料
	13		数的进制	“你知道吗”	数学史料
	14		故宫及国家图书馆有关数据	习题	数学素材
	35	第三单元　乘法	计算工具的历史	情境图	数学史料
	65	第五单元　方向与位置	中国象棋	习题	数学应用
	86	第七单元　生活中的负数	珠穆朗玛峰及吐鲁番盆地的海平面高度	例题	数学素材
	87		中国古代对负数的表示	“你知道吗”	数学史料
下册	3	第一单元　小数的意义和加减法	《九章算术注》中对小数的介绍	“你知道吗”	数学史料
	6		北京地铁速度	情境图	数学素材
	21	第二单元　认识三角形和四边形	建筑物中的图形	“你知道吗”	数学知识
	42	第三单元　小数乘法	蚕相关的数据	情境图	数学素材
	46		神舟九号飞船	习题	数学应用
	66	第五单元　认识方程	“代数学之父”：古希腊数学家丢番图	阅读材料	数学史料
	75		《九章算术》	“你知道吗”	数学史料
	78	数学好玩	密铺图案	习题	数学应用

第五节 五年级数学课本中显性数学文化的梳理和分析

一、整体分析

北师大版五年级数学教材中显性数学文化内容共有 21 次，上册出现 13 次，下册出现 8 次。选用的数学文化内容与教学内容紧密相关。从单元分布上看，五年级上册第一、三单元各出现显性文化内容 3 次，第五、六单元出现显性文化内容各 2 次，第二、七单元及数学好玩各出现显性文化内容 1 次，只有第四单元没有出现。五年级下册第三单元出现显性文化内容 4 次，第一、二、四、六单元各出现 1 次。由此可以发现，教材中显性文化内容的分布比较均衡。

从知识领域分布来看，五年级数学教材中显性文化内容数量分布不均衡：首先，数与代数领域出现次数最多，为 13 次，占比为 61.9%；其次，图形与几何领域出现 6 次，占比为 28.6%；再次，综合实践和统计与概率领域各出现 1 次，占比分别为 4.8%。

从显性数学文化的内容安排上看，介绍国外的数学家、数学名题及数学发展应用的有 5 次，而中国古代数学著作只提及《庄子 · 天下》和《孙子算经》。数学文化内容安排既要遵循数学学科本身发展需要，也应该考虑对我国数学传统文化内容的进一步挖掘。作为数学文化的重要内容之一，游戏活动蕴含深刻的数学思想，能激发学生活动的兴趣，而教材中以游戏形式展示数学文化的只有两次。

从显性数学文化内容的呈现方式上看，有正文、阅读材料、“你知道吗”、习题、情境图 5 种形式，各形式占比情况如图 2-9 所示。

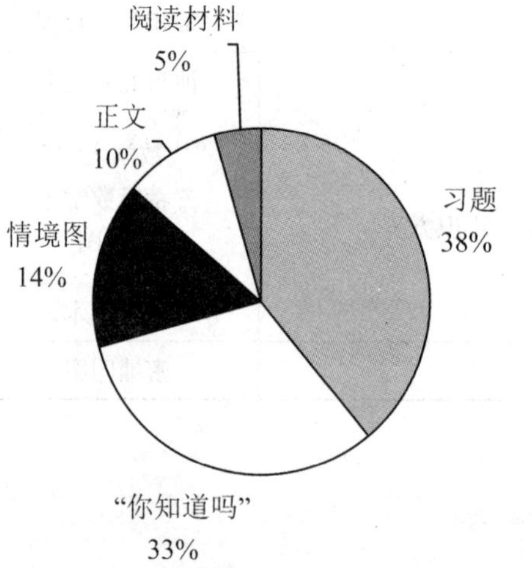

图 2-9 五年级数学文化显性内容呈现方式统计图

从图 2-9 中可以看出，习题成为数学文化内容呈现的重要方式，五年级教材中共出现 8

次，占比达到38%。从数据中可以发现，习题是渗透和浸润数学文化的重要渠道，教师可以在习题设计中选择蕴含数学文化的图片和文字等材料，既达到了练的目的，又提升了学生的数学文化素养。“你知道吗”是教材数学文化呈现的传统方式，占比为33%，数量最少的是阅读材料，占比仅为5%。

显性数学文化内容呈现的类型表现在数学史料、数学应用、数学名题、数学知识和数学素材5个方面，各类型占比情况如图2-10所示。

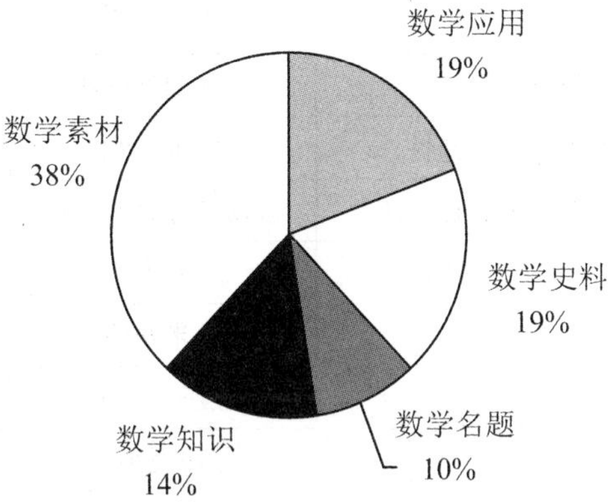

图2-10　五年级数学文化显性内容呈现类型统计图

从图2-10中可以看出，五年级数学文化显性内容呈现类型数量最多的是数学素材，占比38%；其次是数学史料和数学应用，各占19%；占比最少的是数学名题，为10%。从这些数据中可以发现，教材编写者重视选择有意义的、现实的、有人文精神的学习材料，希望尽可能地结合教学内容的特点选择符合学生实际的数学史料和数学名题。

二、具体文化点梳理

五年级数学文化显性内容的具体情况见表2-5。需要说明的是，为区别一般阅读材料，笔者将“你知道吗”模块单独统计。

表2-5　五年级数学文化显性内容的具体分布

	页码	单　　元	内　　容	呈现方式	类　　型
上册	11	第一单元　小数除法	小数三子棋	习题	数学应用
	16		循环节的认识	“你知道吗”	数学知识
	20		中国结	习题	数学名题
	27	第二单元　轴对称和平移	图案设计	情境图	数学素材
	40	第三单元　倍数与因数	质数分解及意义	“你知道吗”	数学知识
	42		哥德巴赫猜想	习题	数学史料
	43		古希腊数学家埃拉托斯特尼	“你知道吗”	数学史料

续表

	页码	单　元	内　容	呈现方式	类　型
	67	第五单元　分数的意义	分饼	情境图	数学素材
	82		短除法	“你知道吗”	数学知识
	92	第六单元　组合图形的面积	天安门广场的面积	情境图	数学素材
	93		中国部分名胜占地面积	习题	数学名题
	99～100	数学好玩	鸡兔同笼问题	正文	数学史料
	103	第七单元　可能性	摸牌游戏	习题	数学应用
下册	4	第一单元　分数加减法	古埃及分数的表示	“你知道吗”	数学史料
	11	第二单元　长方体(一)	魔方	例题	数学素材
	24	第三单元　分数乘法	百米赛跑	习题	数学名题
	28		《庄子·天下》	阅读材料	数学史料
	30		比大小	习题	数学名题
	35		胡夫金字塔	“你知道吗”	数学应用
	47	第四单元　长方体(二)	阿基米德测皇冠	“你知道吗”	数学史料
	66	第六单元　确定位置	夺宝游戏	习题	数学应用

第六节　小学数学六年级教材显性数学文化的梳理和分析

一、整体分析

北师大版六年级数学教材显性数学文化内容共有 20 次，上、下册各出现 10 次。从整体上看，显性数学文化的设置都与教学内容紧密相关，体现着数学知识的发生、发展或应用；从单元分布上看，六年级上册第一单元安排了 5 次，但第四单元“百分数”、第五单元“数据处理”中都没有安排；从内容领域上看，数与代数领域出现 8 次，图形与几何方面出现 11 次，综合实践领域出现 1 次，统计与概率领域没有出现。由此可以看出，显性数学文化内容的编排大多集中在体现数学内涵的数量关系和空间图形内容上。

从显性数学文化的内容安排上看，关于中国古代数学著作介绍的内容出现了 3 次，分别是《墨经》《周髀算经》和《算法统宗》；介绍古代外国数学文化的内容出现了 6 次(其中一次是在介绍圆周率时)，虽然这体现了数学文化的多元发展，但对我国的数学成就的介绍还不够完整；用历史文化素材作为教学内容出现 3 次；对数学知识的介绍和拓展的内容出现 4 次，从中可以看出教材编写者更加重视数学本身的现实和文化。

从显性数学文化内容的呈现方式上看，有正文、阅读材料（含“你知道吗”模块）、习题、情境图四种形式，各类型占比情况如图 2-11 所示。

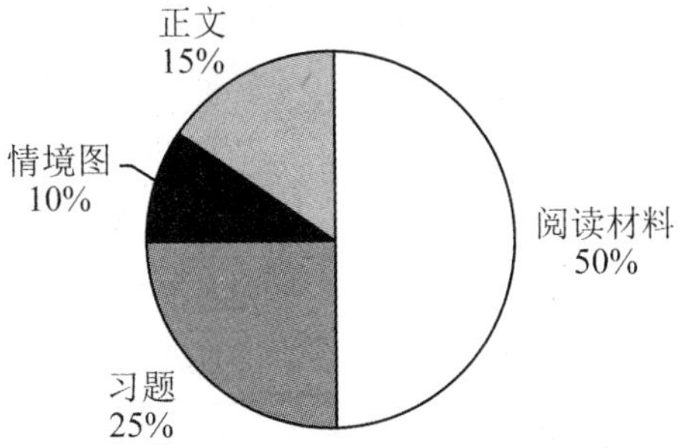

图 2-11 六年级数学文化显性内容呈现方式统计图

从图 2-11 中可以看出，教材编写者安排数学文化的栏目多样，“你知道吗”模块占比最大，多种版本数学教材都把它作为介绍数学史的传统栏目。除此之外，教材还把显性数学文化内容安排在引入的情境图中，习题设计也含有显性数学文化内容，其中，“圆周率的历史”“神奇的莫比乌斯带”和“利息”三节课把显性数学文化内容直接作为习题让学生可以进行系统的学习，让学生可以完整地掌握相关知识及其发生发展，感受数学的人文精神，激发学生学习数学的兴趣。

显性数学文化内容呈现的类型表现在以下 5 个方面：数学史料、数学应用、数学名题、数学知识和数学素材，各类型占比情况如图 2-12 所示。

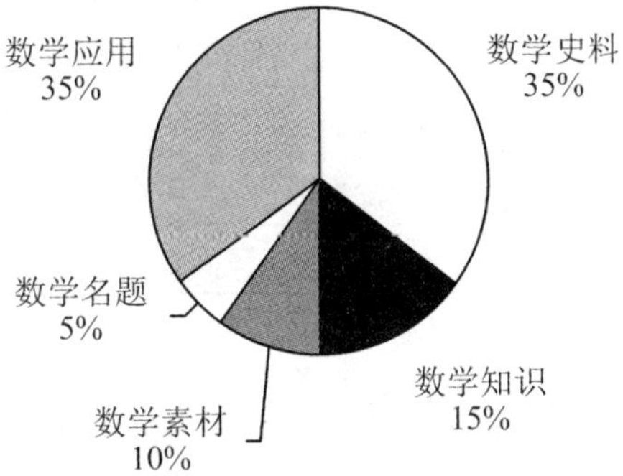

图 2-12 六年级数学文化显性内容呈现方式统计图

从图 2-12 中可以看出，数学史料和数学应用共占比 70%，数学文化作为显性内容被纳入教材，这为教师创造性地安排和使用数学文化提供了可以借鉴的渠道和方法。

二、具体文化点梳理

六年级数学文化显性内容的具体分布情况如表 2-6 所示。需要说明的是，为区别一般阅读材料，笔者将“你知道吗”模块单独统计。

表 2-6 六年级数学文化显性内容具体分布

	页码	单元	内容	呈现方式	类型
上册	4	第一单元 圆	《墨经》对圆的记载	"你知道吗"	数学史料
	7		欣赏与设计	情境图	数学素材
	12～13		圆周率的历史	正文	数学史料
	17		天坛的周长和面积	习题	数学应用
	20		"贴鼻子"游戏	"你知道吗"	数学应用
	31	第二单元 分数混合运算	以碗知僧	习题	数学名题
	36	第三单元 观察物体	天安门广场	情境图	数学素材
	79	第六单元 比的认识	黄金分割	"你知道吗"	数学史料
	95	第七单元 百分数的应用	恩格尔系数	"你知道吗"	数学史料
	95		利息	正文	数学应用
下册	4	第一单元 圆柱和圆锥	"神舟"号飞船结构	"你知道吗"	数学应用
	9		金箍棒的体积和质量	习题	数学应用
	23	第二单元 比例	放大比例尺	"你知道吗"	数学知识
	36	第三单元 图形的运动	埃舍尔的图形创作	习题	数学应用
	43	第四单元 正比例和反比例	测量金字塔高度	"你知道吗"	数学史料
	50		反比例图像	"你知道吗"	数学知识
	54～55	数学好玩	神奇的莫比乌斯带	正文	数学史料
	64	总复习	数的扩充(一)、(二)	阅读材料	数学史料
	98		印章	练习	数学应用
	101		确定位置	"你知道吗"	数学知识

第三章　小学数学课堂融入数学文化的策略探究

2018年4月，北京师范大学发布了《21世纪核心素养5C模型研究报告（中文版）》，该报告基于我国社会、经济、科技、教育发展需求，进一步追问“打下中国根基、兼具国际视野”的人应该具有哪些素养，提出了“21世纪核心素养5C模型”，明确“文化理解与传承”素养是核心，是一个中国人具有中国根基、打下中国烙印的体现，为其他素养提供价值指引。发展学生的数学素养是数学教育的重要任务。中华优秀传统文化是中华民族之根，中华传统文化中有很多璀璨的数学文化瑰宝，我们可以将它贯穿于教学的始终，作为培养学生数学素养的宝贵素材。本章以“从结绳计数说起”一课为例，致力于研究中华优秀传统文化在小学数学课堂教学渗透的实践研究。

第一节　研究背景

一、对“从结绳计数说起”一课的解读

“从结绳计数说起”是北师大版四年级数学上册的内容，它是小学阶段认识自然数的最后一部分内容，主要结合十进制计数法的形成过程，了解自然数的产生与发展，对自然数的意义与特征进行总结与概括，为后续系统地学习小数和分数奠定基础。数的产生和发展经历了一个漫长的历程，教科书展示了古代人们如何计数，如何逐步发明、使用各种计数符号等，直观形象地介绍了数的产生、发展的历史。

教科书给学生提出了两个主要问题：

(1) 情境串1：你知道古人是怎么计数的吗？读一读。

这个问题精选了三组古人计数的史料，用简单的文字和图画，介绍古人计数方法和发明符号的历史，并把进位制和位置值思想蕴含其中，生动地呈现了自然数的产生与发展的漫长历程，使学生对抽象的自然数概念有一个整体的认识。

(2) 情景串2：关于自然数，你知道哪些？和同桌说一说。

教科书呈现了淘气与笑笑的对话，主要介绍了自然数的特征：① 相邻的两个自然数，后面的数总比前面的数多1，数不完，是无限的；② 自然数的计数方法是十进制计数法，每相邻的两个计数单位之间的进率都是10；③ 从右边起，数位从低到高排列，每个数位上的数不仅有绝对的值，还有位置的值。

二、"从结绳计数说起"一课的文化渗透点

通过查阅相关资料，发现"从结绳计数说起"一课可以在以下几个内容进行优秀传统文化的渗透：

1. 指算

儿童学算，总是先扳动指头，成人也常常伸出手指表示数目。中国古代有"掐指一算"之说。

2. 结绳记事

汉朝郑玄的《周易注》中记载："古者无文字，结绳为约，事大，大结其绳，事小，小结其绳。""结"在漫长的演变过程中，在汉语中，许多具有向心性聚体的要事几乎都用"结"字作喻。

3. 契刻计数

汉朝刘煦在《释名・释书契》中说："契，刻也，刻识其数也。"说明镌刻的目的主要是用来记录数目。

4. 文字计数

商朝时，我国古代已经有了比较完备的文字系统，同时也有了比较完备的文字计数系统。在商代的甲骨文中，已经有了一、二、三、四、五、六、七、八、九、十、百、千、万这 13 个计数单字，而有了这 13 个计数单字，就可以记录 10 万以内的任何自然数了。

5. 算筹

中国有一句成语，叫做"运筹帷幄"，意思是在军营的幕帐中对战争的全局进行细密的策划。中国古代十进位制的算筹记数法在世界数学史上是一个伟大的创造。

6. 算盘

算盘被誉为中国贡献于世界的"第五大发明"，可谓地道"中国特产"了。随着对陕西岐山出土文物西周陶丸的研究，中国算盘的发明时间已经提前到两千多年前的西周时期。陕西岐山县西周宫室遗址中出土了 90 粒青黄两色陶丸，其中青色 20 粒，黄色 70 粒。

由于十进制的概念相对抽象，因此可以在这里加入数学史故事进一步介绍十进制的历史背景和应用。除了教材中介绍的古人计数的内容外，还引用法国数学家帕斯卡的故事。帕斯卡计算器的设计就是一种十进位值制算法的具体呈现。帕斯卡用齿轮设计的计算器通过顺时针拨动带动更小的齿轮对不同位置的齿轮进行进位，每个齿轮上的数字为 0～9，个位的齿轮顺时针转动一圈带动连接的小齿轮逆时针转动，从而十位的齿轮顺时针转动一格。这种 0～9 的数字关系让学生进一步思考位置制中"0"的概念应该如何理解。原东北师范大学校长史宁中老师就十进位值制的要点给出过他的理解，就是要加入"0"的认知和理解。这个故事不仅是对远古结绳记事和十进制的补充，也说明帕斯卡的发明延续了古人十进制的概念并将它设计成计算器的开端，用机械的设计代替了结绳，将计算工具进一步升级并运用到生产和生活当中。通过这样一段数学史故事的补充，学生更加直观具体地明白了十进位值制和现实生活运用的结合。

进一步在思想层面延续的内容就是帕斯卡计算器来到中国的故事：在故宫的库房里发现了康熙年间法国传教士带来的 8 个帕斯卡计算器，它们当中不仅有能做加减法的计算器，还有清宫仿制的能做乘除法的计算器，这在当时世界上是绝无仅有的，也进一步说明了当时

中国人的聪明才智。我们可以进一步在思想层面进行探究：如果康熙推行帕斯卡计算器的使用并且大量制作这种乘除法计算器，会有怎样的实际效果？也许中国的数学历史进程会有改变，或者数学成就会更多，无论如何，科技的发展和生产效率的提，也会让更多的人受益。由此可见，在小学数学教学过程中，结合数学史故事，能够引起学生的共鸣和思考，让学生不禁会思考数学与不同文化思想的联系。

三、教学中的困惑

"从结绳计数说起"一课主要是以文字和图画的方式介绍自然数产生与发展的历程，我们在教学中采用阅读、模仿、观察、交流的方法，因为这一内容远离学生的现实生活，学生缺乏相关生活经验，大多数学生在学习了这一部分的内容后，仅了解了计数方法的演变过程，不能在和其他方法的比较中，感受到"进位制"和"位置制"的作用，更难以理解我国的算筹计数方法中的"十进关系"和"位置"思想，不利于增强民族文化自信。

第二节　实 践 研 究

一、案例探究

十进制计数法是古代世界中最先进、科学的计数法，对世界科学和文化的发展有着不可估量的作用。那么如何让学生体验十进制的产生，感受古人计数的发展历程呢？本节案例主要采用情境式、复制式、重构式、自学式、讨论式五个方面策略的文化渗透，帮助学生感受实物计数、以群计数，了解十进制的产生。

（一）情境式策略——链接文化，激发欲望

师：同学们，就要上课了，你们知道咱们这节课要讲什么内容吗？

课件出示："结"的汉字演变过程（图 3-1）。

图 3-1　"结"的汉字演变过程

师：这是什么字？

课件出示：中国结（图 3-2）。

师：你们知道它的含义吗？其实，中国结有着悠久的历史和丰富的含义，它和远古时代的结绳记事息息相关，今天咱们就从结绳计数开始说起——"从结绳计数说起"。

图 3-2　中国结

意图解读　情境式的教学让数学文化资源有形无形地出现在学生的生活中，可以帮助学生凭借这些鲜活的材料感悟抽象的数学意义，使学生对数学有一种亲近感，激发起学生大胆探索数学的兴趣，感受数学文化的博大精深，用数学的美学价值来展现数学文化的无穷魅力，激发学生的学习热情，坚定学好数学的信心。通过传统文化的情境渲染，辅以数学文化的链接，激发学生对数学的崇拜感和求知欲，对提高学生的数学素养具有至关重要的作用。

（二）复制式策略——初步感悟，尝试理解

师：老师为大家带来了一台时空机，它可以穿越古今，大家想不想试试？

生：想。

师：（播放视频）看！我们到了哪里？他们在干什么？

生：哇！是远古时代，他们在打猎呢！

师：那个时代人类还没有发明数字，那么他们是怎样记录打到的猎物的呢？

生 1：可以用石子（图 3-3(a)）。

生 2：可以结绳（图 3-3(b)）。

生 3：还可以在骨头上刻痕（图 3-3(c)）。

师：是的！今天部落首领打到了几只兔子，假如你就是部落中的一员，你会怎样记录呢？请拿出材料包，两人一组按照想象中古人的做法进行摆放，并记录下来。

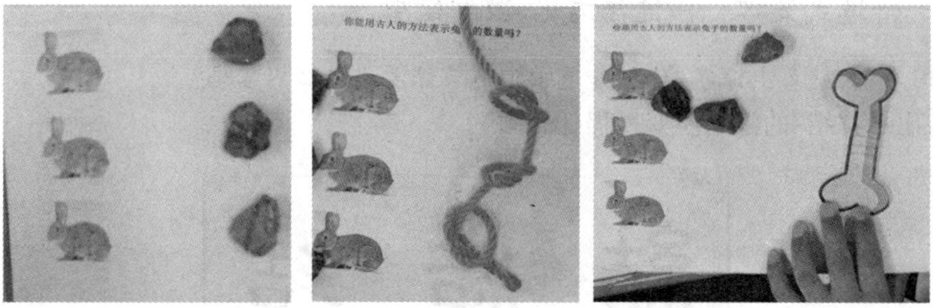

(a)　(b)　(c)

图 3-3　古人记录猎物的方式

生 1：我是用石子来计数的，一只兔子对应一颗石子，三只兔子就放三颗石子。

生 2：我是用绳子来计数的，一个绳结就表示一只兔子，三只兔子就打三个绳结。

生 3：我是在骨头上刻痕的，一道痕就表示一只兔子，三道刻痕就表示三只兔子。

师：我们来回顾一下，同学们通过一块石子、一个绳结或一道刻痕来表示一只兔子，这种方法我们可以称为一一对应（板书：一一对应），而这些石子、绳子、兽骨等都是随处可见的实

物，我们称为实物计数（板书：实物计数）。

师：同学们！刚刚你们只用了短短几分钟就探索出了这几种计数方法，而古人经历了几百年甚至上千年的探究。你们想了解一下古人的计数史吗？

意图解读　复制式的教学通过“时空穿梭”“播放视频”的环节，给学生带来接近于真实的生活情境，把问题情境化，让活动自主化，使探究真实化，引领学生学习“有用”的数学，短短几分钟，跨度几千年。复制式的教学设计，不仅仅复制问题情境，还有计数的思想和方法，通过活动促进理解，通过活动提升感悟。

（三）重构式策略——逐步深入，经历过程

师：刚才咱们用结绳计数和刻痕计数的方法表示兔子的数量，谁还能用石子计数的方法来表示呢？（黑板上有11只兔子，信封里有6颗石子。）

学生在摆放的过程中，教师继续提问。

师：你遇到什么问题了？

生：有11只兔子，可是只有6颗石子，石子不够了（图3-4）。

图3-4　兔子与石子(1)

师：石子不够了，老师这里还有石子。（师递给生一颗大石子。）

生：还是不够呀。

教师停顿两秒，继续提问。

师：不能表示吗？

生1：一颗大石子表示后面的5只兔子。

生2：老师，我用一颗大石子表示10，一颗小石子表示1，这样11就表示出来了（图3-5）。

图3-5　兔子与石子(2)

师：一颗大石子，无论表示5只兔子，还是表示10只兔子，都可以表示出11只兔子。请同学们比较一下，这颗大石子是表示5只兔子更好，还是表示10只兔子更好？说出你的理由。

生1：一颗大石子表示10只兔子更好，因为表示更大的数，可以节省小石子的数量。

生2：同意，这种方法简便，更好记。

师：一颗大石子表示10只兔子，十进制就这样被你们发现了。一颗大石子，让我们掌握了十进制的含义，同学们真了不起。

意图解读 北师大版教材在进行本节课的设计时，采用了边阅读、边理解的形式。而对于古代计数思想的理解如果仅仅停留在“看一看”“读一读”“说一说”等比较浅显层次的话，无异于“隔靴搔痒”，只会流于形式，更谈不上教学效果。重构式的教学设计对教材进行二次“深加工”，自然而高效地呈现冲突：石子计数法，如果石子不够怎么办？以问题驱动思考，学生的思维被完全打开，经过探究讨论，十进制计数思想清晰地呈现在学生面前，让他们也经历十进制的发生、发展历程，再一次感受到古人的智慧，正所谓“山重水复疑无路，柳暗花明又一村”。

（四）自学式策略——引领阅读，对比发现

师：同学们，你们知道下面两个符号表示多少吗？

课件出示：古埃及数字和玛雅数字。

师：它们分别是十进制和二十进制。

图3-6 古埃及象形数字和玛雅数字(1)

师：请大家自主阅读思考古埃及象形数字和玛雅数字分别采用几进制？它们是怎样计数的（图3-7）？

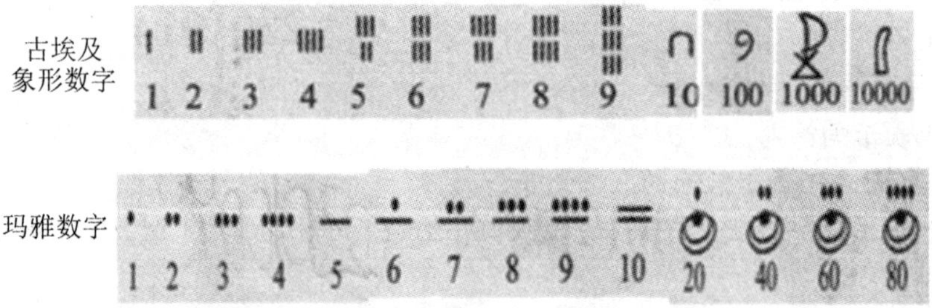

图3-7 古埃及象形数字和玛雅数字(2)

意图解读 学习的过程应该是内因和外因相互促进、共同作用的过程。这里的内因是学生主动思考、积极求知的过程，内因的驱动离不开外因的作用，而外因需要教师精心设疑或进行学习形式的引领。对于国外几种计数方法的理解，本节课的教学采用了自学的形式。课堂上，学生时而认真阅读、若有所思，时而圈圈画画、对比发现。无论是古埃及的象形数字，还是神奇的玛雅数字，对学生而言，都具有一定的神秘感和诱惑力，能驱动学生去思考、去发现。学生置身其中，感悟着数学文化的源远流长，激发了探究数学的热情！

（五）讨论式策略——思考驱动，感受本质

师：其实这种进位制的计数思想，在中国古籍《春秋左传集解》中早有记载：“古者无文字，事大，大结其绳，事小，小结其绳。”现在你们再看一看自己刚才结绳计数的方法，有什么

新的感悟吗?

生:我刚才用的都是小结,原来还可以用大结来表示更大的数。

师:现在四人为一个小组,再次修改自己的结绳方法,并向全班汇报反馈。

生 1:刚才我用 11 个结表示 11 只兔子,现在我只用 1 个大结和 1 个小结就可以表示出 11 只兔子了(图 3-8)。

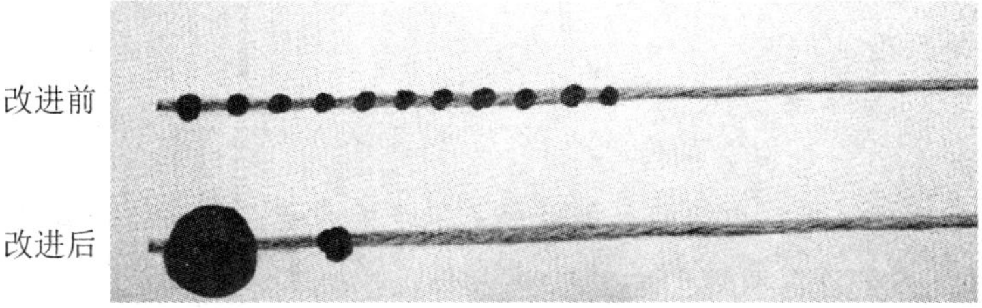

图 3-8　改进前后的表示方法

生 2:我用了两根绳子,分别在两根绳子上打了一大一小两个结,表示 11 只兔子(图 3-9)。

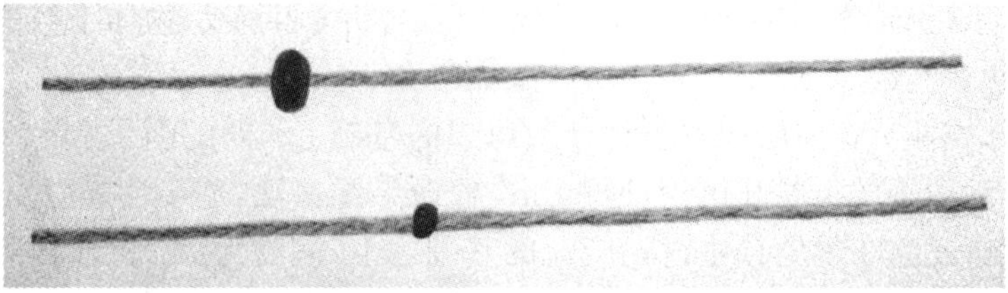

图 3-9　改进后的表示方法(1)

师:一定要用大结吗?

生 3:我也用了两根绳子,我用的是一样大的两个结,上面的一个表示 1 个 10,下面的表示 1 个 1(图 3-10)。

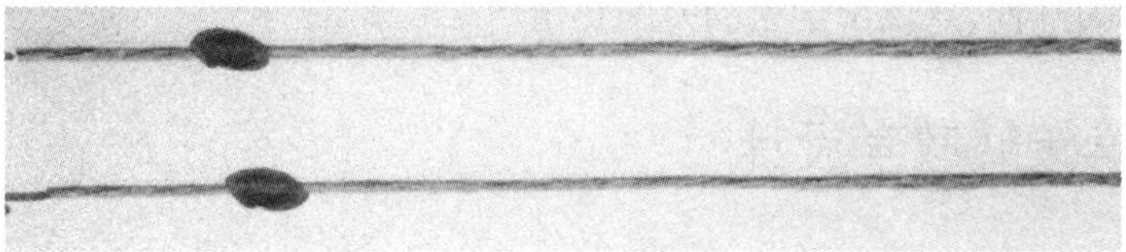

图 3-10　改进后的表示方法(2)

师:同学们都用结绳计数的方法表示出八只兔子,都很棒。现在请同学们比较下面 4 个结中,哪一个更有助于计数呢? 为什么?

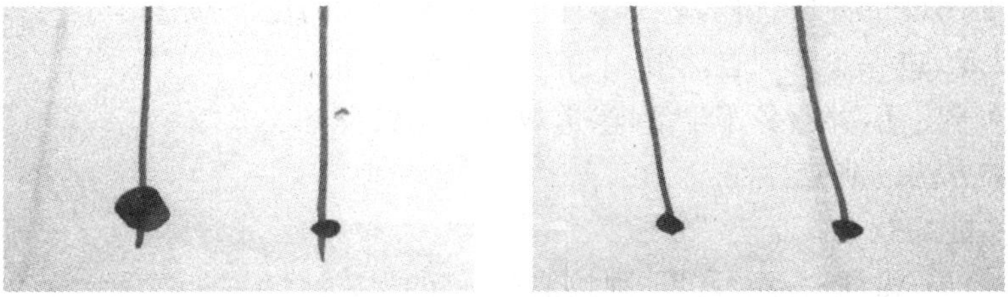

图 3-11　结绳计数

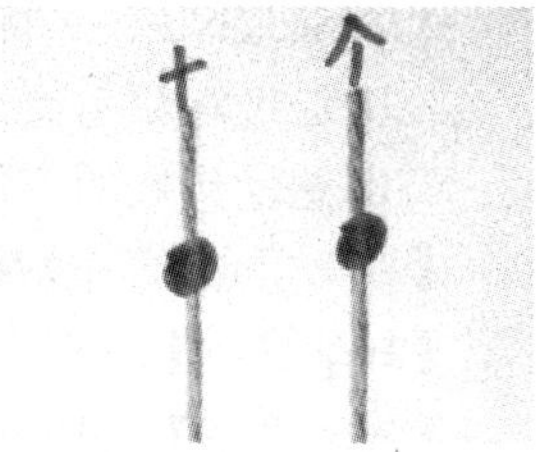

图 3-12

生:我觉得第三个比较厉害,虽然它是一个小结,但是它同样可以表示 10。我觉得它特别像我们学过的计数器。

师：你观察得真仔细，是的，同样大小的一个结，放在不同的位置，可以代表不同的数值，这就是位值制计数思想。你们知道这种位置制的计数方法，是哪个国家先发明的？大家请看视频。

请学生观看视频《中国算筹知多少》，认识算筹计数法，体会中国古代的数学发展史。

师：看明白了吗？短片中介绍了什么？

生：中国算筹数码。

师：它是几？（出示算筹数码3）

生：它表示3。

师：还可以表示什么呢？中国的算筹数码是不是很神奇？中国的传奇还在继续：中国人又根据算筹发明了更加方便简捷的一种计算工具——算盘。你能看懂算盘的表示方法吗？（学生根据算盘上写数，并汇报）

师：英国的科技史专家李约瑟曾说："如果没有中国的这种十进制，就不可能出现我们现在这个统一化的世界了。"你们知道数字世界统一之后是什么样子吗？

师引导学生认识印度-阿拉伯数字的形成过程，告诉学生表示物体个数的0、1、2、3、4、5等这些数字就叫自然数。

意图解读 本环节在前面理解各种计数思想的基础上，以中国的古籍《春秋左传集解》中的记载为原点，引领学生展开讨论，通过二次修改结绳方法，逐步明晰"位值制"的思想本质，而且这种理解建立在学生自主讨论交流的基础之上，润物无声，水到渠成。通过微课生动再现中国算筹、算盘，让学生知道中国古代数学在世界数学史上的地位和贡献，激发民族自豪感。

本节课通过五种教学策略的运用，生动形象地再现了十进制计数法的发展历程，让学生深刻地感受到古人的智慧，突出了我国古代数学的发展对世界的贡献，有效地渗透了我国的优秀传统文化，增强了学生的自信心和民族自豪感，有助于学生感悟中华文化的博大精深，激发了学生的学习热忱，点燃了学生的爱国热情。

二、五种教学策略教学设计

（一）讲解式教学设计

"从结绳计数说起"讲解式教学设计

【教学目标】

(1) 通过阅读，了解计数方法的演变过程，进一步体会其中所包含的位置思想。

(2) 通过观察与交流活动，进一步认识自然数，了解自然数的特征。

(3) 感受到数的产生源于生活，并服务于生活，渗透数学文化教育。

【教学重点】 了解计数方法的演变过程。

【教学难点】 理解自然数的意义。

【教学准备】 课件、作业单、微课（介绍"印度-阿拉伯"数字的由来）

【教学方法】 讲授法。

【教学流程】

一、课前交流

师：同学们，你们是××年级××班？在××号楼上课，教室在××楼。

师：刚才你们用简洁的数字回答了老师的几个问题，现在咱们再用数字做个游戏，报数字 1，男生站起来；报数字 2，女生站起来。

师：在游戏里“1”代表谁？“2”代表谁？“1”代表男生，“2”代表女生，数字在不同的地方表示的意义不同。这些简洁明了的数究竟是怎样产生的呢？实际上它经历了几千年的历史，你们想知道吗？请和我一起走进今天的课堂。（板书：从结绳计数说起）

二、质疑导学

师：请看这是一幅远古人生活的图画（课件出示：情境图），在远古的时候，古人以捕鱼、打猎、采摘野果为生，那时候的远古人没有文字，甚至没有语言，那他们是怎么计数的呢？你们知道吗？

三、探究新知

1. 远古时代的计数方法

师：（课件出示：石子计数图）这是石子计数法，它是怎么计数的呢？

请学生回答。

师：也就是“一一对应”。但是古人认为这种计数方法有些不好，于是进行了改进，就出现了这样的计数方法——结绳计数法（出示结绳计数图）。同学们观察一下，结绳计数是怎么计数的呢？

请学生回答。

师：很好，也就是和石子计数一样，通过一一对应的方法来计数。于是，古人经过苦思冥想，又发明了一种计数方法（课件出示：刻痕计数图）。我们一起来观察一下这个刻痕计数是怎么计数的呢？

2. 按群计数

师：如果数量变多了他们怎么来计数呢？（出示课件）谁能说说一颗大石子表示什么？

请学生回答。

师：像这样的计数方法叫“按群计数”（课件出示：23 个苹果），我们能不能用刚刚学的计数方法来表示这些苹果的个数呢？

3. 计数符号的产生

（1）古埃及象形数字。教师讲解古埃及象形数字，并让学生尝试写出“45”？

① 试写，教师巡视检查。

② 展示学生作品。

③ 讲评和订正。

师：古埃及象形数字只有“十进”关系，不考虑“位置”，因此用这种计数方法表示数特别麻烦。

（2）仿写玛雅数字计数法，体会“20 进位制”。教师讲解玛雅数字，请同学们尝试写出“80”。

① 试写，教师巡视检查。

② 同桌互查。

（3）中国算筹数码计数。教师讲解中国算筹数码计数，并请同学们观察 11、12、146 这三个数，个位用什么式？十位用什么式？百位用什么式？千位用什么式？是多少进制？

师：个位用纵式，十位用横式，百位用纵式，千位用横式，从右到左，纵横交错。

① 请学生写出“365”。

② 展示学生用算筹表示的“365”。

③ 讲评。

师：在“365”中，数字3表示3个百，数字6表示6个十，数字5表示5个一，数字在不同的位置表示不同的值，这就是“位值制”，“位值制”是中国古代的一大发明(印度在公元7世纪才采用十进位制)，是(世界上最早发明的十进制计数体系。算筹在中国使用了近2000年，公元10世纪才传到欧洲，我们应以这一伟大发明而自豪。

师：中国在长期使用算筹的基础上发明了算盘，算盘是中国传统的计算工具，是中国古代一项伟大的、重要的发明，在阿拉伯数字出现前是全世界广为使用的一种计算工具。

教师出示算盘，并演示课本习题。

(4) 小结十进制的由来。

师：从古至今，人类历史上出现过许多不同的进位制。现在应用最广泛的十进制源于古代人们用双手十指计数的方式，成语“屈指可数”就由此而来。当超过10时，双手的手指用完，就在地上放1颗石子或1根树枝代表10，经过长期的实践和总结经验，就产生了十进制。除了十进制，你还知道哪些进制？同学们如果还想了解更多不同的进制，可以课后查阅资料。

4. 认识自然数

师：除了我们刚才认识的这三种计数符号，早期的计数符号还有很多，如巴比伦楔形文字、中国甲骨文数字、希腊阿提卡数字、印度婆罗门数字、玛雅象形数字等。

① 介绍印度-阿拉伯数字的由来。

② 自然数(微课)。

师：这些表示物体个数的0、1、2、3、4、5、6、7、8、9、10、11……都是自然数。一个物体也没有，用0表示；虽然0出现得较晚，但0也是自然数；一般情况下我们不说0是几位数。关于自然数，你还知道哪些知识？

四、归纳反思

请学生谈一谈自己的收获。

五、作业设计

写一篇关于计数发展史的数学日记。

【板书设计】

从结绳计数说起

实物计数：		符号计数：		统一计数符号：
石子计数 结绳计数	一一对应	古埃及象形数字	十进制	印度-阿拉伯数字
刻痕计数		玛雅数字	二十进制	自然数
按群计数		中国算筹数码	位置值	

（二）讨论式教学设计

“从结绳计数说起”讨论式教学设计

【教学目标】

（1）课前收集资料，在交流讨论中了解计数方法的演变过程。

（2）让学生在交流、讨论中感受十进制计数法的简洁性、优越性，进一步体会位置制思想。

（3）让学生在交流讨论中认识自然数，了解其特征。通过对计数方法发展历程的探究，渗透数学文化教育，激发学生热爱数学的情感。

【教学重点】　了解计数方法的发展历程，掌握自然数的意义及其特征。

【教学难点】　在探究活动中感受数学史中蕴含的进位制和位置制思想。

【教学准备】

（1）学生：有关计数方法发展史的资料。

（2）教师：课件及学习单。

【教学过程】

一、谈话引入，激发兴趣

师：同学们，准备好了吗？上课前我们先来欣赏一组图片（课件出示：数字在生活中的应用图），你从中发现了什么？

师：是的，数字在我们的生活中随处可见，而且应用非常广泛。但是这些看似简单明了的数的产生和发展其实经历了非常漫长的过程，今天就让我们来了解一下计数方法的发展历程，现在就让我们从结绳计数说起吧。（板书课题：从结绳计数说起）

二、合作探究，讨论感悟

1. 实物计数

在远古时代，人们主要以狩猎为生，当他们想记录猎物的个数，而那个时候又没有数字，那么他们会怎么办呢？请学生说一说。

（预设）生：会用石子或绳结来计数，也会用手指来计数……

（1）教师出示石子计数图片，并请学生介绍图片内容。

（2）教师出示结绳计数图片，并请学生介绍图片内容。

（3）教师课件出示刻痕计数图片，并请学生介绍图片内容。

（4）对比上述三种计数方法。

师：同学们真厉害，这么快就了解了古人的计数方法，那么，我们再来仔细观察一下，它们都有什么相同点和不同点？（课件出示：三种计数方法对比图。）

让学生与同桌合作交流，讨论并回答下列问题：

（1）对比上述三种方法，说出它们的相同点和不同点。

（2）上述三种方法的共同特点是什么？

师：是的，太麻烦了，古人的想法也和你们一样，也感觉太麻烦了，然后他们就继续思考，就想到了按群计数（板书：按群计数），这个方法虽然有所改进，但他们觉得还是麻烦。于是他们又不断思考，到底可以用什么更简洁的方法表示猎物的多少呢？于是就想到了用符号计数（板书：符号计数）的方法。

2. 符号计数

(1) 问题引入。

师:课前同学们已经收集了关于古人采用符号计数的相关知识,有哪位同学愿意把自己收集到的成果与大家分享呢?

师:收集了关于古人计数的相关知识,那么到底他们是怎样用这些数字符号计数的呢?其中到底隐含着什么奥秘?你们想知道吗?请看大屏幕(课件出示:三种计数符号)。

(2) 三种计数方法。

师:老师这里也收集了几种有代表性的古人计数方法,分别是古埃及象形数字、玛雅数字、中国算筹数码。请各小组任选其中一种计数方法进行深入探究,以了解他们的计数方法。

(3) 活动要求。

师:在上述计数方法里,每个数字分别是用什么符号表示的?这种计数符号采用什么进制?

活动要求:请学生结合自己课前收集的资料和课本上的相关介绍,小组内讨论交流一下各自的想法。每个学生都要说一说自己的见解,小组长最后进行总结、记录。

(4) 学生逐个探究汇报。教师根据各小组的探究内容随机出示课件。

师:纵观数的发展历程,从古至今,出现过许多不同的进位制,现在应用最为广泛的十进制,就源于古人用双手十指计数的方式,这也是成语"屈指可数"的由来。当十根手指数完了,古人就在地上放一块石子或一根树枝来代表"10",然后用手指继续数,慢慢地就产生了十进制。此外,中国算筹数码中不仅有十进制,还有位值制,这是中国古代的一大发明且流传至今,我们应该为此而感到自豪。

教师继续提问。

师:在现实生活中,除了十进制,同学们还知道哪些进制呢?

(5) 仿写。

师:同学们,通过各小组的认真探究,你们弄清了古人这几种符号计数法所表示的含义了吗?对比这几种计数符号表示方法,你们认为哪一种表示方法更简洁呢?

学生讨论、交流,各抒已见。

3. 自然数

师:我们每天都在和这些印度-阿拉伯数字打交道,你们知道吗?像0,1,2,3,…这些数字都是自然数。那么关于自然数,你们还了解哪些知识呢?小组内交流一下,和小伙伴们说一说吧。

三、巩固练习,加深认识

师:同学们知道得可真多,通过学习,了解了计数方法的发展演变历程,增长了不少见识。下面我们就利用所学来解决一些实际问题吧。

四、课堂小结,感悟升华

师:今天我们又重新梳理了数的发展历程,了解了计数方法的演变历程,你们都有什么收获呢?数学的产生凝聚了全人类的智慧,数学王国里还有很多的奥秘,它还等待着你们用双手去探究,用双眼去发现,加油吧,同学们,你们一定会成为未来的主人!

【板书设计】

从结绳计数说起
——计数方法的演变历程

实物计数
石子计数　　结绳计数　　刻痕计数　　一一对应

按群计数
符号计数：十进制
古埃及象形数字：二十进制
玛雅数字：十进制
中国算筹数码：十进制、位置制

印度-阿拉伯数字：0 1 2 3 4 5 6 7 8 9

（三）引导自学式教学设计

“从结绳计数说起”引导自学式教学设计

【教材分析】　本课时是北师大版小学数学四年级上册第一单元第12～13页内容。教材通过列举远古时代的石子计数、结绳计数和刻痕计数等计数方式，近代的古埃及象形数字、玛雅数字和中国算筹数码等各种计数符号，以及现在广泛使用的印度-阿拉伯数字，直观形象地介绍了数的产生、发展的历史，让学生对数的产生有一个初步的认识。虽然这些内容对于学生来说比较生疏，特别是其他国家历史上的各种计数符号，学生在平时的生活中根本没有这方面的感知，但容易激发学生的学习兴趣，调动他们的求知欲望，因此在教学中可以结合《新课程标准》提出的理念，立足于学生已有的知识，让学生在课上通过阅读资料，对数字发展史有一个大致的了解，培养学生自主学习、研究性学习的能力。在课堂教学时，可以通过学生自主阅读、集体交流的方式，让学生在自主学习的过程中进一步认识数字发展史，感受学习的快乐。

【学情分析】　本节课是小学阶段认识自然数的最后一节内容，主要是结合十进制位置计数法的形成过程，了解数字的产生与发展。部分学生在平时的数学阅读中已经了解过一些古老的计数方法，为本节课的学习打下了基础。

【教学目标】

(1) 通过阅读，了解计数方法的发展过程，进一步体会其中所包含的位置思想。

(2) 通过观察与交流活动，知道每种计数方法的特点。

(3) 感受数学知识与日常生活的密切联系，渗透数学的文化教育，使学生了解我国古代劳动人民的伟大创举。

【教学重点】　让学生读懂教材中涉及的材料，了解计数的发展过程。

【教学难点】　知道每种计数方法的特点。

【教学资源】　多媒体课件、学习单。

“从结绳计数说起”教学环节安排见表3-1。

表 3-1 “从结绳计数说起”教学环节安排

环节安排	学生自学事宜	教师引导事宜	备注
明确自学重点 (2 分钟)	自学重点:通过阅读材料,了解计数方法的发展过程,知道每种计数方法的特点	(1) 谈话引入 (2) 揭题,出示自学重点(板书课题)	
围绕重点自学 (11 分钟)	(1) 自学提示一:认真观看视频 ① 在远古时代,人们用(　　)、(　　)、(　　)等方式来计数 ② 说一说你发现这几种方法的相同点和不同点 (2) 自学提示二:自学课本第 12 页相关内容 ① 我们研究的是(　　)数字 ② 哪些符号可以用来计数,有什么特点 ③ 学会用符号表示数字	(1) 组织学生观看视频,了解远古时代人类记录猎物数量的方法 (2) 引导学生学习符号计数的方法,感知古人计数方法的特点	课件
交流自学情况 (10 分钟)	(1) 小组讨论 ① 以小组为单位,交流古人计数的三种不同方法。在交流过程中体会一一对应的计数思想。小组讨论、交流,研究计数方法的变化过程 ② 讨论符号计数的方法。小组内创造计数符号。交流理解有关符号计数的特点 (2) 全班交流 ① 交流汇报古人计数的三种不同方法、计数符号的表示方法和对符号计数的认识 ② 谈一谈对印度-阿拉伯数字的了解	教师随机加入小组的讨论,倾听他们的想法,对出现的问题给予点拨和必要的指导	
点拨自学得失 (6 分钟)	相机点拨: (1) 古代劳动人民是借助身边的工具,通过一一对应的方法来计数的。当“猎物”的数量较多时,不方便计数。在学生交流的基础上,简单介绍“按群计数”的方法,拓宽学生的知识面 (2) 了解不同国家用不同符号表示数字 ① 古埃及象形数字计数法:用不同的符号表示一位数、两位数和三位数。每十个数字就会出现规律性重复。这种数字符号虽然有“十进”关系,但没有“数值”,所以在编写时很麻烦(了解十进制的由来) ② 玛雅数字计数法:2 位个数才会出现重复规律,所以是二十进制 ③ 中国算筹数码计数法:十进制。中国算筹数码编写起来更方便,因为这种计数方法不但 1 位个数可以有规律,而且数位上也有规律可循。介绍中国的“位值”		

续表

环节安排	学生自学事宜	教师引导事宜	备注
巩固自学成果（11 分钟）	(1) 完成教材第 13 页“练一练”第 1～4 题。独立探究，得出答案后，在小组内互批互改，疑问困惑全班交流 (2) 阅读第 13 页“你知道吗”模块内容。了解十进制、二十进制等计数方法 (3) 课堂小结：通过对计数方法的发展过程的了解，你有哪些想法？谈一谈你的收获 (4) 作业：以小组为单位，办一期数学手抄报：从结绳计数说起——计数方法的变化过程	(1) 学生完成第一题时，提醒学生注意算盘中每颗珠子所代表的意义不同 (2) 教师巡视，针对性辅导	课件

【板书设计】

从结绳计数说起
了解计数方法的发展过程

石子计数
结绳计数　　一一对应　　自学提示 小组展示
刻痕计数
按群计数

符号计数
古埃及象形数字　　自学提示 小组展示
玛雅数字
中国算筹数码

印度-阿拉伯数字　　自学提示 小组展示

（四）重构式教学设计

“从结绳计数说起”重构式教学设计

【教学目标】

(1) 引导学生感受数的产生与发展的历程，经历计数方法的演变过程，体验数学文化中蕴含的思想。

(2) 了解自然数的产生及发展，体会十进制计数法的价值，增强对数学的热爱。

(3) 渗透数学的文化教育，使学生了解古代劳动人民的伟大创举。

【教学重点】　梳理数和计数方法的演变发展过程，形成知识网络。

【教学难点】　通过摆一摆、画一画，认识十进制、位值制的价值。

【教学准备】 多媒体课件、图片。

【教学过程】

一、师生谈话，组织教学

师：同学们，知道咱们这节课要学什么内容吗？（课件出示："结"的汉字演变过程）这是什么字？（课件出示：中国结、蝴蝶结）你知道它的含义吗？其实，中国结在中国有着悠久的历史和丰富的含义，它是从远古时代的打结记事演变发展而来的，今天咱们就从结绳计数开始说起（板书：从结绳计数说起）。

二、动手感悟，生成体验

1. 直入主题

师：同学们，你们知道在远古时代（课件出示：情景图），为了表示猎物的数量，古人是怎样使用结绳计数的？还有其他的计数方法吗？（板书：石子计数、结绳计数、刻痕计数）

2. 合作引领

(1) 两只兔子石子计数法。

师：谁愿意和老师一起展示一下？

学生举手响应。

师：我打来两只兔子。

生1：我摆上两颗石子。

生2：我在绳子上打两个结。

生3：我的骨头上刻两道痕迹。

反馈刻痕计数和结绳计数的表示方法：一一对应。

(2) 11只兔子计数法

师：既然是打猎，我的收获怎么可能只有两只？（课件出示：11只兔子）现在老师请一位同学继续用石子计数。

① 重点讲解只有6颗石子：石子不够了，怎么办？

② 思考：再给1颗大石子，可以表示11只兔子吗？

师：一颗大石子表示5。你知道古人是怎么想的吗？

师：一颗大石子，还可以表示多少？

师：现在，谁能用最少的石子表示？

师：（小结）一颗大石子表示10只兔子，十进制就这样被你们发现了。

师：因为以上的计数方法不易携带、不便保存，所以古代劳动人民在此基础上发明了符号计数。

3. 生成对比

师：（课件出示：古埃及象形数字10和玛雅数字20两个符号）你知道它们分别是多少？请看。（课件出示：古埃及象形数字、玛雅数字）它们分别是十进制和二十进制（板书：古埃及象形数字、玛雅数字）

4. 过渡引导

师：其实这种计数思想，在中国的古籍《春秋左传集解》中早有记载："古者无文字，事大，大结其绳，事小，小结其绳。"

5. 体会生成

师：看到以上文字，你们有什么体会？下面请四个人组成一个小组，二次修改自己的结绳方法，并汇报反馈。

第一层次：一根绳子，一大一小两个结。

第二层次：两根绳子，一大一小两个结。

引导思考：一定要用大结吗？

第三层次：两根绳子，一样大的两个结。

对比第二、三层次的两种情况，引导思考：四个结中，哪一个表示的数最大？为什么？课件出示：计数器感受计数方法。

师：（小结）同样一个结放在不同的位置，可以代表不同的数值，我们叫位值制（板书：位值制）。你知道这种计数方法是哪个国家最先发明的吗？

三、中外对比，加深理解

1. 观看微课

认识算筹计数法，使学生了解我国古代劳动人民的伟大创举。

2. 强化追问

师：看明白了吗？短片中介绍了什么？（板书：中国算筹数码）它是几？（出示算筹数码3）它还可以表示什么呢？

3. 介绍算盘

师：后来中国人又根据算筹发明了更加方便简捷的计算工具——算盘。你能看懂算盘的表示方法吗？

让学生根据算盘写数，并汇报。

4. 友人评价

英国科技史专家李约瑟评价说："如果没有中国的这种十进位制，就不可能出现我们现在这个统一化的世界了。"

5. 印度-阿拉伯数字

师：在中国十进制的基础上，古印度人创造了古印度数字，后经阿拉伯人传到了西方，命名为阿拉伯数字，即印度-阿拉伯数字（0，1，2，3，…）。

6. 自然数

师：这些表示物体个数的0，1，2，3，4，5，…就叫自然数。（板书：自然数）。

四、适时小结，形成网络

师：好，同学们，今天咱们从实物计数讲到了符号计数，从一一对应讲到十进制，感受了不同时期、不同国家的数字以及计数方法产生、文明演变的历程。这节课就要结束了，同学们还有什么疑问吗？

五、课后延伸，继续探究

课后继续收集古代计数的资料。

【板书设计】

从结绳计数说起

实物计数：石子计数	结绳计数	刻痕计数	一一对应
	↓		
符号计数：古埃及数字	玛雅数字	中国算筹数码	十进位值制
	↓		
	印度-阿拉伯数字		

（五）复制式教学设计

“从结绳计数说起”复制式教学设计

【教学目标】

（1）结合十进制、位值制的形成过程，了解自然数的产生及发展，进一步认识自然数，了解自然数的特征。

（2）经历计数方法的演变过程，体验数学的一一对应思想、化繁为简思想，感受十进制、位置值的美妙。

（3）渗透数学文化教育，使学生了解我国古代劳动人民的伟大创举。

【教学重点】 引导学生经历自然数的形成过程，感受十进制、位置值的奇妙。

【教学难点】 认识自然数和十进制。

【教学准备】 多媒体课件、若干兔子图片、小绳子、石子、骨头图片、作业纸。

【教学过程】

一、穿越时空，实物计数

1. 情境引入，猜测古人计数方法

教师出示时空机图片，播放穿越的画面。

师：同学们，猜猜我们来到了哪里？

生：远古时期。

师：说说你们看到了什么？

生：原始人在狩猎。

师：那个时候还没有产生数，更没有笔和纸，你们猜古人是怎样记录打到的猎物的呢？

生：用石子计数，用绳子、骨头……（实物计数、一一对应思想）

2. 动手操作，初探计数方法

（1）教师提问：“对，今天部落首领打到了几只兔子，（贴兔子图片）你能用古人的方法来记录他们打的兔子的数量吗？”

（2）学生拿出材料包，两人一组，在作业纸上摆一摆，并说一说是怎样做的。

（3）教师巡视收集图片，并请学生说说他们是怎样表示的。

生1：我用一颗石子代表一只兔子，三只兔子就用三颗石子。

生2：我用绳子打结表示，一个结就表示一只兔子。

生3：我在骨头上刻痕来表示。

（4）教师总结：“同学们，我们的古人通过石子、绳子、骨头这些随处可见的实物来表示数，这些都属于实物计数，它们都是一一对应的关系。”（板书：一一对应）

3. 播放视频，整体感知

师：亲爱的同学们，我们刚刚只用了几分钟就得出了古人的计数方法，其实这些计数方法是古人经历了几百年甚至上千年研究的结果，下面我们一起来学习古人的计数史。（播放古人计数视频）

4. 了解十进制的产生

（1）古人打的猎物越来越多，你会用一颗石子代表几只猎物呢？

师：像这样以5、8、10……为一群计数的方法我们称为以群计数。（板书：以群计数）

（2）教师向学生介绍十进制的由来。

二、研究数字,符号计数

1. 古埃及象形数字和玛雅数字

(1) 播放穿越的视频,显示符号时代。(板书:古埃及象形数字和玛雅数字)

(2) 先来看看古埃及象形数字,你看懂了什么?它们是用什么符号来计数的?

学生观察并交流。例如,用一竖来表示1,二竖表示2。

师:说说什么时候变了符号呢?是的,10,100,1000,10000,…(边说边演示)这里面包含了多少进制?(板书:十进制)

师:再看看玛雅数字,你能看懂他们是怎样计数的吗?(引导学生交流回答)

师:你们能看出来这里有几种符号吗?这里又包含了多少进制?(板书:二十进制)

生:三种,分别是点、横线和像眼睛一样的符号。

2. 中国算筹数码:认识位值制

(1) 教师提问:"你们最想了解哪个国家的计数符号呢?"介绍中国算筹数码。

生:用一个竖表示1,二个竖表示2,到6的时候就变成一横一竖了,那一横就是5。

师:你们看,这种摆法是怎样摆的?竖着摆的,就叫纵式。算筹不仅有纵式摆法,还有横式摆法。(出示课件)

(2) 认识位值制。

师:你们对中国算筹的这种计数法有还有疑问吗?(预设:为什么有了纵式还要用横式呢?怎样表示更大的数呢?)

生:中国古人运用一纵一横来表示更多更大的数。

师:那么为什么这样就能表示更多更大的数呢?(引导学生进行小组讨论交流)

师:中国算筹中之所以这样排列就能表示更多的数,其原因是每个数都在不同的位置上,表示不同的数值,因此中国算筹的9个符号可以表示出更多更大的数。(板书:位值制)

3. 介绍算盘

(1) 人们根据算筹发明了一种更加方便简捷的计数工具——算盘,分为上、下两层,教师在算盘上拨数"35",并提问学生上、下两层珠子代表多少。

(2) 学生通过交流后,知道算盘上层的一个珠子是5,下层的一个珠子是1,从右面起分别为个位、十位、百位、千位、万位。

(3) 教师随机拨几个数字,让学生回答。

(4) 教师让学生讨论哪种计数方法最简单。通过引导,得出结论。即中国算筹既有十进制,又有位值,所以用来计数更加方便简洁。

三、自然数产生

师:同学们,我们刚刚只是简单了解了几种计数方法,其实世界上还有很多的计数方法,我们来看一看吧。(课件出示:计数方法)

生:很麻烦,看不懂。

师:那怎么办呢?

生:能不能用一种统一的数字符号来计数?

师:是的,这些计数方法各种各样,交流起来很不方便,公元8世纪,印度人发明了一种符号,后由阿拉伯人传入欧洲,也就是我们所说的阿拉伯数字。这种符号用起来非常方便,后来逐渐被国际统一应用,并逐步演变成我们现在的数字。(课件出示:数字0～9)

师:这些表示物体个数的0,1,2,3,4,5,…就叫自然数。0也是自然数。

师：关于自然数，你还知道哪些？

四、回顾总结

师：同学们，你们能说说通过这节课的学习有什么收获吗？

生：我们了解到了数字的发展史，知道了古人计数的方法，还知道了十进制的由来，位值制是我们中国人创造的！

教师总结：数的发展经历了实物计数到符号计数的演变，现在统一称为自然数，它也许还在演变中，希望同学们不要停止探索的脚步。

【板书设计】

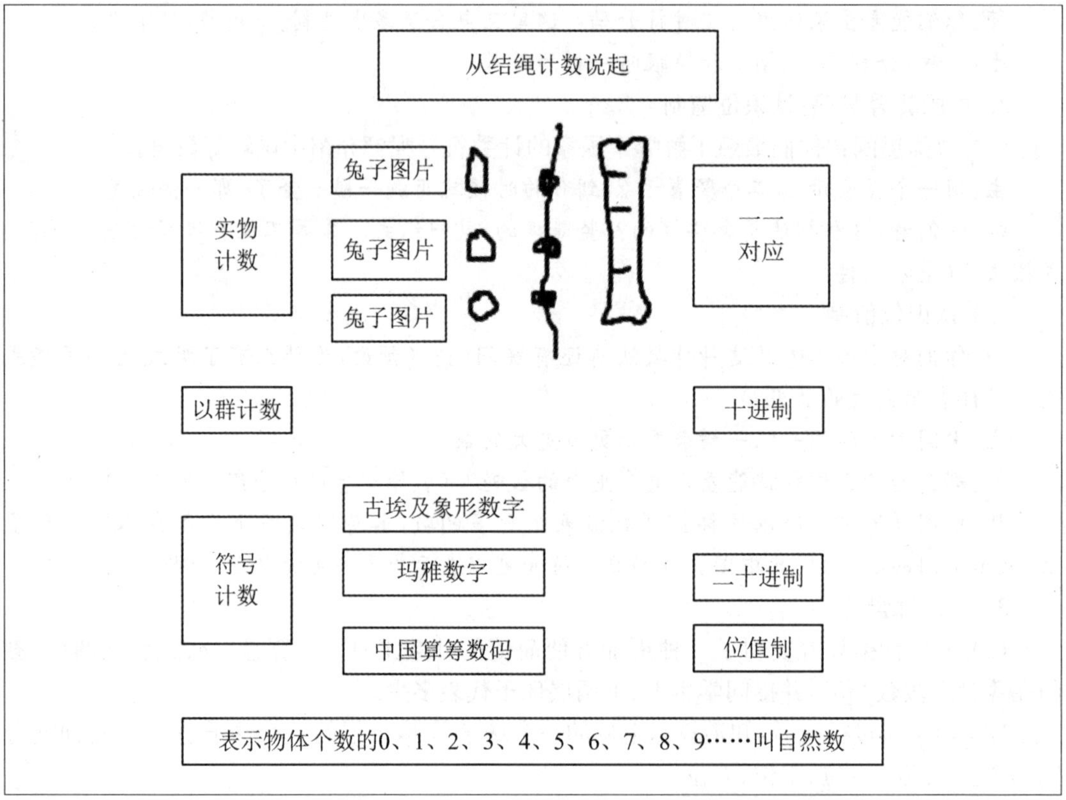

第三节 研究工具

鉴于数学文化教学影响的实时性、长期性和隐蔽性，笔者的研究工作采用了两种方式统计相关数据，即问卷调查和发放课堂观察量表。

一、学生调查问卷(后测)

“从结绳计数说起”学生调查问卷(后测)

亲爱的同学：

你好！老师想了解你在数学学习中的一些实际情况，请你按照要求认真回答问卷上的问题，思考后写下最真实的答案。谢谢你的积极配合！

(1) 刚刚结束的“从结绳计数说起”一课，最让你有成就感的活动是什么？这节课中你喜欢哪个部分？

(2) 你认为自己最大的收获是什么？有没有什么遗憾呢？

(3) 这节课中，你了解了(　　)、(　　)、(　　)三种实物计数法，它们的共同点是(　　)。

(4) 符号计数方法中，古埃及象形数字是(　　)进制，玛雅数字是(　　)进制，中国算筹数码是(　　)进制，中国算筹数码最大的贡献是(　　)。

(5) 在一次捕猎活动中，古人捕获 43 只羊，你能用他们的计数方法分别来表示一下吗？

① 古埃及象形数字：

② 玛雅数字：

③ 中国算筹数码：

二、课堂观察量表

具体课堂观察量表如表 3-2～表 3-8 所示。

表 3-2　课堂观察量表(学生参与度)

说明：

1. 在学生所在的位置上加上字母和“正”字，表示学生参与的方式和次数，具体如下：

A. 学生主动提出相关主题的问题　　B. 学生正确回答问题

C. 学生提出无关主题的问题　　D. 学生错误回答问题

E. 学生主动表示疑问或不懂　　F. 学生对全班发表见解

2. 本记录由 1 人完成。

1	2	3	4	5	6	7	8
9	10	11	12	13	14	15	16
17	18	19	20	21	22	23	24
25	26	27	28	29	30	31	32
33	34	35	36	37	38	39	40
41	42	43	44	45	46	47	48
总体评价							

表 3-3 课堂观察量表(自主学习氛围)

说明:
1. 观察维度:学生自主学习状态及有效性。
2. 观察要点:学习是如何参与到学习中的。
3. 评价方法:非常好 5 分,比较好 4 分,一般 3 分,比较差 2 分。

课堂主要环节	学生参与状态			学生应答情况			自主学习有效性		
	学生兴趣浓厚	课堂气氛活跃	小组活动有效	积极回答问题	主动参与交流	师生互动频繁	积极寻找解决途径	有效利用教材等工具	及时进行自我完善
总体评价									

表 3-4 课堂观察量表(学生活动记录)

说明:
1. 观察维度:学生学习活动方式。
2. 观察要点:学生多种学习方式参与的人次和具体分布时间。
3. 本记录由 1 人完成。

项目	个别发言	小组活动	演示活动	记笔记	主动提出问题	同伴合作	独立思考	主动寻求帮助	创造学习材料	消极行为
人/次										
时间										
总体评价										

表 3-5 课堂观察量表(教学时间分布)

说明：
1. 观察维度：教学实践活动的具体分布。
2. 观察要点：各种实践活动的用时和所占课时的比例。
3. 本记录由 1 人完成。

项目	教师讲授	小组活动	师生互动	学生展示	独立练习
用时					
所占课时比例					
总体评价					

表 3-6 课堂观察量表(培养数学能力)

说明：
1. 观察维度：学生学习过程中各种数学能力的达成情况。
2. 观察要点：是否达成、具体环节、达成方式。
3. 本记录由 1 人完成。

完成情况	数学能力项目							
	数学思维	拟题与解题	数学建模	数学推理	数学表征	符号化与形式化	数学沟通	工具使用
是否达成								
在哪一个环节达成?								
达成方式								
备注								

表 3-7　课堂观察量表(激发内在动机)

说明:
1. 观察维度:学生学习个人动机和团体动机。
2. 观察要点:是否达成、具体环节、达成方式。
3. 本记录由1人完成。

完成情况	内在动机项目						
	个人化动机				团体化动机		
	教学目标设计适当,挑战性适度	学生对课堂有好奇心,有感官好奇和认知好奇	课堂具有适度弹性,学生的课堂反应被重视	建立新旧知识的链接,激发认知上的想象	合作动机	竞争动机	认同动机
是否达成							
在哪一个环节达成							
达成方式							
备注							

表 3-8　课堂观察量表(培养数学态度)

说明:
1. 观察维度:学生对于数学以及具体学习环节中的态度。
2. 观察要点:是否达成、具体环节、达成方式。
3. 本记录由1人完成。

完成情况	数学态度项目				
	喜欢问问题	敢大胆地猜测	乐于分享自己的数学观点,并尊重别人的数学观点	喜欢进行具体的实验,以探究或尝试解决问题,以及发现数学性质	解决数学问题时,有耐心且细心,以及结果是准确的
是否达成					
在哪一个环节达成					
达成方式					
备注					

第四节　资料收集与分析

一、资料收集

(1) 在前面介绍的5种不同的策略方式教学中,参与研究的7位观察教师均进入课堂,每位教师进行一个维度的观察和记录,每位教师最终获得某一维度的5个班观察量表。教学结束后,共收回35张7个维度的观察量表。

(2) 小组活动时,7位课堂观察教师记录了学生不同的情况,并摄录学生作业的图片资料。

(3) 教学结束后,组织学生即时完成"从结绳计数说起"学生调查问题(后测)。

(4) 教学结束后,对5位执教教师和7位观察教师进行访谈,并记录访谈内容。

二、资料分析

(1) 量性资料分析。主要是对教师调查问卷进行分析;对7份观察量表进行数据的统计和比较分析;对学生调查问卷客观数据进行统计与分析。

(2) 质性材料分析。通过访谈执教教师,了解教师在执教过程中的感受,了解他们对教学现象的评价;分析学生在调查问卷主观题部分的回答情况。

第五节　研 究 结 果

以"从结绳计数说起"一课为例,通过对灵璧县教师进行问卷调查,整理渗透数学文化的不同课堂教学案例,生成了自学式、讲授式、讨论式、重构式、复制式5种数学文化渗透教学策略,形成了5种教学典型案例。

后将这5种策略在灵璧县实验小学进行教学,同一平行班分别进行后测,从学生学习方法、数学能力、学习态度、学生参与度等7个维度总结出数学文化融入小学数学课堂的策略教学效果。

一、不同策略学生学习方法的差异

上述5种课堂教学策略结束后,笔者对学生学习方式(表3-2)进行了统计分析,具体结果见表3-9。

表 3-9 “从结绳计数说起”一课学生学习方法差异性统计

单位:次

教学方式	个别发言	小组活动	演示活动	记笔记	主动提出问题	同伴合作	独立思考	主动寻求帮助	创造学习材料	消极行为
讲解式	38	0	6	0	1	2	22	0	2	14
讨论式	57	4	5	1	3	4	26	10	8	3
自学式	30	3	4	3	4	1	32	4	6	14
重构式	69	1	16	0	6	2	38	6	4	1
复制式	66	2	7	0	2	2	33	9	7	8

从学生的学习方法来看:在讨论式、重构式、复制式教学中,学生的个别发言次数明显高于讲解式和自学式教学;在讨论式和自学式教学中,学生主要通过小组活动的形式来学习;在自学式和讨论式教学中,学生记笔记的次数较多;在自学式和重构式教学中,学生偏向于主动提出问题;在讨论式、自学式、重构式、复制式教学中,学生更愿意独立思考,能主动提出问题和寻求帮助,并且能创造学习资料,产生一些新的认知;在讲解式和自学式教学中,学生则容易产生消极行为。

课堂教学后,笔者对进行这一维度观察的教师进行了访谈。

提问:您能说说这五种不同策略教学时学生在活动方面的不同表现吗?

负责观察的单老师说:“在讲解式教学中,教师非常重视学生学习方法的指导,能够针对不同学生采取不同的讲解方式,如学生讲解、教师讲解、微课讲解,让学生都能够有所收获,但是学生在小组活动和主动提出问题方面比较欠缺,而且消极行为比较多;在讨论式教学中,教师善于利用学生的储备知识、课外收集知识进行拓展,对于不同程度的学生都给予了机会和鼓励,能够掌握适当的时机,利用适宜的问题引导学生进行讨论式的、深入的研究,学生的学习方式比较广泛,小组活动、演示活动组、主动提出问题以及寻求帮助方面表现较好,但是在记笔记方面很欠缺;在自学式教学中,由于问题指向不够明确,学生不能完整清晰地表达自己的思路,大部分学生能够积极地参与活动,并能与同学协作完成一种计数方法,80%以上的学生能够记录或展示活动成果材料;在重构式教学中,教师整合了教学资源,然后创造性地让学生去经历了一一对应和十进制位置产生的过程,学生学习方式多样,个别发言,或者主动提出问题,还有独立思考,并且能够创造性地产生一些学习材料,没有消极行为;在复制式教学中,教师让学生置身于远古时代,经历当时的计数过程,学生通过自己的动手操作创造了一一对应的实物计数,又在小组合作中认识了符号计数,学习方式比较多。”

二、不同策略学生学习参与度的差异

学生的参与度应从参与的广度和深度两个方面来检测和评价。参与的广度主要从参与的人数来进行评价;参与的深度则应从学生交流的层面和学生练习反馈的层面来体现,主要是学生交流与练习时的思维状态,尤其是质疑、思辨及求异的思维状态。教学结束后,笔者根据表 3-2 中的数据,从深度和广度两个方面对学生学习参与度进行了分析,具体情况见表 3-10 和表 3-11。

表 3-10 "从结绳计数说起"一课学生学习参与深度统计

单位:次

教学方式	学生主动提出相关主题的活动	学生正确回答问题	学生提出与主题无关的问题	学生错误回答问题	学生主动表示疑问或不懂	学生对全班发表见解
讲解式	0	15	2	5	0	24
讨论式	1	18	1	2	0	38
自学式	1	16	1	1	2	17
重构式	5	18	0	3	13	25
复制式	2	20	1	2	4	36

表 3-11 "从结绳计数说起"一课学生学习参与广度统计

单位:次

教学方式	讲解式	讨论式	自学式	重构式	复制式
参与人数	22	29	12	32	20

通过数据统计及与观课教师访谈,笔者发现:① 在讲解式教学中,学生参与活动的情况以主动参与回答为主。在调查时发现,有 3 名学生被老师点名发言,虽属于被动回答,但回答与老师提问内容是一致的,认为统计数据是有效的。其余学生参与的活动虽然大都属于"老师提问后回答""集体回答",但学生并不是消极回答,而是结合自己的思考积极参与课堂活动。② 在讨论式教学中,课堂气氛比较活跃,学生的参与度比较高。③ 在自学式教学中,学生的参与度不高。在教学过程中,除"集体回答"外,班级只有 12 名学生参与独立回答问题,参与人数仅占学生总数的 25%,参与度不高。例如,当教师提出一个问题后,仅有几个学生积极思考发言,致使课堂变成了少数人的表演,影响了学生课堂参与的总体效果。④ 在重构式教学中,学生的参与度较高,教学过程中学生的学习兴趣高,其主体地位得到了体现。例如,除"集体回答"外,共有 31 名学生参与独立回答问题,共回答问题 60 多次,从学生交流的层面和思维状态看,学生的参与度达到了一定的广度和深度。⑤ 在复制式教学中,有 20 名学生参与独立回答问题,共 57 次。其中,有 10 名学生回答问题正确 20 次,有 15 名学生对全班发表见解 36 次,有 1 名学生主动表示不懂,参与学生占学生总数的 42%左右。课堂发言的人数少从一个侧面反映了学生参与课堂学习的广度不够。

三、不同策略培养学生数学能力的差异

数学能力是指个体迅速、成功地完成数学活动(数学学习活动、数学研究活动),并透彻地掌握数学知识、技能和习惯的独特的心理特征(主要是心理活动特征)。笔者根据施皓耀教授提供的能力架构,从数学思维、拟题与解题、数学建模、数学推理、数学表征、符号化与形式化、数学沟通、工具使用 8 个方面对 5 种策略进行统计分析(表 3-12～表 3-16)。

表 3-12 “从结绳计数说起”讲解式渗透策略培养数学能力落实情况

完成情况	数学能力项目							
	数学思维	拟题与解题	数学建模	数学推理	数学表征	符号化与形式化	数学沟通	工具使用
是否达成	是	否	是	是	是	是	是	否
在哪一个环节达成?	按群计数环节		符号计数环节	认识中国算筹	符号计数环节	符号计数环节	认识中国算筹	
达成方式	11 只羊怎么表示		实物表示 23,符号表示 45	中国算筹纵横式表示大数	建立古埃及象形数字、玛雅数字、中国算筹表示数的方法	认识 3 种符号计数	与学生交流,如何用中国算筹表示	

表 3-13 “从结绳计数说起”讨论式渗透策略培养数学能力落实情况

完成情况	数学能力项目							
	数学思维	拟题与解题	数学建模	数学推理	数学表征	符号化与形式化	数学沟通	工具使用
是否达成	是	否	是	是	是	是	是	否
在哪一个环节达成?	按群计数环节		认识中国算筹	认识玛雅数字	符号计数环节	符号计数环节	巩固练习环节	
达成方式	100 只羊可以用 1 个符号表示,古埃及象形数字发现十进制		用纵横式中国算筹表示大数	玛雅数字在贝壳上面加点表示	对比 3 种实物计数异同点	3 种符号计数法	56 只羊用古人的方法如何计数	

表 3-14 “从结绳计数说起”自学式渗透策略培养数学能力落实情况

完成情况	数学能力项目							
	数学思维	拟题与解题	数学建模	数学推理	数学表征	符号化与形式化	数学沟通	工具使用
是否达成	是	否	是	否	否	是	是	否
在哪一个环节达成?	观看视频		认识 3 种符号计数			小组汇报	自学及集中点拨	
达成方式	得出 3 种实物计数不同表示法		建立 3 种符号计数的表示方法	玛雅数字用贝壳上面加点表示		认识 3 种符号计数法的特点	汇报自学情况	

表 3-15 “从结绳计数说起”重构式渗透策略培养数学能力落实情况

完成情况	数学能力项目							
	数学思维	拟题与解题	数学建模	数学推理	数学表征	符号化与形式化	数学沟通	工具使用
是否达成	是	是	是	是	是	是	是	是
在哪一个环节达成?	表示 11 环节	建立十进制	探究位置值	探究位置值	3 种符号计数对比	认识符号计数	探究位置值	仿古人计数
达成方式	表示 11 的不同方法:100 只羊可以用 1 个符号表示;古埃及象形数字发现十进制	6 个大石子、1 个小石子,学生一个 10 字表示 5 只兔子	用 2 根绳子表示 11 时建立位置值	操作 2 根绳子表示 11	中外对比感受中国算筹	认识古埃及数字和玛雅数字	交流用 2 根绳子表示 11	教师模仿古人打猎;学生用三种实物记录

表 3-16 "从结绳计数说起"复制式渗透策略培养数学能力落实情况

完成情况	数学能力项目							
	数学思维	拟题与解题	数学建模	数学推理	数学表征	符号化与形式化	数学沟通	工具使用
是否达成	是	是	是	否	是	是	是	是
在哪一个环节达成?	实物计数环节	认识中国算筹	认识中国算筹		展示各种计数方法	古埃及和玛雅数字	认识中国算筹	穿越远古
达成方式	画出 24 只羊	中国算筹纵式横式表示的数值	研究 146 的表示方法		课件展示学生建立相应表征	通过观察认识了符号计数	用中国算筹表示更大的数	用材料袋的物体记录打的兔子只数

从表 3-12～表 3-16 可以发现，讲解式、讨论式、自学式渗透策略在拟题解题和工具使用方面都没有达成预期教学目标，而在重构式、复制式渗透策略中，学生能够知道已有的数学活动工具，并且能反复使用这些工具，能解答自己或别人提问的不同类型数学问题，甚至能以不同的方法解题。

讲解式策略渗透数学文化在数学思维发展上对于教师给定的计数方法，学生能清楚掌握其适用范畴，了解这些计数方法不同表征间的关系，并能够掌握不同表征的优势与限制；讨论式策略渗透数学文化中，学生能解读、诠释及辨识计数方法，对于计数方法情境的各类表征能够解读与诠释，并了解它们与实物数量的关系，以及可以在不同表征之间进行选择与转化；自学式策略渗透数学文化中，学生能通过自学了解教材中书写、视觉及口语所传达的数学信息，善于使用数学语言表达自己的意思(口语、视觉或书写的)，在数学沟通及数学建模方面更占优势；重构式渗透数学文化在数学能力的 8 个方面各有涉及，学生能解自己或别人提问的不同类型数学问题，如果合适，能以不同方法解题，在数学推理及工具使用方面更占优势；复制式策略在给定情境中，能培养学生一定的数学建模能力，并能解决情境中的问题，能反复地使用某些数学工具。

四、不同策略培养学生数学态度的差异

数学态度一方面是指学生的数学学习态度，另一方面是指学生对待数学的态度。因此，教学中我们既要培养学生愿意解决数学问题的正面学习态度和愿意用数学方法解决生活中的问题的意识，又要培养学生主动探究数学的态度。笔者根据施皓耀教授提供的数学态度架构的五个方面，对上述 5 种策略进行统计分析(表 3-17)。

表 3-17 “结绳计数说起”讲解式渗透策略培养学生数学态度能力

完成情况	数学态度项目				
	喜欢问问题	敢大胆地猜测	乐于分享自己的数学观点，并尊重别人的数学观点	喜欢进行具体的实验，以探究或尝试解决问题，以及发现数学性质	解决数学问题时，有耐心且细心，以及结果是准确的
讲解式	未达成	达成	达成	未达成	未达成
讨论式	未达成	达成	达成	未达成	达成
自学式	未达成	未达成	达成	未达成	达成
重构式	达成	达成	达成	达成	达成
复制式	未达成	达成	达成	达成	达成

由表 3-17 可以发现，只有在重构式渗透策略中学生喜欢问问题，并且喜欢进行具体的操作来尝试解决问题。讲解式渗透策略是指在教学中学生敢大胆地猜测；在教师讲解相关知识点后，学生愿意发表自己的观点，在分享自己观点的同时，又能认真倾听，并尊重别人的观点。在讨论式教学策略中，在探究出古埃及象形数字是十进制时，又让学生大胆猜测玛雅数字是什么进制，刻痕计数为 100 时又该怎样表示，尝试用古人的符号计数法记录 43 只羊，

等等，这些旨在让学生大胆尝试、交流、各抒己见。交流时，让每个学生说说自己的见解，在谈到十进制时，不同小组相互进行补充，可以看出学生乐于分享自己的数学观点，以及在分享自己的观点时，能认真倾听别人的观点。在自学式渗透策略中，在学生观看视频后会汇报自己的收获，踊跃表达自己的观点，在其他人汇报、分享观点时，能耐心地去听、去思考，甚至能对别人的观点进行补充。在重构式渗透策略中，通过导语“要上课了，你们有什么想问的”来培养学生喜欢提问题的数学态度；在讲 6 颗石子不够用怎么办时，让学生大胆猜测，引导学生思考，逐步得出正确结论。此策略说明在探究数学问题时，要细心、耐心。在复制式渗透策略中，首先教师带领学生穿越到古代，让学生大胆猜测古人是如何计数的；在此基础上，让学生动手体验古人计数的方法。分组汇报的方式让学生勇于表达自己的观点，通过尝试解决问题，让学生在探究中发现了数学性质的一一对应。学生在探究的活动中表现得细心、有耐心。

五、不同策略激发学生内在动机的差异

内在动机是指学生的学习目的是指向学习活动本身的，学习活动本身能使学生得到情绪上的满足，从而产生成就感。内在动机提供了一个促进学习和发展的自然力量，它在没有外在奖赏和压力的情况下，可以激发行为。笔者根据施皓耀教授提供的学生内在动机架构的个人化动机和团体化动机两个方面，对上述五种策略进行统计分析（表 3-18～表 3-22）。

由表 3-18～表 3-22 可以看出所有渗透策略的教学目标设计适当、挑战性适度，都很注重建立新旧知识的链接，激发学生认知上的想象力，学生的反应被重视，课堂具有适度弹性。但是讲解式和复制式这两种渗透策略难以激发学生的团体化动机，而自学式渗透策略无法激发学生的好奇心。讨论式、重构式、自学式渗透策略容易激发学生的团体合作动机、竞争动机、认同动机。

从学生调查问卷中可以看出，在“最让你有成就感的事是什么？”这道题的回答中，学生回答的差异比较大，在讨论式、自学式、重构式渗透策略中谈到“通过我自己的探索，我发现了”“我代表小组发言了”“我的想法老师认为很好”“我认为我们小组的展示很棒”等，而在讲解式、复制式渗透策略中，学生对成就感的表达多为“答对了老师的问题”“做对了几道题”等。这是因为，在讨论式、自学式、重构式渗透策略学习环境中，老师会不断地鼓励学生去寻求解决问题的方法，在这种鼓励下，每一个成员都能体现自我价值的体现，使得焦虑心理大大降低；在同伴互助的学习中，学生们利用教材、教具等材料，能发现解题途径，每个学生都能获得成功的体验，有利于激发学生学习的兴趣，也会让学生在课堂上处于完全放松的状态，这种轻松感甚至延续到了课下。而在讲解式、复制式渗透策略中，学生一味地处于被动接受知识的状态，虽然学会了主要知识，但是获得感不强。

表 3-18　“从结绳计数说起”讲解式策略激发内在动机方面落实情况

完成情况	内在动机项目						
	个人化动机				团体化动机		
	教学目标设计适当，挑战性适度	学生对课堂有好奇心，有感官好奇和认知好奇	课堂具有适度弹性，学生的课堂反应被重视	建立新旧知识的链接，激发认知上的想象	合作动机	竞争动机	认同动机
是否达成	是	是	是	否	否	否	否
达成方式		(1) 石子太多，绳子长度不够，引出“刻痕计数” (2) 实物携带不方便，引出“符号计数”	对知识点有疑问，教师进行解释说明	教师直接讲授与展示资料			

表 3-19　“从结绳计数说起”讨论式策略激发内在动机方面落实情况

完成情况	内在动机项目						
	个人化动机				团体化动机		
	教学目标设计适当，挑战性适度	学生对课堂有好奇心，有感官好奇和认知好奇	课堂具有适度弹性，学生的课堂反应被重视	建立新旧知识的链接，激发认知上的想象	合作动机	竞争动机	认同动机
是否达成	是	是	是	是	是	是	是
达成方式		(1) 你知道古人是怎样计数的吗 (2) 用三种符号计数表示后有没有更简单的方法呢？是印度-阿拉伯数字	这种方式好用吗？如果打到 1000 只猎物，还能这样计数吗	(1) 实物计数引入三种符号计数，激发学生认知上的想象 (2) 你认为是多少进制？想象：十进制因为到 19 就变了，二十进制多一个 20 就多一个点	(1) 三种实物计数有什么异同点？小组讨论更充分 (2) 认识自然数时，合作交流更全面	关于三种符号计数的研究，组与组之间在交流时足够深入、全面，并存在一定竞争性	(1) 揭示实物计数的共同点一一对应 (2) 任选一种符号计数进行研究，组内成员认同一致

表 3-20 “从结绳计数说起”自学式策略激发内在动机方面落实情况

完成情况	内在动机项目						
	个人化动机				团体化动机		
	教学目标设计适当，挑战性适度	学生对课堂有好奇心，有感官好奇和认知好奇	课堂具有适度弹性，学生的课堂反应被重视	建立新旧知识的链接，激发认知上的想象	合作动机	竞争动机	认同动机
是否达成	是	否	是	是	是	是	是
达成方式			(1) 教师想让学生汇报石子计数，学生选择刻痕计数，教师尊重学生的意见 (2) 玛雅数字表示更大的数，可以课后收集资料学习	感受三种实物计数不便之处，由一一对应到按群计数，再到符号计数	(1) 小组合作：探究符号计数 (2) 第二次合作，小组成员互相补充	争夺小红旗，激发小组竞争机制	学生在自学结束后，向全班汇报，并获得集体认同

表 3-21　“从结绳计数说起”重构式策略激发内在动机方面落实情况

完成情况	内在动机项目						
	个人化动机				团体化动机		
	教学目标设计适当，挑战性适度	学生对课堂有好奇心，有感官好奇和认知好奇	课堂具有适度弹性，学生的课堂反应被重视	建立新旧知识的链接，激发认知上的想象	合作动机	竞争动机	认同动机
是否达成	是	是	是	是	是	是	是
达成方式		展示一组兔子，引发学生从一一对应到一对五，再到一对十	（1）学生对一一对应的思想方法不会表述时，教师直接揭示 （2）学习位值制时学生有困难，教师直接用计数器引导学习	（1）石子不够怎么办 （2）能不能用两个结在两根绳子上表示 11	选一种方法表示兔子的指数；学生在合作中有新的想法时，进行新的尝试	汇报表示 11 时，方法不一，存在竞争	教师用计数器帮助学生认同位值制

表 3-22 “从结绳计数说起”复制式策略激发内在动机方面落实情况

完成情况	内在动机项目						
	个人化动机				团体化动机		
	教学目标设计适当，挑战性适度	学生对课堂有好奇心，有感官好奇和认知好奇	课堂具有适度弹性，学生的课堂反应被重视	建立新旧知识的链接，激发认知上的想象	合作动机	竞争动机	认同动机
是否达成	是	是	否	是	否	否	否
达成方式		展示两种符号计数，学生对符号计数从感官上的好奇向认知上的好奇转变		由中国算筹激发想象：为什么有横式和纵式，怎样表示更大的数			

六、不同策略中自主学习氛围差异性比较

课后笔者对上述 5 种渗透策略中自主学习氛围情况进行了统计，具体情况见表 3-23。

表 3-23 "从结绳计数说起"不同策略中自主学习氛围差异性情况统计表

渗透策略	学生参与状态			学生应答情况			自主学习有效性		
	学生兴趣浓厚	课堂气氛活跃	小组活动有效	积极回答问题	主动参与交流	师生互动频繁	积极寻找解决途径	有效利用教材等工具	及时进行自我完善
讲解式	3.2	3	0	4	3	4.4	3.8	4	3
讨论式	4	4.2	4.5	4.3	4.5	4.6	4.8	5	4.6
自学式	2.6	2.9	4	3.5	3	3.2	4.5	4.8	4.5
重构式	4.8	4.9	4.2	4.8	4.8	4.7	4.8	4.5	4.8
复制式	4.2	4.5	4	4.6	4	4.3	4	4.2	4.6

由表 3-23 可知，从自主学习氛围来看，从参与状态上和学生应答情况来看，在讨论式、重构式、复制式渗透策略中，学生的参与状态都高于讲解式和自学式渗透策略，尤其在"参与交流、激发学生学习兴趣"的过程中，表现出的差异很大。自学式、讨论式、重构式渗透策略更加注重培养学生积极寻找解决途径、有效利用教材等能力，在自主学习有效性上讲解式比较弱。

七、不同策略中教学时间分布差异性比较

笔者对课堂观察量表（表 3-5）获得的数据进行了统计分析，以了解在不同策略中教师讲授、小组活动、师生互动、学生展示、独立练习等环节占课堂时间的比例，具体情况见表 3-24。

表 3-24 "从结绳计数说起"不同策略中教学时间分布情况统计表

渗透策略	教师讲授		小组活动		师生互动		学生展示		独立练习	
	用时（分）	占课时比	用时（分）	占课时比	用时（分）	占课时比	用时（分）	占课时比	用时（分）	占课时比
讲解式	30.29	66%	0	0	8.89	19.40%	2.02	4.40%	4.66	10.20%
讨论式	12.41	23.60%	7.68	14.60%	12.4	23.60%	16.74	31.80%	3.36	6.40%
自学式	13.2	29.10%	8.18	17.90%	12.16	26.60%	11.02	24.10%	1.03	2.20%
重构式	17.08	38.30%	5.83	14.10%	11.03	24.70%	10.66	23.90%	0	0
复制式	14.95	37.40%	5.7	13.30%	15.05	37.60%	4.3	10.8%	0	0

从表 3-24 中可以看出，讨论式、自学式、复制式渗透策略中，小组活动和学生展示时间都远远高于讲解式和复制式渗透策略，这说明自主学习的机会更多，学生有更多的时间对外部信息进行选择和加工，并且主动建构新知。这 5 种策略中，教师单一讲解时间非常少，师生互动更为频繁，说明在这几种策略中教师由知识的传授者、灌输者转变为学生主动建构知识的帮助者、促进者。

八、不同策略对学生解题能力的影响差异性比较

实施课堂教学后，笔者对参加上课的 5 个班级的学生进行了后测，具体情况见表 3-25。

从后测卷的答题情况来看，5 种策略中对三种实物计数及写出进制的答题正确率都非常高，且基本持平，这说明 5 种策略对于学生概念表征不受影响，但是对于三种实物计数法共同点及中国算筹的贡献的回答，只有讨论式和重构式正确率比较高，说明学生在这两种策略中善于比较，思路更加开阔，思维更加深刻，对知识有较深入的理解和一定的预见能力。对于用三种符号计数表示 43 时，讲解式与讨论式正确率比较高，说明学生通过讲解讨论等方式，可以更好地认识符号计数，丰富和完善已有的知识经验，并且能够正确解题。而对于自学式、重构式、复制式三种策略，是学生自己在建构知识，对于中国算筹数码掌握得较好，而对于古埃及象形数字和玛雅数字的理解不深刻。

以“从结绳计数说起”一课为例，形成了 5 种教学典型策略案例，通过对研究结果进行分析，笔者归纳了 5 种策略的特点，具体如下：

（1）复制式：最大程度地还原展示知识要点，迅速进入学习情境，通过创设时空穿越的主题情境，使学生学习兴趣比较高，但是各种计数方法的简单叠加，没有层次的区别，容易“蜻蜓点水”，缺乏深度。

（2）讨论式：学生参与度比较高，学生通过讨论交流，感受到知识的生成过程，从而获得深刻的印象，但有些定义性的知识，可谈论性并不是特别强，学生的讨论可能会流于形式。

（3）重构式：创造性地加工整合教学内容，教学重点突出，学生能真正参与学习过程，感受数学本质，学有所悟，但是各种计数方法的大跨度融合，使部分学生接受起来还是有一定难度。

（4）讲授式：充分发挥了传统教学方法的优势，教学重点内容集中，便于学生理解，课堂教学效率比较高，但学生的自主学习、主动参与不够充分，学生的主体地位需要加强。

（5）自学式：有助于调动学生的积极性，培养学生的自学能力，部分学生借助现代信息技术渠道和手段，收集了丰富的学习资源，但这些资源如何在课堂上有序地呈现，还需要教师做好预设，既要放得开，又能收得回。

表 3-25 “从结绳计数说起”5 种渗透策略后测成绩差异性比较

	你了解了(　　)、(　　)、(　　)三种实物计数法，它们的共同点是(　　)。		符号计数方法中，古埃及象形数字是(　　)进制，玛雅数字是(　　)进制，中国算筹数码是(　　)进制，中国算筹数码的最大贡献是(　　)。		在一次捕猎活动中，古人捕获 43 只羊，你能用他们的计数方法分别表示一下吗？ 古埃及象形数字： 玛雅数字： 中国算筹数码：		
渗透策略	正确写出三种方法	正确写出共同点	正确写出进制	正确写出中国算筹贡献	正确写出古埃及象形数字	正确写出玛雅数字	正确写出中国算筹数码
讲解式	100%	86.33%	92.23%	83.73%	58.42%	73.68%	82.56%
讨论式	100%	100%	87.79%	100%	69.39%	69.39%	97.63%
自学式	100%	84.67%	92.18%	85.26%	48.32%	48.32%	84.78%
重构式	100%	95.49%	85.29%	100%	40.74%	40.74%	79.76%
复制式	100%	82.67%	83.20%	91.6%	45.72%	39.72%	80.24%

第四章　小学数学文化教育的方法探究

中华优秀的传统文化，在数千年的文明传递中承载着至关重要的作用，既能展现中华民族的精神风貌，又是中华民族巨大的精神财富。作为一名小学数学教师，在教学过程中，我们要积极地探索、寻求把优秀的传统文化与数学教学相融合的方法，以培养学生的德育素养，弘扬中华优秀传统文化，助力课堂教学任务顺利完成，达到德育和智育双重提升的目的。

第一节　数学文化渗透的环节分析

数学课堂是进行学生传统文化教育的主要渠道。小学数学教师要从学生的思维特点、认知实际出发，结合教学内容，确保在打好数学基础的同时，让学生受到良好的传统文化教育。

一、在导入环节融入中华优秀传统文化

导入环节是课堂教学开端，也是课堂教学中非常重要的组成部分。高质量的课堂导入可以有效地激发学生的学习兴趣，激发学生探究新知的欲望，提高课堂学习效率，在这一环节融入中华优秀传统文化教育，可以增强学生学习的积极性，跨越时空思维碰撞，使学生顺势进入经过优秀传统文化润色的课堂之旅。

我们现在使用的从 0～9 这 10 个数字是古印度人发明的，其实数字的发展经历了一个漫长的过程。例如，在执教四年级的“从结绳计数说起”一课时，笔者在课前先让学生通过网络和查资料等方式了解古人的计数方式，在课堂伊始，通过问题导入，让学生交流分享自己了解到的计数方式，然后以时间发展为主线向学生详尽地介绍我国计数方式的发展过程：在人类文明尚未兴起的远古时代，人们使用石子计数来记下获取猎物的多少或事情发生的次数，同时还使用结绳，即打到一个猎物就在绳上打一个结；在这时笔者会跟学生强调石子计数和结绳计数都体现了一一对应的数学思想。由于石子计数和结绳计数两种方法的局限，古人又发明了刻痕计数，这样记录起来更加方便，也可以记录更多数。随着时间的推移，中国算筹数码取代了古人使用的石子和兽骨，进而向学生介绍在陕西出土的汉朝的骨制算筹，让他们了解早在五千多年前我国就开始使用算筹了，并且当时的算筹已经具备一些基本的运算功能。笔者用图文结合的形式介绍计数过程的演变，在数学教学过程中渗透传统文化，使学生打心底对我国古人的智慧肃然起敬，在了解我国古人伟大发明创造壮举的同时，成功激发了学生的学习兴趣。结果证明，学生对于本节课的学习也是热情饱满、积极有效的。

二、在教学过程中引入传统文化

在探究新知部分融入传统文化，把教学内容和传统文化结合起来，使学生在学习过程中感受传统文化、了解传统文化，在传统文化的影响下，增强学生对知识掌握的深度和广度，拓宽学生的知识面。由于中华优秀传统文化包罗万象，涉及各个领域、各门学科，因此在教育教学过程中引入传统文化也为弘扬优秀传统文化提供了有效的平台支撑。

培养学生的创新意识和发展学生的空间想象力是小学数学教育教学的重要目标之一。例如，在执教三年级数学好玩“小小设计师”一节时，在探究新知中的讨论部分“议一议”中，笔者着重对学生介绍了北京奥运会会徽和上海世博会会徽中蕴含的传统文化元素(在学生讨论的基础上进行讲解)。首先让学生明确，这两枚会徽都是向世界展示中国文化的一个窗口，它们代表着中国文化；印章是一种中华传统艺术形式，至今仍然广泛应用在各行各业中；印章还是一种诚信的标志，它是北京将“举办历史上最出色的一届奥运会”的庄严承诺。北京奥运会会徽为红色，是中国传统的喜庆颜色，对称的五环有和谐之美，不对称的舞动的“京”字有动感之美；上海世博会会徽把汉字“世”与“2010”完美结合，把“世”创意为形，体现了中华优秀传统文化的多元性融合。然后笔者再引导学生讨论这些会徽在设计上有哪些特点以及怎样才能设计出一个好徽标。创作的过程是不易的，在本环节通过优秀传统文化与探究新知的结合，使学生在创作方面有了目标方向，通过教师积极指导学生，力求使本节课活动设计得符合学生的认知特点，最终达到提升学生的动手操作能力、创新能力以及空间想象力的目的。

三、在课后练习巩固中融入传统文化

学生应以学为本，兼学别样，运用所学知识解决问题是学生的基本技能之一。通过小学数学的学习，学生不仅增加了文化知识，更培养了文化素养，因此在小学中，课后练习部分也会融入优秀传统文化的知识。

例如，笔者在执教二年级“生活中的大数‘拨一拨’”一节时，在课后“练一练”的第 2 题中，以中国古代四大发明为情境，分别介绍了我国唐朝时就出现了火药武器，距今约 1100 年；我国战国时期就出现了指南针，距今约 2500 年；我国宋朝年间就发明了活字印刷，距今约 970 年；我国东汉时期蔡伦改进了造纸术，距今约 1900 年。四大发明是中华优秀传统文化中璀璨的星辰，是我国成为文明古国的标志之一。笔者在介绍时，让学生写出上述提到的数字，巩固了新知识，也让学生知道四大发明是我国古代劳动人民智慧的结晶，激发了学生的民族自豪感。在优秀传统文化的熏陶下，学生热情高昂，积极思考，解决问题的能力得到了进一步的提高。

四、在课后拓展环节融合优秀传统文化

北师大版小学数学中教材“拓展阅读”模块中的“你知道吗”经常会涉及优秀传统文化的知识，笔者在教学过程中也会对这一部分内容进行拓展和讲解。

例如，在讲解“正负数”一节时，通过对“你知道吗”内容的学习，学生了解到了我国是世

界上最早认识和使用负数的国家。在我国古代的算筹中就有对负数的特殊表示方法。同时笔者还为学生介绍了记录正负数的《九章算术》这一我国古代数学专著，该书的出现代表着我国古代数学这门学科体系的形成。这些拓展内容，让学生感受到了我国古人在数学方面的巨大成就，深刻体会到了优秀传统文化的魅力，增强了文化自信。

如何在数学教育教学活动中融合中国优秀传统文化？作为数学教师，应当理论联系实际、钻研教材，在创新和实践中灵活运用，将传统文化融入教学过程，力求让学生在学习数学知识的同时，体会和发现传统文化的价值，让学生受益终身。

第二节　小学数学文化教育的融通点

美国著名教育心理学家布鲁纳认为，学习的实质是一个人把同类事物联系起来，并把它们组织成赋予它们意义的结构。掌握事物的结构就需要我们把许多相同的知识进行有意义的沟通串联并去理解它。小学数学学科的特点之一是系统性很强，数学的知识点不是孤立存在的，它们之间有着密切的联系。每一个新知识点都是旧知识点的延续，有一根无形的线将它们串起来，这根无形的线就是数学文化，这要靠教师引导学生去寻找。

数学文化有何魅力承担起数学脉络的传承呢？数学文化不仅仅包括数学发展史、数学故事、数学史料这些显性文化，还包括数学思想、数学精神、数学语言等隐性文化，两者构成一个完整的数学文化体系。教学中，教师要利用数学文化把学过的各部分知识沟通起来，把知识结构内化为认知结构，重建数学的知识系统，才能达到融会贯通。下面结合北师大版六年级数学下册“平面图形的面积”一课的教学过程进行分析。

一、以情理组织沟通，让数学有温度

数学文化的课堂理应是生命文化的课堂。课堂上情境的创设、和谐的师生关系、融洽的课堂氛围都是文化的一部分，这样的文化课堂可以让学生感受到数学的亲近，激发学生的探究欲望。而要让学生感觉到数学的温度，除了必要的情感沟通外，更深层次的内涵应该是数学文化本身所带来的亲和力。这就需要教师充分发挥自身的创造性，创造有生命力的文化课堂，理性而深刻地把握数学文化知识，对儿童数学学习内容进行文化气质的塑造。情与理的沟通才能让数学充满文化韵味，情与理的搭配调适的温度才能让学生感受数学文化的温柔与亲和力。

片段 4.1

师：今天老师带来一幅图形的“全家福”，你们想看吗？

生：想看。

（教师利用课件呈现图形“全家福”（图 4-1）。）

师：在这幅“全家福”中，你能找到我们小学阶段学过的平面图形吗？

生 1：长方形、正方形。

生 2：三角形。

生 3：平行四边形、梯形。

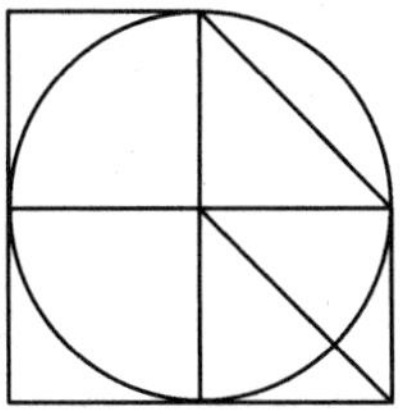

图 4-1　“全家福”图形

生 4：圆。

生 5：半圆。

…………

师：你还记得这些平面图形的面积计算公式吗？（板书：平面图形的面积）

生 1：长方形的面积计算公式：$S=ab$，正方形的面积计算公式：$S=a^2$。

生 2：平行四边形的面积计算公式：$S=ah$。

生 3：三角形的面积公式：$S=ah\div 2$。

生 4：梯形的面积公式：$S=(a+b)h\div 2$。

生 5：圆的面积公式：$S=\pi r^2$。

…………

学生回答问题，教师板书。

这个“全家福”图形，把整个小学阶段所学的长方形、正方形、三角形、平行四边形、梯形、圆形这些图形融合在一幅图中，既让学生感受到浓浓的图形大家族的情谊，又让学生感受到这些图形是多么的丰富多彩。在观察图形的同时，让学生回顾这些图形的面积计算方法，进行理性知识的梳理。一张平面图形的全家福，实现了算理公式的沟通，构建数学味与儿童味相和谐的数学学习活动，再加上教师对学生的积极评价，课堂上充满了浓浓的文化味，让数学课堂迅速升温，为数学课堂描绘出积极向上的姿态。

二、以符号展开沟通，让数学有美感

数学的美是数学文化的根本魅力所在，在小学数学教学中，我们要善于挖掘教材中隐含的数学美，在美的欣赏创造中，体验数学文化的魅力。如何引导学生感受这种美呢？我们可以尝试从数学符号的简洁美与数学图形的对称美入手，数学文化的课堂应该教会学生用图形和数字符号去描述现实世界，感受数学带来的简洁美，进而建立数感和符号感，发散抽象思维。符号也是打通知识间纵横联系的重要途径，我们可以利用符号帮助学生建构知识网络，形成知识树，达到牵一个、拎一片的效果，逐步向学生渗透一些数学思考方法，教会他们用联系的观点去学习新知识、分析新问题，在知识的融会贯通中感受数学的符号美。

片段 4.2

师：这些面积公式是怎样推导出来的？

（学生回顾）

生 1：长方形和正方形的面积是用一个个小正方形量出来的。

生 2：圆可以转化为长方形，把一个圆平均分成若干份，可以拼成近似的长方形。这个近似长方形的长相当于圆周长的一半，宽相当于圆的半径。

生 3：平行四边形也可以转化为长方形，沿着它的高剪开，经过平移可以拼成一个长方形，长方形的长相当于平行四边形的底，宽相当于平行四边形的高。

生 4：三角形也可以转化为以前学的平行四边形来计算，所以三角形的面积公式是 $S=ah\div 2$。

…………

师：如果从推导方法上对图形进行分类，可以分几类？

生：长方形与正方形是量出来的，平行四边形、梯形、三角形是用转化的方法得来的。

师：这些图形的面积推导方法都与哪一个图形的面积计算有关系？

生：长方形。

师：是的，以长方形为基础，生长出这样的一棵面积计算树。

$$S_{长}=ab\begin{cases}S_{正}=a^2\\ S_{平}=ah\begin{cases}S_{三}=ab\div 2\\ S_{梯}=(a+b)h\div 2\end{cases}\\ S_{圆}=\pi r^2\end{cases}$$

在比较这些图形面积的公式的推导过程中，既对平面图形的面积知识加强了联系和沟通，又强化了对计算方法的理解。以“长方形的面积”这个计算公式的概念为主线，与其他图形面积有关知识沟通联系，使学生的头脑中形成了一个良好的认知结构树。在方法的对比中，学生的认识更加深入，思路更加开阔。在教学过程中，教师应抓住知识的基本点，利用符号图形，使新旧知识纵向沟通，使学生原有的认知结构进一步扩展和延伸，在数学的简洁美中增加教学的厚度，使学生的认知结构发生质的变化，促进学生的发展。

三、以思想整合沟通，让课堂有厚度

数学思想是人们对数学理论与内容的本质认识，也是数学文化的精髓，在小学数学教学中，教师要善于根据内容渗透一些数学思想，在教学过程中彰显数学文化。在数学学习中，化难为易、化繁为简、化未知为已知是很重要的数学思想方法，也是培养学生思维多元性、广阔性的重要手段。知识间的联系是多元、多维度和多角度的，教学中可以根据教学内容引导学生从不同侧面去解决问题，多渠道沟通数学知识，引导学生综合运用知识，提高解决问题的能力，实现从多视角关注学生数学能力的发展，拓展学生的数学思维，让数学教学异彩纷呈。

片段 4.3

师：大家说得都很对，咱们回过头再来观察这张“全家福”，你能找一找这些图形之间的内在联系吗？

（学生仔细观察后汇报）

生 1：圆的半径是正方形的边长。

生 2：圆的半径和长方形的宽相等，直径是长方形的长。

生 3：三角形的底和高都是圆的半径。

…………

师：如果给出一个条件，就能计算所有图形的面积，你认为是什么条件？

生：圆的半径。

教师出示课件：已知 $r=3$ cm，请学生尝试可以计算哪些图形的面积？

学生独立思考并汇报。

生 1：$S_{长}=(3+3)\times3=18(cm^2)$。

生 2：$S_{正}=3\times3=9(cm^2)$。

生 3：$S_{圆}=3.14\times3^2=28.26(cm^2)$。

生 4：$S_{三}=3\times3\div2=4.5(cm^2)$。

…………

师：你们是怎样计算出这些图形的面积的？

生：利用面积计算公式。

师：（板书：公式）刚才我们是利用半径求出图形的面积，如果我们改变条件，给出某个图形的面积也能计算出其他图形的面积，你认为应给出哪个图形的面积呢？

生 1：长方形的面积。

生 2：正方形的面积。

教师出示课件：已知正方形的面积是 7 cm^2，能计算出其他图形的面积吗？请学生利用图形之间的关系，计算面积。

生 1：长方形是由两个正方形组成的，所以 $S_{长}=7\times2=14(cm^2)$。

生 2：三角形是正方形面积的一半，所以 $S_{三}=7\div2=3.5(cm^2)$。

生 3：梯形是一个正方形和一个三角形，所以 $S_{梯}=7+3.5=10.5(cm^2)$。

生 4：圆的面积与半径有关，边长的平方就是圆半径的平方，所以 $S_{圆}=7\times3.14=21.98(cm^2)$。

…………

师：你们是怎样计算出这些图形的面积的？

生：利用图形之间的关系。（板书：关系）

教师出示课件：圆与长方形（图 4-2）。

图 4-2　圆与长方形(1)

师：这两个图形有关系吗？如果老师这样做，（课件演示（图 4-3））它们有关系吗？

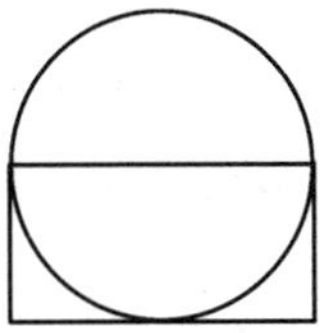

图 4-3　圆与长方形(2)

生：有。

师：有什么关系？

生 1：长方形的长是圆的直径，宽是圆的半径。

师：如果已知长方形的周长是 18 cm，圆的面积是多少？

（学生思考，以小组为单位进行讨论、汇报）

生 1：$18\div2=9(\text{cm})$，$9\div3=3(\text{cm})$，$3.14\times3^2=28.26(\text{cm}^2)$。

师：其他同学有什么疑问吗？

生 2：为什么要除以 2？

生 1：除以 2 得出一条长与一条宽的和。

生 3：除以 3 是求什么？

生 1：半径也就是长方形的宽。

师：这位同学的解释你们满意吗？

生 2 和生 3：满意。

师：感谢提问的同学，因为他们提出了大家的疑问。同时也要感谢这位“小老师”，感谢他精彩的讲解。

教师通过设计两组解决问题，引导学生分析图形，根据这些图形的内在联系，用迁移规律，巧妙地设计出有启发性的问题：“如果给出一个条件，就能求出所有图形的面积，你认为给出一个什么条件？”以此引领本环节的教学。第一环节给出两个条件，即半径的长度和正方形面积，给学生架起不同图形面积计算的桥梁。这样的训练能够进一步沟通各个图形之间的联系，让教学有梯度，从而培养学生多思考、多提问的好习惯，引导学生学会多向观察，善于质疑、变式思维，找出知识间的联系。第二个环节设计适当开放性的题目，留给学生更多的思考空间，让学生在图形变化移动中寻找联系，在不同图形的沟通中帮助学生发现规律，以此举一反三，灵活运用，实现思维的飞跃，从而提高课堂的深度，有助于开启学生的应变力、想象力、创造力之门。教学中我们应帮助学生从不同的角度去思考、去理解，学会用不同的方法解决一些实际问题，开拓学生的思路，以此实现数学文化的深度理解，长期培养会有意想不到的效果，使学生充分体会到数学带来的乐趣。

四、以创新引领沟通，让课堂有深度

创新是数学文化的核心，也是数学文化传承的深层次体现。在数学学习中，培养创新思维能力的途径是多渠道的，有效地进行变化沟通，打通图形之间的联系，是培养创新思维能力的有效途径之一。教师在教学中可以以问题探究为中心，进行必要的操作和适度的点拨，让学生进行思维的交锋、观点的碰撞、语言的激辩，不断推进探索，促进生成，让数学课堂变得有深度。

片段 4.4

师：刚才我们利用图形的面积计算公式和图形之间的关系，可以计算出某些图形的面积。现在你们也能利用袋子中的这些图形选择相关联的两个组合，增加相应的条件，提出求面积的问题吗？

教师出示课件，并请学生朗读小组活动要求。具体如下：

(1) 依据图形间的内在关系，选取两个图形拼在一起。

(2) 添加相应条件，提出计算图形面积的问题并解答。

(3) 填写好活动记录。

小组活动开始，教师巡视，并展示学生成果。

小组 1 的图形(图 4-4)：

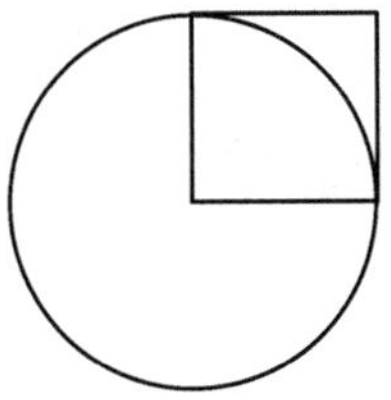

图 4-4　圆与正方形(1)

条件:正方形的周长是 16 cm。问题:求圆的面积。

小组 2 的图形(图 4-5):

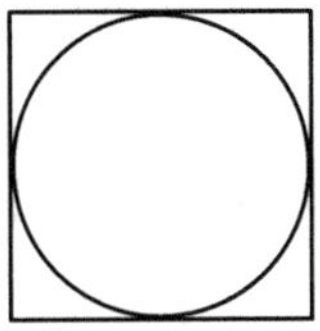

图 4-5　圆与正方形(2)

条件圆的周长是 12.56 cm。问题:求正方形的面积。

小组 3 的图形(图 4-6):

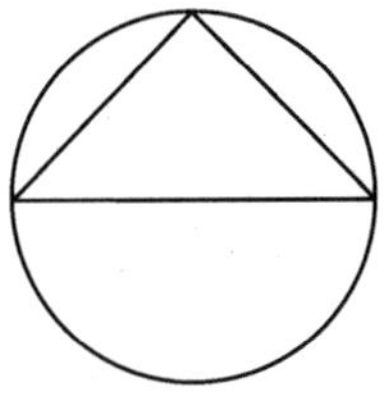

图 4-6　圆与正方形(3)

条件:圆的半径是 5 cm。问题:求三角形的面积。

…………

上述做法给予了学生一双明亮的"数学眼睛",学生们的思维不断被打开,不断创造出新的巧妙的组合图形,教师及时组织学生借助实际操作所获得的具体感知和表象,深入思考,根据所做所思提出问题,进行信息交流、语言交锋、思维碰撞,并让学生不断梳理提升,动手能力和创新思维得到有效融合,并达到了一定的高度,课堂探究也更有效,提升了学生思维的创造力。

总之,对于数学教学,教师要善于运用文化沟通策略,把数学知识串起来。小学阶段的数学教学是按照数学的文化体系和儿童认知发展顺序建立起来的统一体,其中的数、量、形和应用题等方面的内容都有密切的纵横联系。因此,钻研数学教材和进行教学时,要充分挖掘显性教材中隐含的数学文化,利用数学文化实现知识间的纵横联系。只有这样,才会使数学教学不断地系统化,实现数学文化的深度传承。

第三节 小学数学文化教育的关注点

中华五千年文明史孕育出博大精深的中华传统文化，这些传统文化为数学教学提供了丰富的教学素材。作为数学教师，应如何将数学传统文化渗透到教学中，并与教学有机结合呢？本节结合“认识七巧板”一课的教学，针对小学生的年龄特点及心理特征，结合数学教学内容，从5个方面让学生感悟我国丰富的传统文化内涵，找到教学内容与传统文化契合点，让学生走进七巧乐园，弘扬传统文化，从而培养学生的数学文化素养，践行和传承传统文化。

一、关注探究意识的激发，让文化传承有基础

教学中应充分挖掘数学文化素材，提供合适的数学文化学习情境，以学生已有知识为基础创设文化情景，强化文化韵味，开展研究性学习，引导学生学会用数学的视角分析生活中的问题，从而关注探究意识的激发，让学生对文化传承产生浓厚的兴趣。

活动一：初探七巧板，猜测谜语立表象

教学开始，教师出示课件：谜语。

一二三四五六七，七个伙伴在一起。

齐心协力拼图形，千变万化真神奇。（打一智力玩具）

这则谜语提示了七巧板有七块，可以拼出各种神奇图形的特点。学生读了谜语，稍加思考，就能猜出谜底是七巧板。

教师接着说：“这堂课我们就发挥我们的想象，利用七巧板摆出神奇的图形。”从而正式进入七巧板知识的学习。

谜语源自中国古代民间，是中国古代劳动人民集体智慧创造的文化产物。教学中，以谜语导入，让学生感悟谜语的特点和魅力。谜面“一二三四五六七，七个伙伴在一起”告诉我们，这种智力玩具由七块组成；“齐心协力拼图形，千变万化真神奇”告诉我们，这种玩具可以用来拼图形，能拼出“千变万化”的神奇图形。学生读懂这些特点，自然能够猜出谜底是七巧板。这则谜语充分展现了七巧板的形状、特性及神奇有趣的特点，让学生在不知不觉中对七巧板有了初步的印象，激发了学生对学习传统文化的兴趣。

二、关注学习能力的培养，让文化传承有广度

课堂教学不仅要让学生获得知识，而且更重要的是让学生积极参与学习的全过程，获得知识发展学生的能力。因此，教学时应从具体的实例出发，展现数学知识的发生、发展过程，使学生能够从中发现问题、提出问题，经历数学的发现和创造过程，培养学生的学习能力。

活动二：三探七巧板，诱观微察识全貌

教师让学生拿出七巧板，观察并思考七巧板的特点。

（1）数一数，明确七巧板的数量。

师：七巧板真神奇，可以拼出这么多有趣的图案。请观察七巧板，它里面有几个图形？

生:7个。

(2) 分一分,了解七巧板的构成。

师:动动你的小手,把七巧板里的图形进行分类吧。

生1:按颜色分,7类。

生2:按边数分,2类,1号、2号、4号、6号、7号为一类,3号、5号为一类。

生3:按图形分,3类,1号、2号、4号、6号、7号为一类,3号为一类,5号为一类。

(3) 辨一辨,认识七巧板的形状。

教师引导学生比较正方形和平行四边形的异同。

师:3号和5号有什么不同呢?

(4) 比一比,明晰七巧板的内在联系。

师:七巧板里面哪种图形的数量最多?

生:三角形。

师:我们一起把三角形从七巧板中"请"出来。摆一摆,比一比,你有什么发现呢?

总结如下:

生1:1号和2号三角形一样,是大三角形。

师:怎样验证的呢?

生:它俩可以重叠。

生2:4号和6号三角形一样,是小三角形。两个一样大的三角形可以拼成一个正方形,也可以拼成一个更大的三角形。

生3:4号和6号合起来与7号一样大。

生4:4号、6号、7号合起来与1号一样大。

师:这些三角形和其他图形有什么联系?

生5:4号和6号合起来可以组成与5号一样大的正方形。

本环节学生通过观察和思考,认识并掌握七巧板的构成。学生通过自己观察得出的结论比教师直接教授的结论印象更深刻。学生对学习七巧板的兴趣被激发出来,在观察过程中,能很快发现构成七巧板图形之间的不同之处,了解了七巧板的各个组成部分,在这一过程中,学生的观察和比较能力也得到了培养。

三、关注思维品质的提升,让文化传承显深度

数学是思维的体操,而操作是数学的体操。在课堂上,教师不仅要关注数学结论的简单获得,更要关注学生数学思维品质的提升。在教学中,教师要善于营造数学的文化氛围,拓展文化传播的途径,凸显数学创新发展的本质,利用动手操作,使隐藏于数学基础知识和基本技能后的思想和价值外显出来,提升学生的思维品质,使学生真正感受到数学带给他们的快乐。

活动三:三探七巧板,巧动善思勇创新

(1) 拼规则图形。

师:刚才我们认识了七巧板,它千变万化。有人统计过,七巧板可以摆出160多种图形,你们想试一试吗?你们能不能利用七巧板里的一些图形,摆成不同的正方形和三角形呢?

学生动手实践。

(2) 模仿拼图。

师:同学们真聪明!其实七巧板还能拼出好多图案呢。大家看一看这些作品像什么?(课件出示:"练一练"第1题)学生观察并很快说出是金鱼、蜡烛、小船、猫、台灯和鸭子。

学生按图拼摆图形,并相互交流、欣赏。

(3) 创作拼图。

其实生活中有很多图形都可以用七巧板拼出来,教师可以让同学们发挥自己的想象力,用七巧板拼出自己喜爱的图形。

学生自由拼摆,拼出许多想象丰富的图案,例如,聪明机灵的狐狸、空中飞舞的风筝、张着两只大钳的龙虾、振翅欲飞的老鹰……

教师让学生展示并介绍自己的作品,让他们说一说每部分是用什么图形排成的。在交流过程中,不仅可以发挥学生的想象力,还可以锻炼学生的表达能力。

(4) 合作拼摆

师:刚才同学们发挥想象,摆出不同的美丽图案。你们还听过哪些故事,能用七巧板摆出主要人物、事物吗?小组讨论一下,合作摆一摆。

学生分组合作,摆出许多意想不到的故事场景,例如,曹冲称象、乌鸦喝水、龟兔赛跑、闻鸡起舞……

本环节是进行"巧"的创造。学生先利用七巧板拼摆正方形、三角形和其他平面图形,再摆脱束缚地去拼出喜欢的图案。学生在独立和合作的拼摆中,摆出了美丽的花、漂亮的树、可爱的小动物……切实感受到七巧板的神奇魔力。学生通过在操作中进一步感悟平面图形的特点,体会到数学图形的美妙,丰富了活动经验,沟通了图形之间的联系,培养了动手实践能力和想象力。在合作拼摆中,学生一起讲述、拼摆经典故事,从中领悟经典故事蕴含的深刻道理。守株待兔让学生明白不劳而获思想的危害,闻鸡起舞的故事给同学们树立了学习的榜样,龟兔赛跑告诉学生不能骄傲。通过动手拼摆,培养了学生之间相互合作的能力,使学生体验到起源于中国大地的古老游戏带来的无限快乐!

四、关注数学历史的发展,让文化传承有内涵

在对数学的学习中,教材中包含一些辅助材料,如史料、数学家介绍、背景材料等,不仅可以使学生对数学的发展过程有所了解,激发学生学习数学的兴趣,还可以使学生体会到数学在人类发展历史中的作用和价值。因此将数学发展中的若干重要事件和重要成果融入教学内容中,是体现数学文化价值的一种有效的途径。

活动四:四探七巧板,忆古谈今魅传承

七巧板是我们祖先的一项卓越创造。它外观看似简单,但拼出的图形生动活泼、奥妙无穷,流传至今。它独有的魅力激励着一代又一代的中国人去突破、传承。

课件出示:动画介绍七巧板发展史,旨在拓宽学生的视野,了解七巧板的由来。

师:如果你生活在宋朝,你想对黄伯思说什么?

学生思考后说出自己的想法。

师:你觉得七巧板未来的发展是怎样的?请说出你的想法?

学生们各抒己见。

师:七巧板发展至今,不仅在中国应用广泛,在全世界都能见到七巧板的踪影,它被应用

到很多领域。民族的是世界的，中华传统文化七巧板包含着中华民族的伟大智慧。19世纪初，七巧板流传到西方后广受欢迎，还被称为“东方魔方”。

本环节让学生阅读七巧板的发展历史，能增强学生的民族自豪感，让学生更愿意主动走进七巧板的世界，弘扬和传承中华传统文化。学生从学习中知道，中国宋朝就发明了七巧板，从而感受七巧板浓厚的历史积淀。例如，李约瑟说它是“东方最古老的消遣品”之一，至今英国剑桥大学的图书馆里还珍藏着一部《七巧新谱》。美国作家埃德加·爱伦·坡特还用象牙精制了一副七巧板。法国皇帝拿破仑在流放生活中也曾用七巧板作为消遣游戏。通过这些历史故事，学生能切实感受到七巧板文化的迷人魅力，增强了民族自豪感。因此教师在平时的教学中，应注意积累与数学内容有关的数学故事，在课堂教学中，讲到相关内容时，可以和学生进行交流，在数学课外活动时也可以信手拈来，随时对学生进行数学文化的人文价值教育。

作为一名数学教师，笔者认为，我们不应停留在学生对于知识概念的理解、方法结论的掌握上，而是将数学作为一种文化来传播。传播数学文化，还数学的本来面目，引导学生领略、品味数学文化的魅力芬芳和博大精深，让数学教育在每一个学生身上能够有更多的沉淀和积累，成为个体文化修养和综合素质不可缺少的一块基石，使学生更加理性地思考和解决问题。

第四节　小学数学文化教育的方法论

中华传统数学文化博大精深，在世界数学史上影响深远，作为数学教师，应当思考如何将中华传统数学文化渗透到教学中，使学生在追溯数学文化中深化数学思想方法，铸造其良好数学品格，在数学学习体验中去理解和传承数学文化。但通过调查和访谈发现，大部分教师虽认识到数学文化的重要性，但对数学文化知识的了解比较少，主动搜寻的积极性不高；教材中呈现的与传统文化有关的内容一般都蕴含在数学知识点中，相对比较分散，大部分教师在教学中重视数学知识点的教学，在一定程度上忽视了数学文化在课堂教学中的渗透；数学文化的相关素材可供直接参考的范例和资源不够系统，能够保证传统文化落地生根的方法和策略不多，导致教师对数学文化的渗透心有余而力不足。针对以上问题，笔者结合自身的教学实践，认为可以从以下几点进行思考。

一、追溯文化本源，激发创新思维

追溯数学发展的历史可以发现，数学的每一次进步与飞跃都蕴含着人类创造性思维的展现与升华。数学教学不仅要传递数学文化知识，更要把数学课堂打造成滋养学生创新思维的沃土，在数学传统文化的渗透中点燃学生思维创新的火花。在教学中可以从数学文化知识入手，引领学生沿着数学文化发展的脚步摸索知识脉络，领悟前人的独特智慧与思考风格，追溯数学文化的本源，以此开阔学生的思维视野，唤起学生的创造欲望，激发学生的创新能力。

例如，在教授北师大版一年级下册“七巧板”这节课时，笔者充分利用中国传统七巧板的丰富历史内涵和文化价值来进行变换设置，整节课围绕一个“巧”字将各个环节巧妙地串成一条线，在层层追溯“巧”中培养学生的创新思维。

一是读懂“巧”的来源，培养创新思维的深刻性。

首先，呈现狄仁杰在“铁钉案”中判案的情境。引发学生思考：“狄仁杰在‘铁钉案’中用了什么数学知识？”学生通过观察，发现蓝大魁擅长摆弄七巧板，并随身携带。后来他被害于澡堂中，临死前用七巧板摆出凶手轮廓，这才让神探狄仁杰顺藤摸瓜，沿着蛛丝马迹找出了真凶。学生在感叹狄仁杰的智慧时，更感受到了七巧板的神奇，引发了探究七巧板知识的欲望。其次，介绍七巧板的来源：从宋朝的案几图到明朝的蝶翅几，再到清初至现代的七巧板。学生通过阅读七巧板的发展史，明晰其产生、发展历程，感悟到七巧板的神奇，思想也随之走向深刻。

二是探究“巧”的奥秘，培养创新思维的变通性。

首先，看一看。明确七巧板由 7 个图形组成。其次，分一分。按颜色、边数和形状分别分一分，了解七巧板的构成。再次，辨一辨。按形状辨一辨，认识七巧板的形状。最后，比一比。让学生探究 5 个三角形之间的关系，以及 5 个三角形与正方形、平行四边形之间的关系，明晰七巧板的内在关联。通过厘清几种图形的内在联系，解析“巧”的秘密，打通每种图形内部及三种图形之间的关联，使学生的创新思维在分析比较中得以变通。

三是进行“巧”的创造，培养创新思维的灵活性。

首先，让学生利用七巧板拼摆正方形、三角形等规则图形；其次，让学生摆脱束缚地去拼出喜欢的图案；最后，发挥想象，将拼摆的图案用一个小故事进行串联编排，让学生在动手操作中感悟“巧”的魅力，培养学生创新思维的灵活性。

上述教学中，利用七巧板破获“铁钉案”、追溯七巧板的发展历史、操作拼摆七巧板等故事和案例，让学生充分体会了数学图形的美妙，感受到了七巧板丰富的历史内涵与文化价值，领悟了中华民族灿烂的数学文化，同时也使学生在活动中明白了图形之间的联系，激发了创新思维。

二、彰显文化内涵，渗透数学思想

数学文化的核心是数学的理性精神，其内涵价值在于帮助学生更好地认识自然和适应社会，帮助学生有条理地思考问题和有效地表达与交流，并能运用数学思想方法分析问题和解决问题。在教学中可以从数学文化知识入手，抓住数学知识本质，彰显数学文化内涵，渗透数学思想方法，让学生在感受到数学文化的丰盈内涵中感悟数学思想方法，并能运用数学思想方法解决问题。

例如，在教授北师大版四年级上册“从结绳计数说起”这节课时，对十进制这一个中国古代数学独特的贡献进行了深度挖掘，让学生在理解传统数学文化的基础上感悟数学思想方法。

首先，体会一一对应思想。课件呈现古人狩猎收获 6 只兔子，先引导学生用石子、刻痕、结绳等实物计数方法表示 6 只兔子，再对比几种表示方法的共同点，在此过程中使学生体会一一对应的思想。

其次，知道十进制计数法的由来。在用实物一一对应表示 6 只兔子的基础上，探究 11 只兔子的计数方法。学生产生困惑：只有 6 颗石子，要表示 11 只兔子，石子不够了，怎么办？

若再给 1 颗大石子，可以表示了吗？引导学生发现：可以用 1 颗大石子表示 5。然后教师分别介绍“掐指一算”“屈指可数”等成语的典故，再引导学生思考：1 颗大石子还可以表示多少？学生得出一颗大石子还可以表示 10，十进制计数法由此被学生自主发现。

最后，了解位值制的内涵。课件出示《春秋左传集解》中的记载：“古者无文字，事大，大结其绳，事小，小结其绳。”让学生根据对这句话的理解修正结绳方法，即一根绳子，一大一小两个结；两根绳子，一大一小两个结；两根绳子，一样大的两个结，让学生聚焦这三种方法，并思考哪一种方法更好，使学生了解“位值制”的内涵，即同样一个结，放在不同的位置，可以代表不同的数值。

上述教学中，教师围绕十进制进行了深度挖掘，引领学生在理解传统数学文化的基础上感悟一一对应的数学思想方法。这样的教学不但让学生了解了数的产生，更可贵的是，还让学生掌握了探索的思考路径，不仅充分彰显了数学文化的内涵，也深入渗透了数学思想方法。

三、感受文化历程，培养求真精神

现行小学数学教材中，选取了许多反映数学家在知识探究中认真钻研、反复验证、不断求真的实例。在教学中分享数学家为追求数学真理而坚持不懈、在多次失败的磨炼中仍执着追求的精神，让学生学习数学家的优秀品质，从中感悟到数学的每一次进步都蕴含前辈的无数心血，数学学习本身就是不断探索的过程，只要坚持不懈地努力就能取得不断进步，从而帮助学生树立学好数学的信心，正确看待在学习过程中遇到的困难，培养求真精神。

例如，在教授北师大版六年级上册“圆周率的历史”这节课时，首先引导学生整体感知人类对圆周率研究的历程，领略与计算圆周率有关的方法，如测量法、正多边形逼近法等，了解其漫长的四个历史发展阶段，即实验时期—几何法时期—分析法时期—计算机时期，从而使学生深切感受数学家在探索知识中的不断求真的精神。其次，重点介绍祖冲之发现圆周率的过程：在刘徽“割圆术”的基础上，从圆内接正 6 边形一直算到圆内接正 24576 边形，要完成这样的计算，至少需要对 9 位数字反复进行 130 次计算，其中仅乘方运算和开方运算就有近 50 次，有效数字高达 18 位之多。若任何一处计算有些许差错，都会使整个过程归于失败。祖冲之凭借坚韧顽强的意志和严谨细致的作风，出色完成了这项艰苦卓绝的工程，他算出圆周率在 3.1415926 与 3.1415927 之间，并用分数 $\frac{355}{113}$ 表示圆周率。这项世界纪录保持了 1000 多年，直到 1573 年荷兰数学家才得到这个分数。因此，人们把 $\frac{355}{113}$ 叫做“祖率”。学生在整体感知圆周率的发展历程和重点感知祖冲之探究圆周率的过程中，体会到科学家在追求真理中付出的艰辛，了解到古代数学家的伟大贡献和古人的聪明智慧，激励学生不断追求真理。

四、挖掘文化素材，提升应用意识

数学教学，不仅是基本知识、基本技能的传授，也是思维培养和实践能力的开发，更应该是数学传统文化的传承、数学探索精神的弘扬和数学应用意识的培养。在教学中要深入挖掘实际生活中有关数学文化的素材，多角度地引导学生体验数学文化的实用价值，感受数学在人类文明发展中的作用，以此展示数学的独特魅力，提升学生的应用意识。

例如，在教授北师大版六年级上册“圆的认识”这节课时，应主要抓住圆的文化魅力与实际生活的联系，对圆的理论、美学、实用三个方面的价值进行深度挖掘。

首先，感悟圆的理论价值。从“圆，一中同长也”的传统文化中探究画圆方法，并尝试自主画圆，交流画法时体会到画圆就要遵循一定的“轨迹”，从而引出“没有规矩，不成方圆”，初步感知不用圆规和矩是画不出圆和方的，即使有了圆规和矩，也得有一定的方法才能画出圆和方；再进一步升华到在班级要遵守班规，在家里要遵守家规，将来走上社会要遵守法规，在生活中做任何事情都有要讲究一定规矩，只有这样生活才能有序进行；进而使学生明白一个普普通通的规律，也是生活中一条重要的道德准则。

其次，感悟圆的美学价值。探究圆的特征之后，引导学生发现自然中有圆，如夜空中的一轮圆月，一朵朵绽放的金色向日葵，水面上的一圈圈涟漪……建筑中有圆，如圆的柱子、圆的门、圆的房顶……艺术中有圆，如圆形的窗花，圆形的盘子……这些生活中随处可见的圆，带给我们美的视觉感受。在此基础上体现要追求整体美、完美时就呈“圆”形。例如，文学作品中的大团圆结局；又如回文诗和回环修辞，直接以“圆”的形式表现内容的整体完美；书法艺术讲究的“圆则妍美”“草贵圆”也是在追求“圆”式的整体完美；在表达美好祝福时的“幸福美满、团团圆圆”等词语在认识实物圆的基础上，我们不再简单停留于实物的物质美，而是升华到“知性圆”，形成以“圆”为美的精神观念：圆的结构美、圆的思维美、圆的精神美，让圆的美学价值上升到更高层次。

最后，感悟圆的实用价值。① 提问：车轮为什么要做成圆形？车轴装在哪里？在学生充分发表意见后，教师演示自制教具车轮，让学生明白车轮只有做成圆形，车才能跑得既快又稳的道理。② 展示圆形的物体，如圆盘和水桶，学生感受同样的面积下圆形物体装得最多。③ 展示戏剧表演中，无论是旦角的云步、丑角的蹉步，还是旦角“水袖”的甩袖，都在追求圆的运动美。音乐也一样，奥地利作曲家施特劳斯的曼妙无比圆舞曲，三步成一圆……学生在学习中感受到圆不仅美丽，还有重要的实用价值，因为有了圆，生活才变得多姿多彩。

上述教学中，通过三个环节的步步深入，将道德、艺术、建筑、舞蹈、文学等各个领域中的圆进行展现，让学生充分感受圆丰富的文化特性，体会圆的美学价值与人文价值，认识圆与人类生活的密切联系，提升了应用意识。

总之，数学文化丰富了数学的内涵，充分展示了数学所蕴含的文化特性，深刻地体现了数学的育人价值。学生在认识、学习和实践中悄无声息地受到数学文化的感染，感受到数学文化的博大精深，进而孕育着学生心灵世界的数学情感和教学价值观。数学教学只有抓数学之“根”——数学文化，才能铸育人之“魂”——数学品格。作为小学数学教师，应努力找到传统文化与数学教学的契合点，充分发挥传统文化以德育人的独特而强大的功能，引导学生在感受中华传统数学文化遗产的过程中培养良好的数学学习品格。

第五章　小学数学课堂融入数学文化的案例探究

第一节　一年级数学文化课例

感悟数学文化，初识十进制
——“古人计数”教学实践与反思

课前思考

一年级学生的思维活动以具体形象的思维为主，无论是知识的掌握、技能的形成还是兴趣的激发，教师都应该抓住学生思维的特点，从直接感知实物过渡到表象的思维过程。绝大部分的学生都认识 11～20 这些数，基本上具备正确数出图中数量的能力，但学生较多地使用一一对应的数数方法，按群计数的思维理念还没有形成。北京师范大学出版社一年级数学上册第七单元“加与减二”第一课“古人计数”是学生建立数位概念的起始课，是在逐一计数的基础上，积累十进制活动经验的重要环节。该课程设计了“古人计数”的故事，渗透自然数的产生与发展的过程；渗透 10 个作为一个整体的新的按群计数的方法，这是建立十进制数位概念的重要阶段。这一设计既体现了需要 10 以上计数的必要性，又体现了数字的文化价值。

教学目标

(1) 在具体的数数活动中，体会 20 以内数的意义，能认读写 20 以内的数，会用小棒和计数器直观表示 10～20。

(2) 初步认识个位和十位，感受以“十”为单位的计数方法。

(3) 积极参与教学活动，培养动手操作能力，对数学有好奇心和求知欲，感悟数学文化，初步了解古人发明十进制计数法的价值。

教学实践

一、创设情境,导入新知

师:在很久以前,人们还不知道用数字表示事物的多少,那么他们是怎么计数的呢?想不想去看看?

生:想。

教师展示课件——古人计数的经典方法:用石子和结绳计数。

师:那时候,数字还没发明出来,人们还不会用数来记录物体的数量,牧羊人并不知道他养了多少只羊,但是这并不影响他管理好羊群。请仔细观察牧羊人是用怎样记录羊的数量的。

生:1颗石子代表1只羊。

师:今天,我们也来当一回古人,一起来数一数牧羊人养了多少只羊。他用石子摆一摆,我们就用小棒摆一摆。

师:为了方便大家记录,这些羊都关在羊圈里,老师放1只羊,你们就摆1根小棒,老师再放1只羊,你们再摆几根小棒?

生:再摆1根。

师:如果老师放2只羊,你们就要摆几根小棒?

生:摆2根。

师:老师这儿也有小棒,谁愿意上来摆一摆?(指名1人)准备好小棒了吗?老师可要放羊了。

师生互动,展示学生摆小棒的结果。

师:老师请这个同学来分享他的想法,其他同学要停下小手、认真倾听,和他有不同的意见的,请再补充好吗?

生:一个对着一个,用到了一一对应。

师:一共养了多少只羊?

生:1、2、3……10、11。(板书:十一)

师:羊的只数与学过的数“10”有什么关系?

生:比10多1。(板书:比10多1)

师:用什么数字表示羊的只数?

生:用11来表示。(板书:11)

师:数词“十一”是羊的只数的语音形式,数“11”是羊的只数的书写形式,是比10多1的数,以前我们只学到了10这个数,可是,现在羊的只数比10还多,所以,我们就要学习一些新的数。今天我们就来认识比10更大的数。

教师板书课题:古人计数——11~20各数的认识。

二、动手操作，探索新知

（一）探索“11”的组成

（1）提出问题，让学生自己动手摆一摆。

师：数量越来越多，怎么让人一眼就能知道有多少呢？聪明的古人想到用一颗大石子代替10颗小石子。一颗大石子和一颗小石子，一眼就能看出是11。

师：聪明的小朋友们，这么多的小棒放在一起，能不能也想想办法摆一摆你们的小棒，摆得让大家一眼就看出有11根小棒，赶快试一试吧。（学生动手操作）

教师可让摆好的小朋友向自己的同桌介绍自己的方法。

（2）汇报交流，让学生在投影仪下摆一摆，并说一说自己的想法。

生1：我把小棒2根2根放在一起，一共11根小棒。

生2：我是5根5根放在一起的，有2个5，就是10，还有1根，一共11根。

生3：我是把10根小棒捆成一捆，一捆小棒和一根小棒，一眼就看出是11根。

教师演示课件：数出10根→堆成一堆→捆成一捆。

师：你们的想法和他一样吗？比一比，谁的方法好？请小朋友们也数出10根小棒，捆成一捆。

师：这一捆是几个一根呀？是多少根？

教师小结：10根小棒捆成一捆，一捆小棒就表示1个“10”，“一捆小棒”就是我们要学习和掌握的一个新的计数单位“十”。我们说“10个1是1个10”。

教师板书并读一读：10个1是1个10。

师：请小朋友们捆出1个10。

师：在捆之前，老师想问问小朋友们，要捆出一个“10”，得先怎么做？

生：数出10个1，然后捆起来。

师巡视，并提醒：还不会用皮筋的同学可以请同桌帮忙。

师生小结：1个10也就是10个1。

（3）让学生根据摆的结果说一说：11里面有几个10和几个1？

① 通过上面的动手摆一摆，学生从而得出：10＋1＝11。

② 摆小棒比赛。

师：看谁摆得能够让大家一看就知道是13根小棒，并且说说13里面有几个10和几个1。

生：我把10根小棒捆成一捆，表示1个10，再摆3根小棒，合起来是13根，13里有1个10和3个1。

师：小朋友们真棒！再分别摆一摆14、15、19、20，并说一说它们的组成。

③ 学生之间汇报交流，并着重说数的组成。

（二）介绍计数器，初步建立数位的概念

师：下面老师要为大家介绍一位新的学习伙伴，刚才我们用小棒摆的数，都可以在我们的数学“好朋友”计数器上表示出来。有请好朋友：计数器。（课件出示：计数器的自我介绍）

师:从它的自我介绍中你知道了什么?

生:从右边起第一位是个位,个位上是几就表示几个1;第二位是十位,十位上是几就表示几个10。

师:(指着计数器的数位读)个位、十位,这些叫数位。在使用计数器时,要把写有数位的这一面正对着我们。请同学们检查一下自己的计数器是否摆放正确。

师:(示范拨5)请同学们仔细观察,说说老师在什么位上拨数字?拨了几个?表示几?

生:在个位上拨5颗珠子,表示5个1。

学生学着拨5、6、7,并一起拨出10个1。

师:怎样在计数器上表示计数单位"十"呢?

学生讨论并回答。

生:在计数器上先拨出9颗珠子,表示9,再添上一颗,个位上10颗珠子表示10个1,也就是10。十位上拨1颗珠子表示1个10,所以可以用十位上的一颗珠子表示个位上的10颗珠子,这样10就可以简单地用十位上的1颗珠子表示。

师:请孩子们在计数器上把10个1变成1个10拨给同桌看。

教师再用课件演示一遍,并在黑板上画珠子表示1个10,评议后,教师标出10这个数学符号,并让学生明白,个位上一个也没有,就用0表示。

(三)体会数的组成

师:谁能用小棒或计数器快速地表示出"11"。想一想用小棒或计数器表示"11"有什么相同和不同的地方?

学生动手操作,并汇报交流。

生1:相同的是都用到两种计数单位,"十"与"一",1个10和10个1组成11。

生2:不同点是用小棒表示时是用形态不同的1根小棒和1根小棒摆成的,用计数器只是用了形态相同的2颗珠子,是通过珠子的不同位置来区别"10"与"1"。

师:计数器上2颗珠子表示的意思一样吗?

生:不同,在十位上的1颗珠子表示1个10,在个位上的1颗珠子表示1个1。

师:看来呀,不是珠子神奇,而是数位太重要了,不同的数位表示的意思是不同的。

师:用小棒表示是十进制的计数方法,用计数器表示数的方法是十进制的计数方法。

趣味数学小故事

中国古代的吉祥数字"13"

在中国古代,"13"可是一个了不起的吉祥数字。《唐书》记载,皇帝上朝的时候,所穿的服饰与大臣不同,皇帝的金带上加有13个环,以示尊贵。在古代,机构的设置也多用13。汉武帝广扩边境,将全国划分为13个部。后来元朝在全国一共设13个省。晋代侍御史下面设立13曹,明代太医院设13科。文学艺术、著书立说也多使用13,例如,《孙子兵法十三篇》、李贺的《南园十三首》、《儿女英雄传》中塑造的十三妹、王献之书法作品玉版十三行等。

师：用你喜欢的方法表示13，并说一说13的组成吧！

学生小组合作并交流。

（四）初步感受“满十进一”

师：用你喜欢的方法表示19，现在开始吧。

学生动手操作，并汇报交流。

生1：我是用摆小棒的方法表示19的，先拿出一根小棒表示1个10，再拿出9根小棒表示9个1，1个10和9个1组成19。

生2：我是用拨计数器来表示19的，先在十位上拨1颗珠子表示1个10，再在个位上拨9颗珠子表示9个1，是19。

生3：我是直接写的，在十位上写1，个位上写9，就组成19。

师：19里面有几个10和几个1？10加9等于多少呢？

生：19里面有1个10和9个1，10加9等于19。

师：如果再添1根小棒，现在是多少？你是怎么知道的？

生：19＋1＝20。

师：（手指着散的10根）又有10根了，我们该干吗了？

生：又满10根了要捆成一捆。

师动手捆，问：现在是几捆，也就是几个10？

生：2个10。

师：2个10是几？

生：20。

教师板书：2个10是20。学生齐声朗读。

师：你们能在计数器上拨出20吗？

学生动手操作，并汇报交流。

生：我在19的个位上再加1颗珠子，个位上的10颗珠子表示10个1，就相当于十位上的1颗珠子表示的1个10，可以用十位上的1颗珠子代替个位上的10颗珠子，这时十位上有2颗珠子，个位上没有珠子，即2个10就是20。

教师展示一些错误的拨法，并解释应如何拨。

师：当较小的计数单位（个）累积到10个时，就用1个较大的计数单位（十）来代替，是十进制计数法的技术法则，也就是“满十进一”。

三、自练反馈，强化新知

（1）教师提问：现在只给你们两颗珠子，在计数器上可以表示哪些数？学生动手拨一拨并提出质疑：为什么2颗珠子可以表示不同的数？

生：珠子所在的数位不同，表示的意思也不同。

（2）看图写数。

先请学生说一说图5-1表达了何种意思，提醒学生不能漏数；再让学生独立完成题目。全班交流数法。（先完成的学生可以向其他人分享写得快的好办法。）

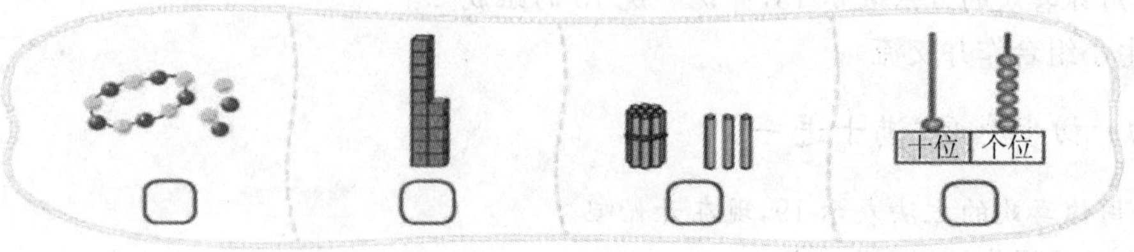

图 5-1

(3) 小游戏(图 5-2)。

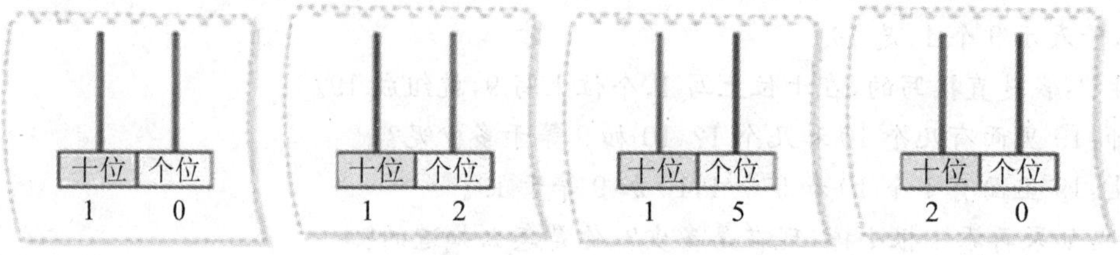

图 5-2

① 我说数,你来拨。(师生互动)

要求:(a) 边拨边说。例如,十位上的珠子表示什么,个位上的珠子表示什么,合起来是多少。(b) 把拨好的数写在本子上。

② 我拨珠子,你说数。(学生之间互动)

四、归纳总结,学生质疑

师:通过今天的学习,请说说你们有哪些收获。

生 1:古人的计数方法是一一对应:用石子计数、结绳计数。

生 2:通过学习,认识了比 10 大的数,认识计数单位“个”“十”,知道要“满十进一”。

生 3:我认识了计数器,知道从右边起第一位是个位,个位上有几颗珠子就表示几个“一”。第二位是十位,十位上有几颗珠子就表示有几个 10。同样一个数在不同的数位上表示不同的数值。

课后反思

“古人计数”是帮助学生建立数位概念的起始课,从本课时起,学生对数的认识不仅仅是单独的一个数,而是以十个为一群进行数数,在逐一计数的基础上,了解十进制的内涵和由来,通过“古人计数”的故事,渗透自然数的产生与发展过程,并通过多种形式的操作活动,帮助学生认识 20 以内的数,了解十进制计数法。

一是创设富有数学文化韵味的“古人计数”情境,让学生体会“实物图片—小棒模型—用数字计数”的抽象过程。

以“古人计数”的动画引入,激发学生的好奇心和学习兴趣。引导学生模仿古人(一一对应)进行计数活动。当羊的只数超过 10 只以后,自然产生如何进一步计数的需求,再结合新问题“比 10 多 1 的数，如何计数”，激发学生探索的欲望。让学生体会 11～20 各数产生的必要性。围绕“怎样摆放让别人很快地数出是 11 根”这个问题，学生自主地动手操作摆小棒，呈现很多种摆法。通过汇报交流，让学生能够真真实实地感受到把 10 根小棒扎成一捆时最容易看出是多少根，体会 10 根扎成一捆这种方法的优越性。再让学生经历一根小棒在计数器上如何表示的过程，让学生体会到从具体形象的实物中抽象出数字符号，把小棒、计数器和数字符号很好地对应起来。这种无声胜有声的教学设计，突破了 10 个 1 是 1 个 10 的难点，让学生理解了数的意义，建立了正确的数位概念，为培养数感奠定了扎实的基础。

二是在活动中体验，帮助学生形成数的概念。

学生在活动过程中以操作为支撑，突出小棒—计数器—数学符号之间的联系，让学生经历数学知识由具体形象到逐步抽象的过程。在本节课中，“数”和“捆”十分重要，数是感受数的顺序，增强后继数的数感；捆是新的数位的产生和理解数位数值的重要活动。在认识到小棒的数量就是羊群数量的基础上，学生通过讨论、交流分享决定把小棒捆起来更方便数数，这样便于学生直观体会“10 个 1 就是 1 个 10”。在认识 10 的基础上，再认识计数器，了解十位和个位，进而拨出 10，初步建立“10 个 1”是“1 个 10”的概念。再借助计数器帮助学生理解数位，并把它类化为自己的知识。让学生摆小棒表示数、拨计数器表示数、用符号表示数，是学生认识现实世界的数必须经历的从动作的认知到图形的认知、再到符号认知的发展过程。这样学生的多种感官一起参加学习活动，促进知识技能的内化，学生通过动手实践感受到自主学习新知识的乐趣，获取了成功的喜悦。

三是以实践促思维，渗透数学思想方法。

数来源于数。夸美纽斯认为，教一个好的活动最好的方法是演示；而弗赖登塔尔则认为，学一个活动最好的方法是做。教师在模仿古人计数羊的数量时，通过课件演示呈现羊从羊圈出来的情景，引导学生用小棒一一对应地记录羊的只数。每出现一只羊，只能对应地摆一根小棒。每一个学生都可以在自己的桌子上随着情景摆小棒。这个过程中，学生扮演的牧羊人是不知道一共有多少只羊的，但他们清晰地理解“小棒的根数”就是“羊的只数”。有效地渗透了一一对应的数学思想方法。在认识 11 的环节中，通过摆小棒、拨计数器、写一些抽象的数字等活动，对应结合起来理解 11 由 1 个 10 和 1 个 1 组成，这种数形结合的思想方法帮助学生有效理解了同一个数字在不同数位上表示不同的位置，使抽象的概念在活动中变得具体直观、易于接受。

好玩，让数学文化更具吸引力
——“填数游戏”教学实践与思考

课前思考

“填数游戏”是北师大版一年级下册“数学好玩”中的一个内容。该游戏最早起源于我国的九宫图。九宫图，是一款数字游戏，起源于河图洛书，河图与洛书是中国古代流传下来的两幅神秘图案，历来被认为是河洛文化的滥觞，中华文明的源头。九宫图被誉为“宇宙魔方”，在西方被称为“数独游戏”。这是一款智力游戏，需要参与游戏的人有一定的逻辑思维和推理能力。九宫图游戏在民间广泛流传，所谓“宫”，指的是区域，在欧洲被称为“欧拉方块”。该游戏奥妙千变万化，玩法层出不穷，对很多人来说是一种极限挑战，需要缜密的逻辑思维和坚韧不拔的毅力才能顺利完成。所以，数独游戏对一年级学生而言，是一个集趣味和挑战并存的游戏。教材从最简单的情形开始，先试图让学生明确游戏规则，通过观察和动手操作完成游戏，从而激发学生的兴趣，然后逐步加深，让学生在不知不觉中使数学思维得到锻炼。因此，教师在教学实践活动中，要遵循学生的天性，设计有趣的游戏情境，让学生明规则、细观察、多动手，允许失败，允许试错，给予鼓励，充分体现实践活动课中“好玩”的特点，让学生在轻松愉快的氛围中感受数学文化的魅力。

教学目标

（1）经历填数游戏活动，初步提高分析推理能力。
（2）在探索、尝试、交流等活动中，体会填数游戏的乐趣，激发学生的学习兴趣。

教学实践

一、在“玩”中激起兴趣，认识规则

师：同学们喜欢玩游戏吗？
生：喜欢。
师：教师出示视频——水果消消乐游戏。
师：这几个水果怎么消失了呀？
生：连在一起了。
师：对，在这游戏里几个水果连在一起就消失，就是这个游戏的规则。
师：老师今天给大家带来一种新游戏。（板书：填数游戏）
教师出示课件，如图5-3所示。

游戏规则：
- 每个空格中只能填1、2、3中的一个。
- 每一横行、每一竖行的数字不能重复。

1		
	1	
	2	1

图 5-3

师：同学们，知道这两句话的意思吗？
生1：我们填的数字要么是1，要么是2，要么是3。
师：回答正确！只能在1、2、3中选一个填进去（板书：1、2、3）。那每一横行、每一竖行的

数字不能重复是什么意思呀？

生2：不能出现两个1，也不能出现两个2。

师：对，你的理解能力真强！还有哪位同学有不明白的地方？

生3：是不是每一行都有1、2、3？

师：对。我们把这个游戏完成，就会有意想不到的发现。同学们，快点开动脑筋试试吧！

二、在“玩”中细心观察，猜测尝试

学生试做，允许有困难的同学和同桌交流。教师点名，让学生上台到大屏幕上填数。

师：你是从哪个空格开始填的？为什么？

生1：我是从第二竖行开始填的，因为这个地方只要填一个“3”。

师：填完这个“3”，你又填了哪个数？

生1：我填了第一横行的“2”，然后又填了第三竖行的“2”……

师：然后你又依次填了其他行的数字，真棒！

生2：我是从第三横行开始的，这个地方少了一个“3”。

师：我们有不同的填数方法，你有什么小窍门吗？可以和同学们分享一下。

生3：可以从只有一个空格的那一行开始填。

师：真棒！我们在填数游戏时，要注意细心观察，从容易的地方入手，多去尝试，就会简单得多。

教师出示课件，并请学生猜一猜游戏规则是什么。学生讨论后，教师宣读游戏规则：

(1) 每个空格只能填1、2、3、4、5中的一个。

(2) 每一横行、每一竖行的数不能重复。

学生自主完成填空，然后交流。

师：我们刚才把第三、四、五横行的数填出来了。接下来，还剩四个空格怎么填？

生1：第一横行缺“2”和“4”，先轻轻写上，再看竖行行不行。

生2：老师，我是这么想的。第一行缺“2”和“4”，第三竖行有“4”了，所以这个地方只能填“2”，后面填“4”。

师：我们填数游戏时，可以先从简单的地方去填。如果碰到一行有两个空格，可以把横行和竖行结合起来看。也可以先猜测试着去填，若不正确再纠正。同学们不用担心填错，仔细观察，大胆尝试，一定能做好这个游戏。

三、在“玩”中循序渐进，发展思维

在教学“数字迷宫”(图5-4)时，要引导学生明确规则，然后利用学具分组进行讨论。让学生用画一画、填一填、说一说的方式交流汇报。

师：谁愿意到前面演示一下？(教师请学生上台演示)

师：老师采访你一下：横着走到“53”以后，两边都有“54”，为什么你会选择往上走？

生：因为下面的“54”后面没有可以连续走的数了。

师：这个地方填的是多少？

生：填“56”。

结束↑

62	85	86	90	91	94	92	95	100
63	★	87	88	89	90	★	94	99
60	83	82	81	80	81	92	93	98
59	60	61	64	79	94	93	96	97
58	69	62	79	78	77	94	★	94
57	★	63	64	65	76	77	96	95
57	55	54	55	66	★	74	93	96
51	52	53	68	67	69	73	98	97
52	54	54	69	70	71	72	99	98

开始→

图 5-4　数字迷宫

师：一个★就是一个小陷阱，遇到★咱们就要填数字，正确才能通过，如果填不下去，就无法通过。请同学们看仔细了。

…………

每完成一个活动，教师都要带领学生检查是否有不符合规则的情况，帮助学生逐步养成检查的习惯。

在学生完成本节课学习内容的基础上，介绍九宫图。九宫图是我国古代数学名题，其要求是把 1～9 这 9 个数字填到下面的方格中（图 5-5），使纵向、横向及对角线上的数字之和都为 15。

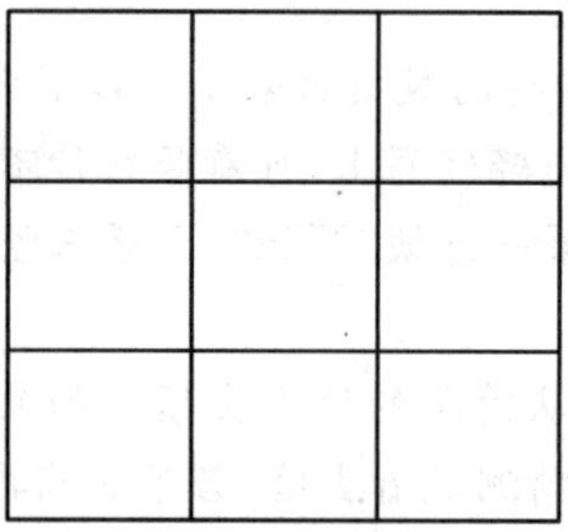

图 5-5　九宫图

教师让学生尝试自主填写，课前可以准备好 1～9 的数字卡片，让学生摆一摆、算一算。

教学反思

学会“玩”数学游戏，传承数学文化。游戏是人们日常生活中最常见的娱乐方式，在游戏中人们感受到生活的情趣、生命的美好。这也是数学文化得以传承下去的一个重要原因。游戏对儿童身心的发展十分重要，其实游戏也是一种学习，在游戏中，要让学生学会懂规矩、守规则，离开规则游戏就无法进行下去。在本节课的数学游戏中，首先就是让学生理解每一个游戏的规则，要让学生清楚游戏的要求，在规则中寻找问题的突破口，学会玩游戏，学会思考。

从简单情形入手，学习数学思维。填数游戏这种数独游戏，花样繁多，不同的情形难度也不一样。对一年级学生来说，不在于他们能学到多少知识，感受多深的奥妙，在于能不能在这种游戏中找到一种解决问题的方法。这种思维方法应该是从简单的情形入手，由浅入深，循序渐进。“3×3”“5×5”“数字迷宫”“九宫图”等，这些游戏活动是逐步加深的，而每一种游戏活动的完成也是遵循由易到难的学习心理的。让学生在渐次递进的思维活动中，不知不觉动手动脑。

经历探索，感受数学历史悠久。“数独”的意思是“单独的数字”或“只出现一次的数字”，这样的填数游戏中蕴含丰富的数学思想。我们在引导学生解决“填哪一个数字”的时候，要紧紧抓住“数独”思想（每一行只能出现一次这样的数字），让学生自主游戏，适时点拨，让他们在游戏中感悟：“横行”“竖行”结合起来看，既是游戏的规则要求，其实也是决定填哪个数字的有效方法。在每一个游戏活动中，要让学生说出“是怎么想的”，检查学生思维的严谨性，促进学生推理能力的形成。引入九宫图作为本节课的拓展延伸，学生解决起来会有不小的难度，因此，教师要注意培养兴趣，重在鼓励尝试，不作其他要求。教学过程中，教师可以介绍九宫图的来历，让学生感受数学文化的悠久，在动手“摆一摆、算一算”中觉得数学也是有趣的、生动的、好玩的，用数学独特的魅力吸引渴求知识的学生们。

以传统为基，铸高效课堂
——“认识图形”教学实践与反思

课前思考

教学设计时需考虑到三点：一是由“体”到“面”，从学生熟悉的立体图形入手，印一印它们身上的面，自然引入平面图形的概念。二是将传统文化融入课堂。本节课是抽象的图形认识，如何将传统文化自然融入课堂呢？可以从印立体图形上的面入手，选择用活字印刷术，这样学生既感受到了传统文化的魅力，教学也实现由“体”切入到“面”。三是鉴于学生的年龄特点，课堂以活动形式展开。通过看视频认识活字印刷术、操作模型印一印、描一描、分一分、摆一摆、画一画、说一说，让学生在活动中学习和思考，潜移默化地掌握平面图形的特点以及平面图形与立体图形的区别与联系。

教学目标

（1）通过操作和观察，使学生初步认识长方形、正方形、圆、三角形；学生会辨认这几种图形及初步感知各种图形的特征。

（2）培养学生的动手操作、观察能力，初步建立空间观念。

（3）通过学生活动，激发学习兴趣，培养学生合作、探究和创新意识。

教学实践

一、视频导入,激发兴趣

师:在上课前,老师想和大家分享一段视频。请大家在观看的过程中注意视频介绍的内容。(播放视频)

师:同学们知道视频里介绍的是什么吗?是我国古代四大发明之一的活字印刷术。想在现场看看吗?

教师在课堂上演示活字印刷的过程。

师:看!一首《春晓》被印了下来。大家会朗诵这首古诗吗?

设计意图:本环节首先播放活字印刷术的视频,让学生简单了解活字印刷术的原理,为后续学生自己动手操作奠定第一层基础。同时通过观看视频,激发学生学习的兴趣,感受我国优秀传统文化的魅力,赞叹古代劳动人民的智慧。其次,教师向同学们展示了活字印刷实物模型,并演示操作拓印一首古诗,让学生现场看到活字印刷术的操作过程,为学生的操作打下第二层基础,此时学生已经能够进行操作,而且学生的好奇心和求知欲都被调动起来了。

二、直观操作,初识图形

(一) 摸一摸

师:这堂课老师想用活字印刷术做一件更神奇的事,但需要几位老朋友的帮忙,你们想请它们去你们组做客吗?请小组长起立,闭上眼睛在老师的袋子里摸一摸。

学生边摸边说特点,再说出物品名称。

设计意图:本环节学生通过闭眼摸立体图形的活动,一方面帮助学生回顾了之前学过的立体图形特点,另一方面通过活动顺利发放所需学具,活动趣味十足,学生更积极主动地参与课堂互动。

(二) 印一印

师:我们今天要做的神奇的事就是印我们老朋友身上的面。

(1) 教师出示装有各种立体图形的印刷模板。

师:谁愿意来讲台上试一试?(学生操作并展示)

师:同学们,看!我们从立体图形上印下了什么?

生:不同形状的面。

师:说得真好!这些被我们从立体图形上印下的面就是平面图形。(板书:平面图形)

(2) 学生以小组为单位动手操作,教师巡视指导。

师:你们想不想试一试?拿出老师帮你们准备好的印刷模型,请小组合作完成,并在小组里说一说你印下的面来自哪个立体图形。

师：哪个小组愿意展示自己的作品？

教师点名，并请同学说一说自己的作品来自哪个立体图形。

设计意图：本环节教师可先和一名同学示范操作，让学生直观感受到平面图形来自立体图形；接着学生小组合作，动手操作，亲身经历平面图形来自立体图形的过程，了解面由体来的过程。

（三）描一描

师：同学们，还有其他方法把面"请"下来吗？

生1：还可以沿着立体图形的边描下来。

师：这个方法不错，我们一起试一试吧。请把在你们组"做客"的立体图形拿出来，先仔细地观察它的每一个面，然后把不同的面描下来。

学生以小组为单位动手操作，教师巡视指导。

师：请完成的小组把"请下来"的图形贴到黑板上，并说一说这些图形是从哪个立体图形上"请下来"的？

学生以小组为单位进行汇报。

（四）比一比

师：请仔细观察这些图形和立体图形有什么不同？

学生在小组内交流讨论并汇报。

师：说得真不错！和立体图形相比，这些图形只有一个面，我们称之为平面图形。请看一看这些平面图形，你能给它们分类吗？你准备怎样分呢？

学生可能会按照颜色、形状、大小分，让他们各抒己见。

师：如果按照形状该怎么分？谁愿意到前面来试一试？

学生尝试分类，并说一说这样分的原因。

师（总结）：有四条边，两边不一样长的叫长方形；四条边都一样长的叫正方形；只有三条的叫三角形；圆圆的没有角的叫圆。（板书：长方形、正方形、三角形、圆）

设计意图：通过观察对比，学生能够区分立体图形和平面图形；分类活动中，学生初步掌握长方形、正方形、三角形、圆的基本特点，能够辨别不同形状的平面图形。

三、实践探究　感知特征

（一）摆一摆

师：同学们，想和老师玩个小游戏吗？请拿出学具袋中的小棒，用最少的小棒拼出一个三角形。

教师请两名学生到黑板上板演，其他同学在座位上摆一摆。

师：说一说用了几根小棒？为什么？

生1：我用了3根，因为三角形有三条边，所以3根就够了。

师：不错！现在请把三角形变成正方形。（在黑板上板演的两位同学继续板演）谁来说一说你是怎样摆的？

生2：我把三角形侧面的两条边摆正，在它们之间加一根就成正方形了。

师:说得太好了!请同学们再把正方形变成长方形。

教师指着板演同学摆出的长方形问:"为什么长方形也是四条边却用6根小棒?"

有的学生回答长方形长长的,教师引导学生观察,发现长方形的一对边比另一对边长。

(二)画一画

师:同学们摆得那么好是把这些图形印到脑袋里了。你可以把它们画出来吗?

学生在点子图上画一画,教师巡视指导。

设计意图:以游戏形式的摆一摆活动,既能提起学生的兴趣,又有效地深化了学生对四种平面图形形状特征的感受,帮助他们在脑子里形成这些图形的表象。画一画活动帮助学生脱离实物辅助,将脑海中这些图形的表象具体化地展示出来。

四、回归生活　寻找图形

(一)说一说

师:在我们生活里到处都有这些图形,你能把它们找出来吗?

学生说一说身边的图形,教师可引导学生明确这些图形来自于哪些物体的面上。

(二)找一找

师:老师也带来了一些图片,你们能从中找到我们今天学到的平面图形吗(图5-6~图5-9)?

图5-6　匾额

图5-7　土楼

图5-8　园林

图5-9　屋顶

师:谁知道图 5-9 是什么? 能找到什么图形?

生 1:上面有“太和殿”三个字,它的面是长方形。

师:这是故宫太和殿的匾额。

师:谁来说说其他三张图?

生 2:我认识图 5-8,那是一个圆形拱门,有圆形;图 5-9 像宫殿的屋顶,有三角形。

师:同学们很厉害呀! 图 5-7 是闽南客家族的土楼,从高空俯瞰它们,有的呈圆形,有的呈正方形。图 5-8 是我国古代园林中常用的圆形拱门。图 5-9 是故宫宫殿的屋顶,侧面看是三角形。

设计意图:学生是带着生活经验走进课堂的,将课堂所学与他们的生活经验相联系,以潜移默化的方式熏陶学生的传统文化素养。

五、交流收获　全课总结

师:通过本节课的学习,你有什么感受和收获? 快和大家分享吧!

课后反思

教育部《完善中华优秀传统文化教育指导》中明确指出:“在课程建设和课程标准修订中强化中华优秀传统文化内容。围绕中华优秀传统文化教育的主要任务,适时启动课程标准修订和课程开发的研究论证、试点探索和推广评估工作。在中小学德育、语文、历史、艺术、体育等课程标准修订中,增加中华优秀传统文化内容比重。地理、数学、物理、化学、生物等课程,应结合教学环节渗透中华优秀传统文化相关内容。”本节课在渗透传统文化方面笔者做了以下几点尝试:

一是巧借传统,学具多元化。教师在设计教学时思考怎样让学生能直观地看到“平面”,能简单明了地掌握平面图形从立体图形上来。拓印是一种好方式,既直观又能培养学生的动手操作能力。教学中可以使用的教具学具有很多,但如何把传统文化融入课堂是关键。我国古代四大发明之一的活字印刷术可以满足“印”,而且学生对其了解较少,这是一次很好的宣扬我国优秀传统文化的机会。在准备学具时,教师可准备活字印刷术的小模型,还可根据活字印刷的模板把其中的汉字模块换成各种立体图形。学生借助这个古老又新奇的学具认识了活字印刷术,直观感受到了面由体来,教学效果很好。学生在课后收集了更多关于活字印刷术的知识,不禁佩服古人的聪明才智。

二是趣用传统,教学内容层次化。本节课通过大量的活动来完成教学,从具体到抽象,从整体到局部,从实物到模型,学生在课堂上经历了直观—抽象—再创造的过程。

通过本节课的学习,学生在认识立体图形的基础上第一次接触到平面图形的概念。学生基于已有的学习生活经验可能已经会辨认基本的平面图形,但学生对平面图形从哪来、什么是平面图形、平面图形与立体图形有什么不同等问题是不清楚的。在教学伊始,教师通过播放视频、印刷古诗这些看似和数学无关的活动吸引学生迅速走进课堂。接着教师示范印刷,学生动手操作,通过印刷将平面直接请到了纸上,在操作过程中体会面由体来,第一次感受面与体的不同,看到了具体形象的平面。描一描活动则升华到学生对抽象的平面图“形”认识。分一分活动,则是“怎样分?”“为什么?”,引导学生仔细观察图形的样子,再用自己的语言表述分类的依据，用自己的直观感受初步认知图形的特点。摆一摆、画一画活动逐步将学生刚认识的图形从大脑中调出，再次呈现出来，深化对图形的认识。

三是观赏传统，加强与生活的联系。数学源于生活，又服务于生活，在经历数学学习活动之后将数学知识回归于生活，不仅巩固了所学知识，也升华了学习意义。课堂上先让学生说一说自己见到的平面图形，后课件展示我国古代建筑上的平面图形。学生在巩固知识的同时再次感叹我国优秀深厚的文化底蕴。由介绍传统文化开始，到欣赏传统建筑结束，传统文化自然融入课堂教学中，“润物细无声”地熏陶学生传统文化素养。

在动手操作中感受民间智慧
——“认识七巧板”教学实践与反思

课前思考

“认识七巧板”是北师大版小学数学一年级下册第四单元“有趣的图形”第 3 节的内容，编排意图是让学生在动手操作中加深对三角形、正方形的认识，初步认识平行四边形。七巧板是中国人的发明创造，体现了传统文化，凝聚了民间智慧。通常认为七巧板的起源可以追溯到宋代(960—1127)。宋代的黄伯思(1079—1118)发明了一套起初是六件后来增加为七件的长方形小桌，还创作了一些将这些小桌拼组的图形。由于可以根据来客人数和需要的不同，在筵席上拼摆这些桌几，他将这套小桌称作“燕几”。18 世纪，七巧板传到国外，立刻引起外国人极大的兴趣，有些外国人痴迷于这个“东方魔方”，甚至通宵达旦地把玩。七巧板的神奇之处在于，几个简单的图形，通过操作，变化万端。一年级的学生认知心理处于直观形象阶段，七巧板的可操作性强，在教学时引导学生动手拼一拼，培养初步的空间观念和锻炼动手能力。在整个教学过程中，由于每个学生的动手能力是有差异的，因此，要尽可能地让他们都能动动手、动动脑，使每个学生都有收获。授课前，要让学生们提前准备好七巧板，教师在教学中要讲清楚活动要求，给学生充分动手操作的时间，使他们在活动中切实感受到七巧板乐趣与魔力。

教学目标

(1) 通过用七巧板拼图活动，进一步熟悉学过的平面图形；初步认识平行四边形。

(2) 培养学生的空间观念、动手操作能力。

教学实践

一、创设情景，激发动手兴趣

师：同学们，喜欢玩玩具吗？今天呀，老师给小朋友们带来了一件新玩具。(出示课件)

师：同学们认识它吗？

生：七巧板。

师：大家知道七巧板的来历吗？我们一起来了解一下吧。（播放短视频）

师：宋朝有个叫黄伯思的人发明了一种桌子，可以根据吃饭人数的不同，把桌子拼成不同的形状，比如 3 个人就拼成三角形，4 个人就拼成四方形……有意思吧！后来，这种桌子演变成一种玩具，它十分巧妙好玩，人们叫它七巧板。有哪些同学玩过七巧板？你们都用它做了哪些游戏？

生：……

师：是的，七巧板很好玩。这节课就让我们用它来一起做游戏吧。

二、动手操作，培养空间观念

（一）分一分

教师让学生将自己的七巧板学具的七块图形进行分类。

师：同学们，七巧板是由 7 个图形组成的，你们都认识吗？里面哪个图形是你们不认识的？

教师对学生进行分组，想一想，说一说。

生 1：老师，我不认识 3 号图形。

生 2：我知道，3 号图形是平行四边形。

师：对，3 号图形是平行四边形，它有四条边。

动画演示：3 号图形从七巧板中移出来，同时教师在黑板上画出平行四边形并板书（图 5-10）。

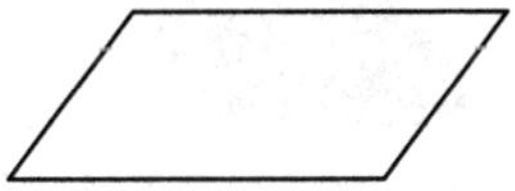

图 5-10　平行四边形

师：同学们，这个平行四边形和正方形、长方形不一样，它不是四四方方的。跟老师一起读——平行四边形。

生：平行四边形。

师：七巧板一共由多少块板组成？

生：7 块。

师：一共有几种图形？

生：3 种。

师：谁能说说是哪三种？

生：三角形、正方形、平行四边形。

教师引导学生把课件中的问题填写完整。

（二）比一比

师：同学们，七巧板里有 5 个三角形，它们一样大吗？大家想一想。

生：……

师：刚才是同学们的猜测，到底哪两个三角形一样大？我们来比一比吧。

生1：我把1号和2号放到一起，重叠起来。

师：你发现什么了？

生1：它们一样大。

生2：我把4号和6号比一比，它们一样大。

生3：7号比1号和2号小，比4号和6号大。

师：同学们真厉害，能用重叠的方法知道两个图形的大小。动脑又动手，才是好宝宝。

（三）拼一拼

师：看到大家这么聪明，七巧板也很想和大家一起玩。请你拿出学具盒的七巧板，摆一摆课本中的这个正方形。

师：试一试，拼出一个三角形。

教师用多媒体展示学生的作品（图5-11）。

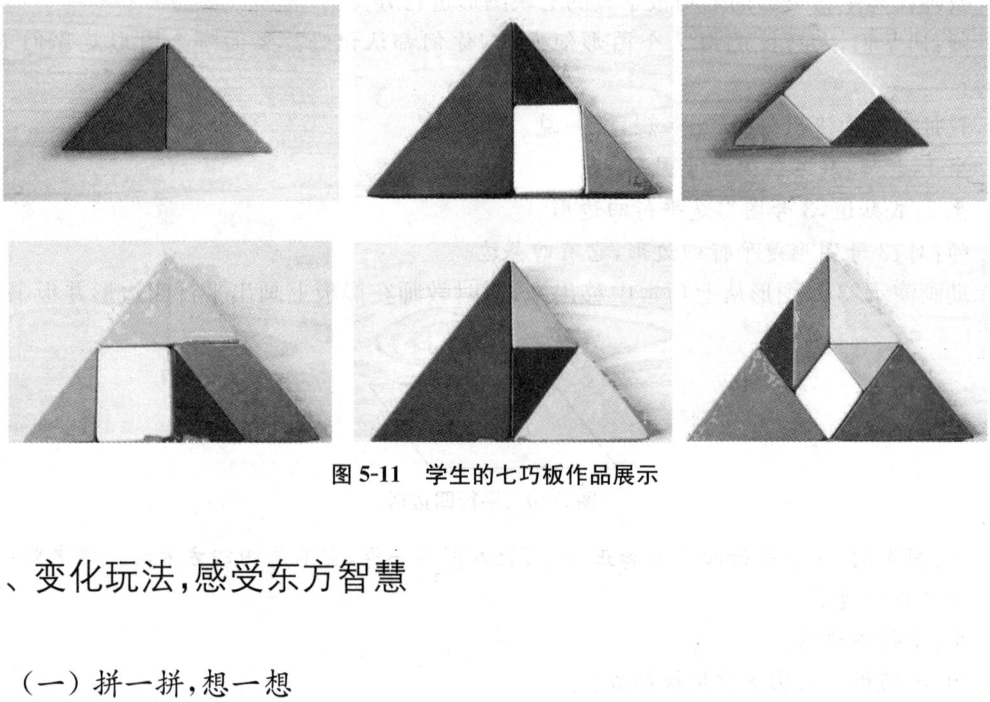

图5-11 学生的七巧板作品展示

三、变化玩法，感受东方智慧

（一）拼一拼，想一想

教师指导学生拼出教材“练一练”第1题的各种图形，并说出这些图形像什么（从左到右依次是鱼、蜡烛、帆船、猫、台灯、鸭子）。学生可能有不同的说法，只要合理，教师都应给予肯定。

（二）拼一拼，听一听

师：我们用七巧板摆了这么多好玩的图形，是不是特别有意思？中国传统文化悠久灿烂，是古人智慧的结晶。同学们，下面老师给大家讲守株待兔的故事。边听边注意看大屏幕，你能找到故事里的人和物吗？（出示教材“练一练”的第2题的七巧板图形）

师：很久很久以前，有一个农夫到田里除草。当他走到路边的一棵树下时，忽然一只兔子飞快地跑过来，不料正好一头撞在大树上，死了。农夫白白捡了一只兔子，心里特别高兴。他把兔子拿回家里，美美地吃上了一顿。他想：如果我天天守在大树旁，不就天天有兔子吃了吗？于是，他再也不去田里除草了，每天都躺在大树底下，等着兔子来撞树。

师：这些图形都是故事里的哪个角色？

生1：第一个是农夫。

生2：第二个图形是大树。

生3：最后这个是兔子。

师：大家想不想边说故事边拼图？请和你的同桌一起合作吧。

（三）拼一拼，说一说

师：同学们可真厉害！能够把故事里的角色拼得那么像！下面请小朋友们继续开动脑筋，发挥你们的想象力，用七巧板拼出一个你最喜欢的图形，并展示给其他同学看。说一说，你拼的是什么？其他小朋友看他拼得像不像？

生1：我拼的是鹅（图5-12）。鹅，鹅，鹅，曲项向天歌。白毛浮绿水，红掌拨清波。

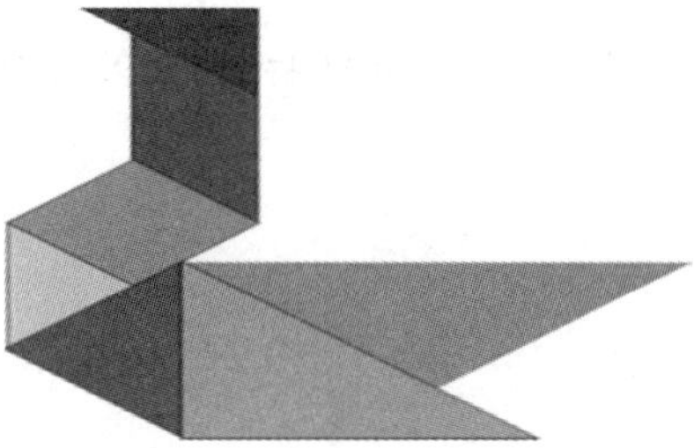

图5-12　七巧板拼的鹅

生2：我拼的是乌龟（图5-13），我家里就养了一只小乌龟。

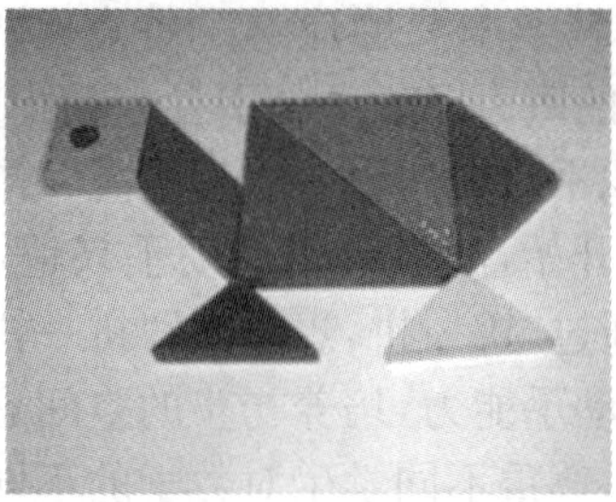

图5-13　七巧板拼的乌龟

生3：我拼的是金鱼（图5-14），我家鱼缸里养了好多金鱼。

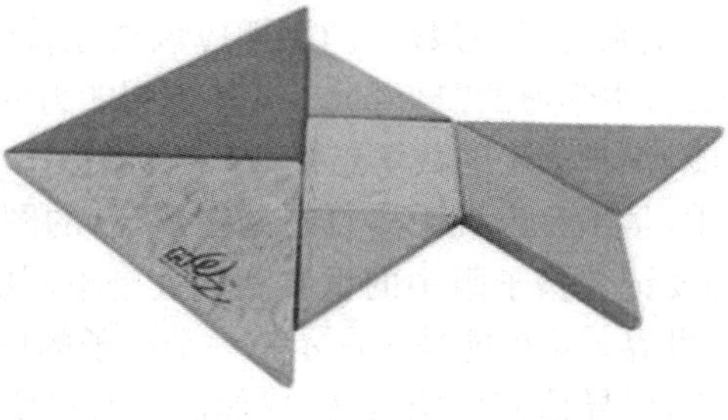

图5-14　七巧板拼的金鱼

生 4:我拼的是帆船(图 5-15)。

图 5-15 七巧板拼的帆船

…………

师:同学们,我们这节课学了什么呀?

生:七巧板。

师:你们学得开心吗?请同学们把七巧板收好,回家以后用七巧板拼出你们最得意的作品,给爸爸妈妈瞧瞧!

教学反思

一是在动手操作中培养空间观念,激发学生对数学文化的兴趣。

在本节课的教学活动中,动手是关键。没有学生的动手操作,一堂课就失去了灵魂。一年级学生的天性是活泼好动,在教学中要顺应这一特点,大胆放手,让学生去拼一拼、摆一摆,在拼摆活动中感受到七巧板的魔力。教师的引导也是十分重要的,注意引导孩子先进一步熟悉三角形、正方形,初步认识平行四边形,通过"重叠"等方法比较图形的大小,积累数学学习方法。试一试活动,从简单开始,激发学生的动手兴趣,也是在落实"熟悉三角形、正方形"学习目标。在练习活动中,通过"拼一拼,想一想""拼一拼,听一听""拼一拼,说一说",循序渐进、逐步加深地锻炼学生的动手能力,培养初步的空间观念。

二是要因材施教,承认差异,尊重不同学生对数学的不同理解。

一年级学生的动手能力不强,空间观念薄弱,而且不同学生的思维水平和实践能力也存在很大差异。在教学活动中,要面向全体,对动手能力强的学生,给予充分表扬,让他们拼出更多、更美的图形;对动手能力差的学生,要予以鼓励,允许他们模仿,学会欣赏他们每一件童真的作品。对于一年级学生来说,学习数学的兴趣应该放在首位,在课堂动手环节,给他们一个自由结合、自由想象、自由学习的"自由世界",使不同能力的学生都得到发展。

三是要激发学生的潜能,保护学生的数学想象力。

在拼摆七巧板的活动中,学生会出现千姿百态的图形,有的图形可能会很形象,有的图形可能不会太像,但是教师要记住孩子眼中的世界和成人是不同的。他们通过想象摆出的图形,恰恰是他们最真实的世界。尽可能地去展示每一个孩子的作品,是对他们想象力最好的保护。教师在交流活动中,引导他们大胆表达,将他们的所思所想用语言表达出来,激发他们潜在的创新能力。能激发每一个人的兴趣和潜能,这恰恰是七巧板的智慧所在。

走进课堂中的数学文化之美
——“动手做(一)”教学实践与思考

课前思考

古希腊的柏拉图把数学视作人类文化的最高理想。数学作为人类文化的一个重要的成分,在各个领域具有重要价值,与人们的社会生活息息相关。数学学习中丰富多彩的几何图案、动手实践的探究经历、思维训练的理性逻辑、创新发现的成功价值、薪火相传的历史渊源,构建了数学神奇而迷人的独特文化。数学知识会改变,而数学文化历久弥深,影响着一代又一代人。小学生打下数学知识基础的同时,也要打下数学情感、兴趣的基础,让数学文化在孩子心中扎根发芽。教师在课堂教学中要有数学文化教育意识,把数学文化融入数学学习之中,循循善诱,润物无声。

“动手做(一)”是北师大版小学数学一年级下册第四单元“有趣的图形”的第二课时,在第一课时“认识图形”中学生对简单的平面图形有了一定的认识,在此基础上,以动手操作的形式开展本节课的学习活动,加深学生对平面图形的认识,培养他们辨认图形的能力,锻炼动手能力,让学生在实践中体会数学的应用价值。教师要发挥数学文化的育人功能,把数学的学习经历和数学文化有机结合起来,培养学生欣赏美、创造美的能力,锻炼动手探究理性思考的逻辑思维,体验实践创新的快乐体验,将塑造学生成有品位、有情操的人。

教学目标

(1) 通过折纸、剪拼等活动,进一步认识平面图形,初步感知平面图形的特征。

(2) 通过操作活动,积累数学活动经验。

(3) 培养初步的空间观念和动手操作能力。

教学实践

一、创设情境,欣赏数学之美

师:同学们,欢迎来到“图形王国”。“图形王国”的小伙伴们在向我们打招呼呢,我们也和它们打个招呼吧!

教师出示课件,如图 5-16 所示。

生 1:长方形,你好啊。

生 2:三角形,早上好。

生 3:圆形,很高兴见到你。

…………

图 5-16 “图形王国”

师：这些平面图形见到你们特别兴奋，它们列队欢迎你们呢。

教师出示课件，如图 5-17 所示。

图 5-17 用平面图形拼成的图案

师：这些图是由我们学过的哪些平面图形组成的？谁来指一指、说一说？

生 1：第一幅图由 3 个圆形、6 个三角形组成。

生 2：房子中有三角形、长方形，还有正方形。

生 3：第三幅图是轮船，它是 3 个三角形、2 个长方形组成。

在这个教学环节中，通过“图形王国”情景的设计，调动了学生学习的积极性，既复习了学过的知识，又为新课的学习做了铺垫。学生在生动活泼的氛围中，加深了对几种基本图形，通过辨认有趣的组合图案，既提高了学生的观察分辨能力，又让学生感受到数学几何图案的独特之美，进一步激发了学生探究的欲望。

二、动手操作，探究数学之美

（一）活动一：折一折，剪一剪

师：同学们，请拿出一张正方形的纸，把它折成一样的两部分，应该怎样折呢？折好后，请说说它发生了什么变化。

生1:它变成了两个一样大的三角形。

生2:它变成了两个一样的长方形。

师:咦,都是正方形,怎么有的变成长方形,有的变成三角形?让老师看看你们是怎么折的。谁来给大家展示一下?

生1:我是横着折的。

师:上下对折。

生2:我也是折成两个长方形,但我是竖着折的。

师:左右对折。

生3:老师,我折的方法不一样,我是这样斜着折的。

师:你可真聪明。

师:(拿起一张纸示范)有的同学是沿对角折的,有的是对半折的,是吧?

生:是。

师:还有别的折法吗?老师这里有一种不同的折法,请同学们看一看。

教师出示课件,如图5-18所示。

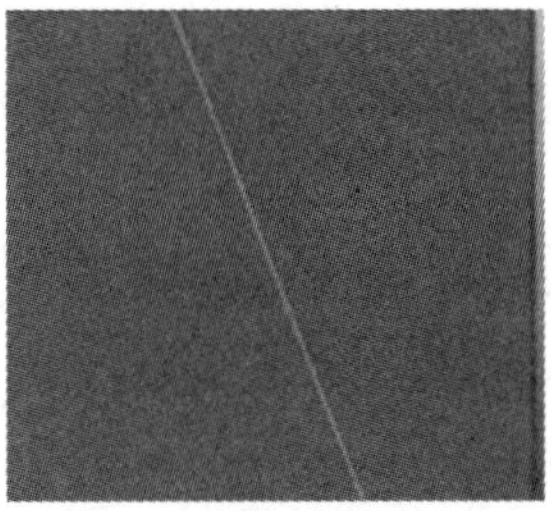

图5-18　正方形对折示意图

师:请同学们动手试试看。

师:请同学们沿着折痕剪下来,比一比、看一看,自己折的两部分是不是一样大。

一年级学生思维是浅层次的、直观的,教师的示范和提醒是必要的。这样,才能打开学生的思维,提高学习的新鲜感。

教师出示自学要求:把课前准备的长方形、三角形、圆形的纸按照刚才的方法分别折成一样的两部分,怎么折?学生自主活动,然后用多媒体展示学生的作品(图5-19)。

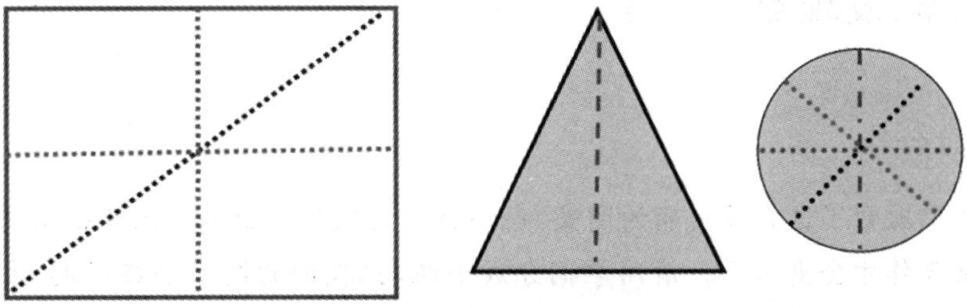

图5-19　学生作品展示

师:谁来汇报一下你是怎么折的?

生1:我把三角形折成了两个更小的三角形。

生 2:我把长方形折成了两个小长方形,还可以折成两个三角形。

生 3:圆变成了两个半圆。

师:你是怎么折成两个半圆的? 还有别的折法吗?

生 3:有很多种折法。

师:(拿着纸比画)我们无论从哪里对折,折出的两个半圆形状大小都是一样的。

师:现在请同学们沿对折线将这些图形全部剪开。

学生根据教师的要求剪纸。

(二) 活动二:拼一拼,说一说

师:我们有了这么多的图形,可以用它们来干什么呢? 想一想。

生 1:(举着一张三角形纸)把它涂成红色,就变成了一面小红旗。

生 2:(举起一张长方形纸)给它上面画图,就变成了一扇防盗门。

生 3:把两个三角形拼在一起,就变成鱼了。

师:还有其他的吗?

生:用一个半圆、一个正方形可以拼成房子。

…………

师:同学们想的办法真好,那我们就利用剪出的图形拼一种自己喜欢的图案。比一比哪位同学做得最美? 最有创意?

生 1:我拼的是仓库,房顶是三角形,墙是长方形。

生 2:我拼的是松树,里面有三角形,还有长方形。

生 3:我拼得像个小蘑菇,上面是半圆,下面是长方形。

…………

学生在动手折纸的活动中,试图采用不同的方法去尝试、去实践,在自主探索中初步体会三角形、长方形、圆形等基本平面图形的特征,尽管这些认识是笼统的、模糊的,但是学生积累了感性认识,为进一步学习打下了基础。在"拼一拼"的活动中,学生的兴趣更加高涨,他们发挥想象力拼出了形态多样的物品;汇报交流时让每一位学生充分表达自己的想法,使学生乐学、善学,培养了学生的空间想象。当作品展示出来的时候,学生意识到简单的数学图形可以构造出美丽的图案,数学之美原来也这么感性。

三、拓展思维,发现数学之美

(一) 小组合作

师:刚刚我们欣赏了这么多美丽的图案,也知道了它们都是由不同的基本图形组合而成的。所以,团结合作才会更出色。请同学们分成小组,把我们的图形拼在一起,大家一起开动脑筋,看看能不能拼出更多精美的图案。(小组合作,教师巡视指导)

小组合作的方式培养了学生团结协作的意识,增强了竞争意识,完成的作品美观程度也明显提高,学生在活动中感受合作的重要性,进一步感受到平面图形的特征及图形之间的联系,培养了他们的空间观念。

（二）折飞机

教师出示课件：折飞机的步骤（图 5-20）。教师带着学生一起折飞机，并要求学生说出折的过程。注意：学生的折法可以与课件不一致。

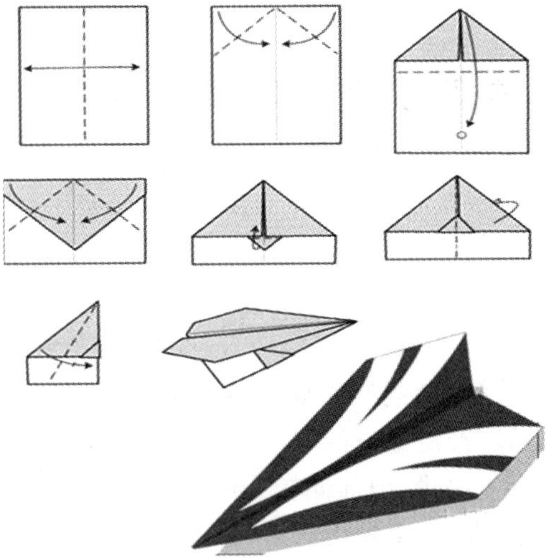

图 5-20　折飞机的步骤

低年级学生的思维以形象直观为主，感性的、美丽的图案激发了学生的学习兴趣，为思维的进一步发展打下基础。好玩，是孩子们的天性，折飞机是学生们特别喜爱的一项活动，放手让他们在玩中学、学中玩，符合低年级学生的认知特点。教师引导学生在活动中汲取知识，感受数学学习的快乐，经历成功的喜悦，体验数学的价值，发现数学之美。

四、实践作业，感受数学之美

学完这节课，学生们仍然沉浸在动手的兴奋之中，教师可以趁热打铁布置一项实践作业：利用拼一拼、剪一剪的方式，把平面图形组合成美丽的图案，办成一张手抄报。然后教师把学生的数学手抄报张贴在教室后墙位置，一方面可以美化教室，另一方面提高了学生学习数学的热情，让他们欣赏自己的劳动成果，感受数学带来的实用价值。

课后反思

《数学课程标准（2011 年版）》指出：数学是人类文化的重要组成部分，数学素养是现代社会每一个公民应该具备的基本素养。数学文化在学生的成长历程中发挥着不可替代的教育影响，数学外在的形式美陶冶了人们的情操，内在的规律、定义、法则等逻辑之美培养了人们的理性、规则意识，解决生活问题的探究过程求真之美，启发了人们的创新思维。作为数学教师，要注意挖掘教材，领悟数学知识中蕴含的数学思想、数学文化，注重文化的育人功能，把数学知识和数学文化有机结合，渗透学生学习的全过程，让学生在自主合作的模式下，在轻松愉快的学习氛围中，动脑思考、动手操作，探究数学之美，发现数学之美，感受数学之美。

第二节 二年级数学文化课例

了解人民币的发展史，感悟人民币的魅力

——“买文具(认识小面额人民币)”教学实践与反思

课前思考

1948年12月1日，中国人民银行宣告成立，发行第一批人民币，标志着我国第一套人民币正式诞生。历时75年，随着经济建设的发展以及人民生活的需要而逐步完善和提高，中国人民银行至今已发行五套人民币，但前四套人民币大多已经停止流通。现在学生们接触到的小面值人民币以1元、5角、1角硬币居多，而1元、2元、5元纸币较为罕见，而1分、2分、5分硬币和1分、2分、5分、1角、2角、5角纸币更是少见，所以教师在教学中可以将向学生简单介绍人民币的发展史，让他们从中感受到国家和民族兴盛的过程，感受人民币的实用价值，懂得爱护人民币，珍惜每一分钱。

教学目标

(1) 学生在买文具活动中认识人民币，了解人民币的发展史，了解人民币上图案中的传统文化，认识小面额的人民币，知道元、角、分之间的相互关系，如1元=10角，1角=10分。

(2) 通过购物过程，感受1元的实际价值；会进行简单的计算，积累购物经验。

(3) 了解人民币与日常生活的密切联系，感受人民币实用价值，懂得要爱护人民币，学会节约用钱。

教学实践

一、情境导入

师：今天这堂数学课，我们的好朋友淘气和笑笑也来了，他们俩想和我们一起到文具店买文具，你们欢迎吗？

生：欢迎！

师：同学们，平时去文具店买东西时要用到什么？

生：钱。

师：是的，钱可是个好东西呀！我们买吃的、玩的、穿的、用的……都要用到它。美国的钱叫美元，英国的钱叫英镑……，咱们中国的钱叫什么呀？

生：人民币！

师：今天，咱们就来认识小面额人民币。[板书：买文具(认识小面额人民币)]

二、了解人民币发展史

(一) 面额虽小，文化底蕴却深厚

师：同学们，课前老师让你们向爷爷奶奶了解下他们小时候使用过的钱都有哪些面额的？这些钱都能买到什么？这些人民币上都有哪些数学文化？

生1：有1分、2分、5分、1角、2角、5角、1元、2元、5元、10元的。

生2：1分、2分钱能买根冰棒，5分钱能买个鸡蛋……

生3：钱币上有天安门、麦穗、飞机、水电站……

师：人民币上的各种精美图案反映了当时的社会主义建设风貌，如人民币上的交通运输工具有汽车、飞机、轮船，以及工人、农民劳动场景等。

(二) 在欣赏人民币发展史中感悟它的魅力，学会珍惜每一分钱

师：人民币在我国货币文化历史中占有重要地位。中华人民共和国自发行人民币以来，至今已发行五套人民币。关于人民币，你们都了解些什么呢？

生：认识1元、5角、5元、10元、100元。

教师出示课件：人民币的发展史。

(1) 第一套人民币。1948年12月1日，中国人民银行成立并发行人民币。共有1元、5元、10元、20元、50元、100元、200元、500元、1000元、5000元、10000元、50000元12种面额62种版别。

师：第一套人民币面值很大，当时新中国还没成立，是战争结束后通货膨胀所致。

(2) 第二套人民币。1955年3月1日开始发行，同时收回第一套人民币。第二套人民币共有1分、2分、5分、1角、2角、5角、1元、2元、3元、5元、10元11个面额。第二套人民币主景图案集中体现了新中国社会主义建设的风貌，展现了中国共产党革命的历程和各族人民大团结的主题思想。

师：第二套人民币面值最小的是1分，最大的是10元，这套人民币的发行，对我国经济建设发挥了重要作用。

(3) 第三套人民币。1962年4月20日发行，共有1角、2角、5角、1元、2元、5元、10元7种面额13个版别。

师：第三套人民币票面设计图案比较集中地反映了当时中国国民经济以农业为基础，以工业为主导，工农轻重并举的方针。制版过程中，精雕细刻，机器和传统的手工相结合，图案、花纹线条精细。

(4) 第四套人民币。1987年4月27日发行，共有1角、2角、5角、1元、2元、5元、10元、50元、100元9种面额。

(5) 第五套人民币。1999年10月1日发行，共有1角、5角、1元、5元、10元、20元、50

元、100元8种面额。

师：第五套人民币根据市场流通需要，增加了20元的面额，取消了2元的面额，面额结构更加合理。第五套人民币借鉴了国外钞票设计的先进技术，在防伪性能和适应货币处理现代化方面有了较大提高。

师：通过观看人民币的发展历程，你们有什么想说的？

生：人民币的种类真多，真好看，我们要爱护它。

三、认识人民币

（一）认一认，填一填（认识小面额的人民币）

师：通过了解人民币的发展史，同学们现在对人民币一定有了新的认识，现在请大家认一认课本第10页中的不同面值的人民币吧！

生：我认识了里面的5元、2元、1元、5角。

生：我认识了2角、1角、5分、2分、1分。

师：现在请你利用附页1中的人民币模型，把你认识的人民币向同桌介绍一下，说一说人民币上都有什么，自己是通过什么方法来认识这些人民币的。

生：人民币上有数字、人像，我是通过刚才学习人民币发展历史知道的。

生：还有国徽，我是在人民币上看到的。

师：人民币上的学问可多了，比如国徽是我们国家的标志，同学们要爱护它，不能在人民币上乱涂乱画，更不能损坏人民币。

（二）认识元、角、分

师：你能把书上列出的人民币进行分类吗？

生1：有硬币和纸币。

生2：5元、2元、1元为一类；5角、2角、1角为一类；5分、2分、1分为一类。

师：元、角、分是人民币的单位，那你知道元、角、分之间的关系吗？

生3：1元等于10角，1角等于10分。

（三）用钱购物并找零

用1元买1把尺子，应找回多少钱？

师：在生活中有时候我们没有正好足够的零钱，就需要付整钱后再由售货员找回零钱。这样的问题你能解决吗？

师：如果一把尺子的价格为8角，那你付1元，应找回多少钱？

生：应找回2角，因为1元等于10角，减去8角，还剩2角。

（四）钱的用途

师：如果你有1元，正好可以买哪些物品呢？在小组内交流你的想法，然后汇报。

生：可以买2支铅笔，或者1把尺子和1块橡皮。

师：同学们真厉害，不但认识了小面额人民币，而且会进行简单的购物了。

四、巩固练习

完成教材中“练一练”1～3题。

五、师生总结

师：通过今天的学习，同学们认识了小面额的人民币，了解了人民币的发展历史，随着国家的富强，人们生活水平的提高，我们使用的人民币也在不断地变化，虽然现在1分、2分、5分、1角、2角很少使用，但我们依然要珍惜、爱护每一分钱。我们要多了解人民币上的文化。特别提醒：用过人民币后要记得洗手。

师：说一说你的学习收获吧！

生1：我认识了1分、2分、5分的人民币。

生2：我想收藏1分、2分、5分的硬币。

生3：我想拥有一张2元的人民币。

…………

课后反思

一是了解小面额人民币，感受其价值与深厚的文化底蕴。

本节课教学前，教师可让学生向爷爷奶奶了解他们小时候使用过的人民币，学生通过了解，知道了当时人民币的面额有1分、2分、5分、1角、2角、5角、1元、2元、5元、10元，并知道了当时每种面额人民币的价值，以及人民币上图案的意义。通过这一活动，学生对小面额人民币有了初步了解，也感受到爷爷奶奶那个年代生活的艰苦，从而对小面额人民币产生了认识的兴趣。再通过介绍人民币的发展史，学生很轻松地由对1分、2分、5分人民币和1角、2角纸币的陌生变熟悉了，进一步认识了这些小面额的人民币。

二是了解人民币的发展史，改变了学生的思想认识。

课前通过与学生的谈话了解到现在有的孩子见到地上掉的1角钱都不捡了，因为1角钱很多地方都用不了。而通过本节课的学习，大部分学生认识到了人民币的重要性，表示再见到地上丢的人民币会主动捡起来拿到学校交给老师，还有的孩子要收藏1分、2分、5分这样小额的人民币。

三是传承美德，从珍惜每一分钱开始。

在教学中渗透人民币的发展史，学生既能了解人民币的发展变化，也能从不同面额人民币上的图案了解到当时的社会发展情况，从而逐渐明白人民币的重要作用，知道人民币版本与面额的变化是为了满足各时期经济社会发展的不同需求。能让学生明白虽然国家越来越富强了，人们的生活水平提高了，1分、2分、5分这类小面值人民币几乎已经不使用了，1角钱也只能在超市用到，但我们依然要珍惜每一分钱，因为勤俭节约是中华民族的美德。

谈古论今，彰显趣味课堂

——“玩一玩，做一做”教学实践与反思

课前思考

《数学课程标准》强调在小学课程中要注重学生基本经验的积累，而数学基本经验不能传递，不能通过训练获得，必须由本人感悟。对于低年级小学生而言，往往在动手操作中更能激发他们的思考。这是因为在操作讨论中，学生处于积极主动的学习状态，反而能出现思维的碰撞。本节课学生们在“玩一玩，做一做”中积累认识图形的经验，真正领略到数学的无穷魅力——趣味性、严谨性、逻辑性、有序性等。同时，我们又可以潜移默化地给学生渗透一些数学思维、数学知识以及数学传统文化，以此培养学生的观察能力、语言表达能力，增加学生的学习自信心，增强学生的民族自豪感。中国传统文化源远流长，在这五千年的历史长河中，我们的祖先为我们积累了璀璨的数学传统文化。我们该怎样把这些宝贵的文化教给学生呢？下面我们就以“玩一玩、做一做”为例，一起来探究。

教学目标

（1）结合游戏活动，初步感知平移和旋转现象。

（2）学生能够自己动手解决图形或物体平移、旋转的运动问题。

（3）在数学学习过程中，体验获得成功的喜悦。

教学实践

一、情景引入，了解背景

动画视频引入，并引导学生思考：关羽最后有没有放曹操逃出华容道？（播放视频）

设计意图：三国故事是我国传统文化故事，发生在华容道的三国故事对二年级的学生来说，有一定的理解难度。本节课采用播放动画视频的方式导入，在引起学生兴趣的同时，帮助学生了解华容道里面的人物关系，为学习华容道游戏棋做好充分准备。

二、以生为本，分层探究

（一）活动一：“玩一玩”——探究平移现象

1. 出示课件，呈现规则

师：下面我们来玩一玩由三国故事改编的华容道游戏。

教师出示游戏规则(图 5-21)。

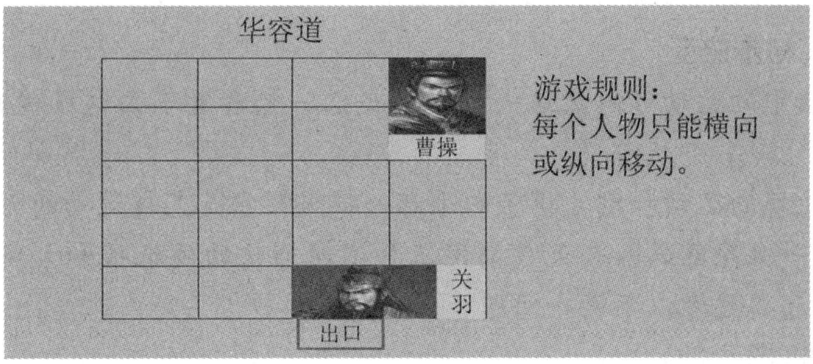

图 5-21　华容道游戏规则 1

师：你们看懂游戏规则了吗？请大家交流一下。

师：你们能用手势比画一下怎样是横向移动，怎样是纵向移动吗？

2. 初次探究，积累经验

师：现在按照游戏规则，谁能帮曹操逃出华容道？

生 1：因为关羽挡在出口处，所以要先把关羽向左移动。

师：只把关羽向左移动一格，你说的是这样吗？

生 2：不对，他没有把话说明白，应该说把关羽向左移动两格。这里要说出把谁向哪移动了几格，也就是要把话说完整。

师：总结得很好，那么按照这种说法，曹操应该怎样移动呢？

3. 适度放手，自主探究

师：刚才经过大家的努力，我们顺利地救出了曹操。现在兵力增加了，根据游戏规则，你还能把曹操救出来吗？

教师出示课件(图 5-22)。

图 5-22　华容道游戏规则 2

学生自主玩游戏棋，尝试救出曹操。教师巡视，反馈交流。

设计意图：由于华容道里的人物较多，所以这里进行了分层设计：先出示曹操和关羽两个人物，让学生通过练习，熟悉游戏规则，积累经验。再在此基础上增加人物，提升游戏难度，适时让学生自主探究，大胆尝试不同的解决方法，锻炼学生的动手操作能力、语言表达能力和数学思维能力。最后联系生活实际，说一说生活中的平移现象。

(二)活动二:"做一做"——探究旋转现象

1. 动手制作,初步感受

师:其实,生活中的运动可不止这一种哦。我们一起看看下面这段视频吧!(教师播放陀螺旋转视频)

师:同学们,陀螺的运动和刚才棋子的平移一样吗?它是怎样运动的呢?

师:你想拥有一只陀螺吗?今天我们用三种不同形状的硬纸板和火柴棍制作陀螺。在制作过程中,我们还要思考以下两个问题。

教师出示课件(图5-23)。

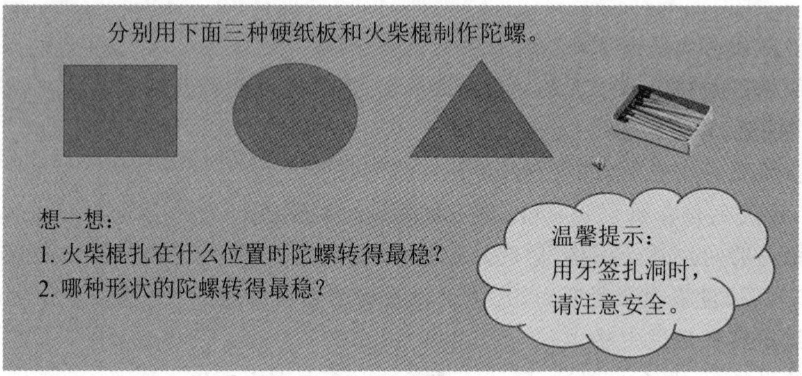

图5-23 思考题

师:请组长打开信封,四人一组,先讨论一下,然后动手做一做。

孩子们动手操作,教师巡视指导。

师:大家都成功地做出了陀螺。现在请同学们在小组内比一比,看看谁的陀螺转得最久?

2. 引导探究,交流发现

思考:火柴棍扎在什么位置时陀螺转得最稳?哪种形状的陀螺转得最稳?

设计意图:以陀螺小视频激发学生探究的欲望,顺势引导思考:陀螺的运动和刚才棋子的运动一样吗?然后引导学生动手做陀螺,制作的过程是对学生动手能力的锻炼过程,通过讨论交流,进一步让学生感受旋转现象。

三、联系实际,拓展应用

(一)"超级小司机"

师:华容道来源于中国古代的三国故事,我们现在也有一款类似的游戏,它就是"超级小司机"(图5-24)。请大家在小组内玩一玩、说一说。

学生合作完成,交流反馈。

师:真是一位勇敢的小司机!现在难度升级了,你还能把小车驶离出口吗(图5-25)?

学生实践操作,汇报交流,评选班级里的超级小司机。

设计意图:因为有了华容道游戏的经验,学生对于平移的方法已经掌握,通过这个"超级小司机"游戏让学生大胆去尝试,增加了他们学习的兴趣和信心。

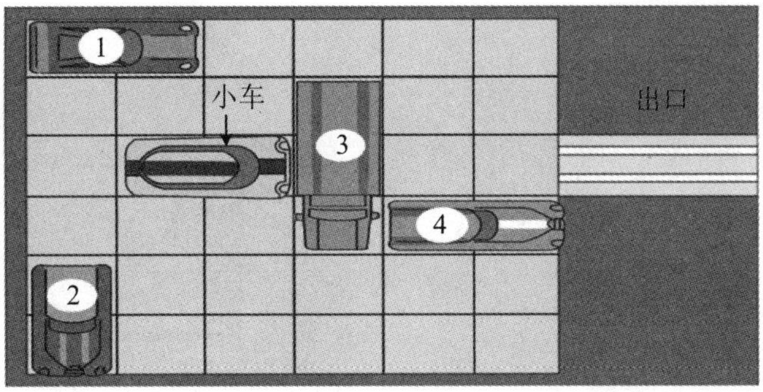

图 5-24　"超级小司机"游戏

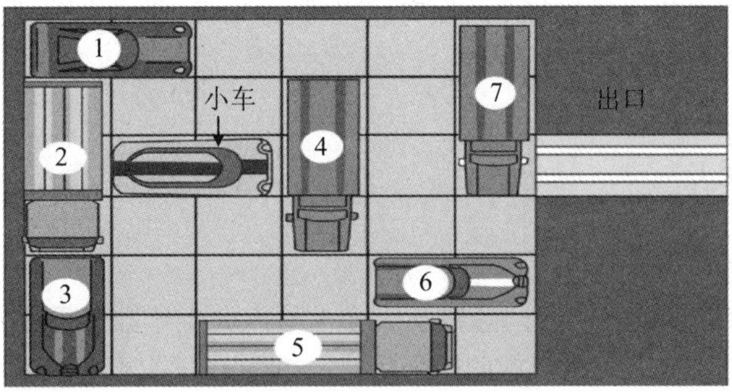

图 5-25　"超级小司机"升级后界面

(二)"放飞竹蜻蜓"

师:多么美丽的陀螺呀!这些美丽的陀螺让老师想起了童年。那时候,还有一种玩具也是老师非常喜欢的,就是竹蜻蜓。

师:今天老师用纸做了一个竹蜻蜓。想把它放飞吗?请同学们仔细观察竹蜻蜓的翅膀是怎么运动的。

学生们自由放飞竹蜻蜓,感受翅膀的运动。

设计意图:"放飞竹蜻蜓"这个传统而又有意义的活动,激起了学生们的兴趣,也将课堂氛围推向了高潮,学生们在课堂上发出阵阵惊叹,增加了他们对旋转现象的感受和认知。

四、微课小结,回归生活

师:同学们,这节课我们玩的这些游戏,它们的运动现象一样吗?

教师出示微课小结(图 5-26)。

五、课堂总结,评价交流

师:这堂课我们在"玩一玩、做一做"中有什么收获?

师:在平时的生活中,只要你们有一双善于观察的眼睛,一定会发现生活中处处有数学,更能领略到数学的美和乐趣。

图 5-26 微课小结

设计意图:引导学生回顾整节课的探究过程,梳理知识,联系生活,发散学生思维,感受数学的美。

课后反思

一是“素材有趣”。

著名数学大师陈省身在一次国际数学大会上给广大少年数学爱好者题词——数学好玩。的确,数学学习应该是充满乐趣的探究活动,本节课是学生第一次接触“图形的运动”学习内容,教学内容以游戏活动为主,在活动中让学生经历活动过程,积累图形运动的活动经验。根据低年级学生的年龄特点和认识规律,整节课“以游戏为主线,以有趣为基调”贯穿课堂始终,学生充满探究的热情,无论是感受平移现象的“华容道”游戏棋、“超级小司机”游戏,还是领悟旋转现象的“旋转的陀螺”“放飞竹蜻蜓”等活动,整节课的学习都充满了乐趣,学生乐于融入课堂,实现了在“玩一玩,做一做”中积累经验、学习知识的学习目标,真正感受到“数学真的很好玩”。

二是“探究有序”。

学生通过课堂活动,积累了平移和旋转两种图形运动的活动经验,各个环节环环相扣,层次清晰,循序渐进。比如第一个环节“华容道游戏”,在教材编排的基础上,教师对教材进行了创造性的二次加工:首先呈现的棋盘上只有“关羽”和“曹操”两个人物,利用这一简单的情境,帮助学生理解“横向”“纵向”移动的意思,并且引导学生进行完整的表述,锻炼他们的语言表达能力;在此基础上,呈现教材中的游戏内容,当人物增多之后,学生的表现依然游刃有余。纵观学生的学习过程,教师对教材进行了创造性的使用,引导学生经历了一个有序的探究过程。

三是“课堂有生”。

“学生才是课堂的主人。”学生专心致志地观察,全神贯注地操作,心无旁骛地思考,开心抒怀地大笑……这样的课堂才是我们所追求的课堂,因为“在课堂中,我们看得到学生”。而要做到“课堂有生”,首先要做到“心中有生”。本节课教师从学生的角度和立场出发,以学生的视角观察文本,课堂上始终把为了学生、相信学生、依靠学生摆在突出位置,充分调动、启发学生。例如,在学生积累了初步的平移知识经验时,教师适时引导,并设计了一些问题,体现了教师的教学理念，而问题答案的获得也是学生交流探究的结果，在交流探究的过程中，学生的智慧获得了发展。

四是“数学有美”。

数学从来不缺乏美，缺少的只是发现美的眼睛。数学的美，美在课堂或紧张激烈的探究风暴，或宁静流淌的思考氛围；美在学生或工整严谨的语言表述或准确无误的操作示范；美在教师的一个鼓励的眼神；美在学生不断修正错误、不断探寻知识的发现历程……当然，数学的美更在于课堂上的每一个学生。当学生们一个个手举竹蜻蜓，齐声放飞、欢呼跳跃的时候，一幅美丽的画面在教室里定格，每一个学生都变成了一道不可替代的风景线，这时候再看，数学真的挺美的！

五是“渗透传统文化”。

数学传统文化一直有着无穷的魅力，使人向往和着迷。本节课以三国故事引入，通过对故事的简化，让学生们明白了项羽和曹操之间的恩怨情仇。陀螺和竹蜻蜓，承载了很多人的童年回忆。而这些美妙只有置身其中，才能真正地领悟到它的美和乐趣。当学生们真正动手去做陀螺，看着自己的陀螺在桌子上稳稳地转动时，这一刻，他们是成功的，是快乐的，是幸福的，他们一定能够领略陀螺的神奇，理解陀螺中蕴含的数学知识；当学生一起放飞竹蜻蜓时，满天的竹蜻蜓在空中自由自在地飞翔，他们也许会想象自己开着一架直升机在空中遨游，这样的画面会永远定格在学生们的脑海中。

在欣赏与操作中，感受剪纸艺术的魅力

——“折一折，做一做”教学实践与反思

课前思考

“折一折，做一做”是结合有趣的剪纸活动，让学生初步感知生活中的轴对称现象。剪纸是中国古老的民间手工艺，历史悠久，风格独特，深受国内外人士的喜爱。逢年过节或新婚喜庆，人们把美丽鲜艳的剪纸贴在雪白的窗纸上或明亮的玻璃窗上、墙上、门上、灯笼上，节日的气氛便被渲染得格外浓郁喜庆。但是随着电脑信息技术的发展，人们开始使用电脑绘画，对于剪纸这一传统手工活动学习的人越来越少了，因此，本节课的教学中将这一传统手工艺发展历史介绍给学生，让学生了解剪纸这一中华民族传统文化，陶冶学生的情操，培养学生的想象力和创造力，促进审美能力的提高，让他们感受到数学文化的魅力，从而爱上剪纸艺术。

教学目标

(1) 结合有趣的剪纸活动，初步感知生活中的轴对称现象，感受对称美。

(2) 在活动中发展初步的空间观念，培养学生的动手操作能力。

(3) 了解我国的剪纸艺术起源与发展，感受中华传统文化的光辉与灿烂，激发学习兴趣。

教学实践

一、欣赏民间传统文化剪纸艺术视频,引入新课

1. 播放视频——"剪纸的起源与发展",初步感知剪纸艺术的魅力

师:同学们,今天老师给你们准备了一段精彩的视频,请欣赏"剪纸的起源与发展"。

师:好,视频播放完毕,请大家谈谈感想。

生:是关于剪纸的视频,剪得很好看、很美。

2. 介绍剪纸艺术的广泛应用,感受传统文化的价值

剪纸是我国古老的传统民间艺术,就是用剪刀将纸剪成各种各样的图案,如窗花、门笺、墙花、顶棚花、灯花等。它历史悠久,风格独特,距今有2000多年的历史。2006年5月20日,剪纸艺术遗产经国务院批准被列入第一批国家级非物质文化遗产名录。这种民俗艺术的产生和流传与我国农村的节日风俗有着密切关系,逢年过节或新婚喜庆,人们把美丽鲜艳的剪纸贴在雪白的窗纸上或明亮的玻璃窗上、墙上、门上、灯笼上,节日的气氛便被渲染得非常浓郁和喜庆。

师:同学们,我国古代的劳动人民是不是心灵手巧?

生:是的。

师:他们剪出的图形漂亮吗?

生:漂亮。

师:剪纸艺术从古至今一直深受国内外人士的喜爱,你们喜爱这一艺术吗?

生:喜爱。

生:我也想学着剪几个。

师:好,这堂课我们就来动手剪一剪吧。

二、自主尝试:在"剪一剪"活动中感受古人的聪明才智

1. 动手操作

师:视频中那些复杂的剪纸,我们暂时就不挑战了,我们先从简单的入手吧!

教师出示课本中淘气和笑笑在手工课上剪出的四个图案,并请学生自己尝试剪出图案,再交流。

生1:先对折然后剪。

生2:直接剪。

2. 指导剪小衣服

师:同学们,刚才尝试剪的时候,有的同学是先对折再剪,有的同学是直接剪的,谁剪得更好看?

生:先对折再剪好看。

师:现在我们就先对折,画出小衣服的一半,再沿着所画的线剪下来,动手重新剪一次吧!

学生动手剪，展示交流。教师用课件展示，并小结方法，即对折→画图→剪纸→打开。

3. 选择其他的图案再剪一个

教师出示 3 种图案，让学生自主选择自己喜欢的图案来剪。

4. 说一说操作中要注意的问题

生：对折一定要对齐，描线很重要；要细心一些，不要剪坏了；要注意剪刀不能剪到手。

三、巩固练习

(1) 完成练一练第 1 题。

先让学生看图，看懂后再动手剪一剪，之后再展示自己的作品。

(2) 完成练一练第 2 题。

让学生思考：要想剪出一个红“十”字、“中”字，应该怎样折纸？折后又该怎样剪？想好后，让学生动手试一试。

生：对折两次，然后剪成 L 形。

学生展示自己的作品。

(3) 完成练一练第 4 题。

学生独立完成后并汇报。

(4) 完成练一练第 5 题。

尝试分三步：

第一步：先把一张纸对折，然后用彩笔画出第一幅图中兔子的一半。

第二步：用针沿着刚才的轮廓线打眼，把这幅图的图案“印”在纸的另一半。

第三步：将对折的纸打开，就会形成一只可爱的小兔子。

四、总结

(1) 说一说剪纸的方法和剪纸过程中要注意的问题。

生 1：对折一定要对齐，描线要像，剪时要细心，不能剪坏了。

生 2：要注意不能伤到手。

(2) 说一说你的学习收获。

生 1：我知道剪纸是我国的民间手工艺，很美。

生 2：我要好好学习剪纸，剪出许多漂亮的图案。

…………

课后反思

一是在欣赏中感受剪纸艺术的美。剪纸这一民间艺术有着 2000 多年的历史，它有着独特的风格，优美形象。一把剪刀、几张纸就能描绘出美好生活。本节通过播放剪纸的起源与发展视频，让学生了解到我国民间艺术的博大精深，激发学生的学习兴趣和对剪纸艺术的喜爱，为发扬剪纸艺术奠定基础。

二是在传统文化的熏陶中产生兴趣。学生对剪纸艺术了解得越多，就会越喜爱这一门艺术，当有了浓厚的兴趣后，就会主动运用感官去看、去想、去动手，这样才能促进其剪纸潜能得到开发，才能创作出好的作品。

三是在动手操作中体会剪纸艺术的伟大。新课标指出："数学教学是数学活动的教学。"本节课在介绍我国民间传统手工艺术剪纸后，让学生动手折一折、画一画、剪一剪，在这些活动中逐步领悟到剪纸艺术的伟大，在欣赏同伴作品中，感受到图形的对称美，学会欣赏数学美，体验数学的价值，激发学生对数学学习的积极情感，从而激发其创作的欲望。

从古诗说起

——"有多少个字"教学实践与反思

课前思考

二年级学生生活经验比较少，对数量较多的事物缺乏感性认识，估算起来有一定的难度，所以本节课的教学建立在学生已有的知识和经验基础上进行。本节课用朗朗上口的古诗导入，在激发学生学习兴趣的同时使学生初步感受"以少估多"的方法；在"探究新知"部分，用学生感兴趣的史料作为探究的主题，激发学生的学习兴趣，有效地提高了学习效果，使学生掌握了"以部分估整体"的策略；在"学以致用"部分，引导学生解决生活中的问题，让学生体会学习数学的价值。

教学目标

（1）经历估计活动的过程，初步体会估计策略，积累估计的经验，并在估计过程中发展数感。

（2）结合具体情境开展估计活动，体会估计在生活中的作用。

（3）通过"估一估"的活动，逐步培养学生树立学习的信心，让其体会到学习数学的乐趣，培养学生的逻辑思维能力和应用数学知识的能力。

教学实践

一、朗读古诗，感知方法

师：今天老师给大家带来一首古诗，咱们一起读读吧！（出示课件）

小儿垂钓

唐 · 胡令能

蓬头稚子学垂纶，侧坐莓苔草映身。

路人借问遥招手，怕得鱼惊不应人。

师：你们知道这首诗的意思吗？

生1：一个小孩侧坐在青苔上钓鱼，有人问路，他老远就招手示意，唯恐鱼儿被吓跑……

师：你们觉得这个垂钓的孩子怎么样？

生2：做事认真、可爱……

师：读完这首诗，你们能想象出当时的情景吗？

生：能！这个小孩头发蓬松……

师：诗人是用多少字来描写这个场景的？

生1：有28个字，我是一个一个字数的。

生2：我是算出来的，一行有7个字4行就是28个字。

师：你们觉得哪种方法比较好？

生：第二种方法好，简便。

师：我也觉得这种方法好，只要数出一行有多少个字，再乘以行数就可以了。诗人只用了28个字就把儿童垂钓的场景刻画得栩栩如生，我们不得不佩服古人在用词上的凝练和态度上的严谨，这一点是我们现在应该学习的。说起古人，在数学史上我们不得不提到一个人——祖冲之。

设计意图：以学生朗朗上口的故事导入，不仅可以激发学习兴趣，还为“以少估多”估算策略做好铺垫。

二、合作交流，探究策略

1. 阅读材料，初步估一估

师：你们知道祖冲之和他的故事吗？

生：祖冲之发现了圆周率……

师：你们还想更多地了解他的故事吗？

生：想！

师：请看大屏幕。（播放微课，图5-27）

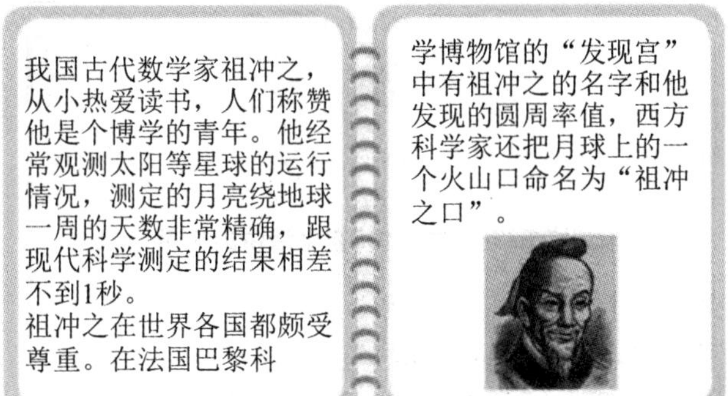

图5-27 祖冲之

师：读完这个故事，你们有什么感想？

生1：他测出月球绕地球的天数跟现在测的结果只相差1秒，真了不起！

师：是的，祖冲之那个时代可没有现在这么先进的测量工具和计算工具。

生2：祖冲之太伟大了，获得了世界的尊重。

师：是的，科学是无国界的！

生：我为祖冲之感到骄傲！

师：他是中国的骄傲！

…………

师：谁还能用刚才的办法来算一算这个故事有多少个字？为什么？

生：不能，因为这个故事每一行的字数不一样。

师：你不仅观察得很仔细，而且说得很有道理。

师：谁来估一估这个故事有多少个字？

生 1：100。

生 2：500。

…………

师：大家估的相差怎么这么大呀？其实估数也是要讲究方法的。咱们一起再看看这个故事，你觉得怎样估计会更好？

设计意图：学生的学习兴趣大部分来自对学习材料的兴趣，抓住学生喜爱听故事的特点，将故事作为探究新知的素材，既可以提高学习兴趣，又可以激发学生的爱国情感。

2. 小组合作，探究方法

学生以小组为单位，进行交流并汇报结果。

生 1：我是这样估的，每行大约有 10 个字，一共有 15 行，估计共有 150 个字。

生 2：我是这样估的，右边一栏大约有 50 个字，左边大约有两个右栏，所以一共大约有 150 个字。

师：两位同学说得都很好，他们都是先估出一小部分的数，再估出整体的数量，这种估数的方法称作“以少估多”。

3. “以少估多”解决问题

师：像这种“估一估”的方法在生活中应用很广泛。

教师出示课件(图 5-28)。

图 5-28 “估一估”在生活中的应用

师：估一估有多少粒豆子。

学生同桌交流，汇报结果，并说说自己的想法。

生 1：第一杯有 100 粒，第二杯有两个这么多，所以大约有 200 粒。

生 2：第三杯大约有 3 个第一杯这么多，所以大约有 300 粒。

师：同学们说得真好，我们在估算数量的时候先要有参照的标准，再进行估计。这也是“以少估多”或“部分估整体”。

三、应用新知，巩固新知

1. "估一估，说一说"，以下文字大约有多少字？

恐龙最早出现在约23500万年前，灭亡于约6500万年前的白垩纪生物大灭绝事件。

实际上，人类发现恐龙化石的历史由来已久。早在发现恐龙之前，欧洲人就已经知道地下埋藏有许多奇形怪状的巨大骨骼化石，直到发现了恐龙，并与蜥蜴进行了对比，科学界才初步确定这是一群类似于蜥蜴的早已灭绝的爬行动物。

1842年，英国古生物学家理查德·欧文提出了"恐龙"的英文名词。那个时候发现的恐龙并不多。自从1989年南极洲发现恐龙后，全世界七大洲都已有了恐龙的遗迹。目前，世界上被描述的恐龙至少有650～800种(古生物学上的物种)。后来，中国、日本等国的学者把它译成恐龙，原因是这些国家一向有关于龙的传说，认为龙是鳞虫之长，如蛇就素有小龙的别称。

(1) 学生自由阅读，然后再估一估有多少文字。

(2) 汇报结果，并说说自己估计的方法。

2. 比一比，估一估

学生自己独立完成以下两道题(图5-29)，并说说自己的想法。

图5-29　估算题

3. 估一估，有多少颗糖豆？

同桌交流想法后回答图5-30中的问题，若有错误，请教师帮助订正。

图5-30　估一估糖豆数量

4. 估算棋子

估算图5-31中有多少枚棋子？

四、引导回顾，梳理知识

通过本节课的学习，学生有哪些收获？请学生畅所欲言。

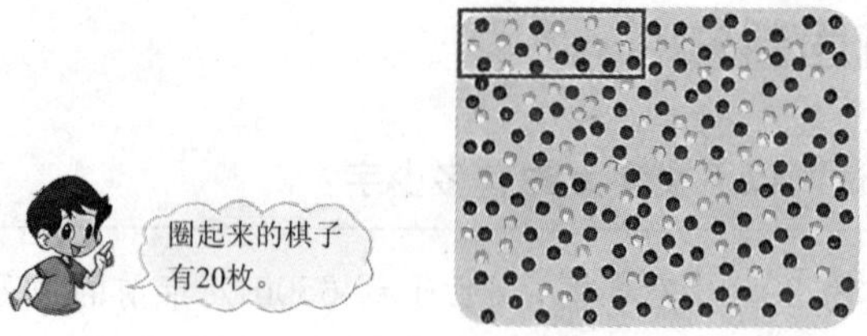

图 5-31 估一估棋子的数量

课后反思

一是学“有根”的数学。

新课标指出课堂教学要以学生的已有知识和经验为基础，本节课用学生熟悉的古诗为情境，以学生已有的乘法计算知识为基础，让学生初步感知“以少估多”的方法，为本节课的学习做铺垫，学生在循序渐进中掌握了方法，学会了新知，学得轻松愉快。

二是学喜欢的数学。

爱因斯坦说过“兴趣是最好的老师”，要培养学生的学习兴趣，首先要使学生对教材感兴趣。本节课以学生喜欢的、朗朗上口的古诗为情境，激发学生的学习兴趣；在新课环节中以祖冲之的史料作为素材，让学生在听故事的同时学习知识，大大地激发了学生的学习兴趣；在巩固新知环节，引导学生解决生活中的问题，使学生感悟到数学来源于生活而服务于生活，体会到学习数学的意义。从学生们认真倾听、热烈交流、迫不及待的尝试中，可以看出学生们是喜欢这节数学课的。

三是学有价值的数学。

学生思想品德教育是小学教育永恒的话题，课堂是实施思想品德教育的主阵地，在小学数学教学中除了学习基础知识和掌握一定的技能之外，更重要的是对他们进行思想教育。本节课从《小儿垂钓》古诗导入，到引出祖冲之的史料学习，可以从学生好奇的眼神、惊讶的赞叹声中感受到他们已经被古人治学严谨的态度所折服，中华民族的自豪感油然而生，爱国的种子已植入学生心里。

“估一估”比较抽象，对于二年级学生来说有一定的难度，因此从学生熟悉的古诗说起，初步感知“以少估多”“以部分估整体”的策略，通过比较古诗与史料（祖冲之）的不同特点，感受到估算的意义，到探究策略解决问题，遵循学生的年龄特征和认知规律，循序渐进，水到渠成。

学数学知识，长生活本领

——“东西南北”教学实践与反思

课前思考

本节课内容是在学生会用前后、上下、左右来描述物体相对位置的基础上，认识东、南、西、北四个方向。人的认知思维存在个性差异，有些人天生方向感较弱，学习这方面内容会遇到一定困难，本节课融入数学文化——认识指南针，让学生对学习内容充满好奇，对探究知识充满欲望，结合熟悉的场景，整合语文学科，通过“唱一唱”“看一看”“找一找”等活动，让学生在游戏中建立方向感。

教学目标

(1) 在熟悉的生活环境中认识东、南、西、北四个方向，并在指定一个方向的条件下，能辨认其余三个方向。

(2) 体会“上北、下南、左西、右东”规定的必要性，会在地图上辨认东、南、西、北四个方向。

(3) 会用所学的方向词语描述所在的方向，在辨认方向的活动中，发展初步的空间观念。

教学实践

一、听历史故事，感受数学文化的魅力

师：轮船在大海上行驶，突然天空变得阴暗，可能有台风要来，船必须马上返回港口才安全，可是在这茫茫大海上根本看不清方向？请问能用什么办法来帮助船长确定方向呢？

生：指南针！（异口同声地回答）

师：是的，指南针能够帮助人们辨认方向，说说你们对指南针都有哪些了解？

生 1：一端指向南，另一端指向北。

…………

师：你们想了解更多有关指南针的知识吗？

生：想！

教师出示指南针应用视频。

师：看完这段视频，你们有什么感想？

生 1：指南针的作用可真大啊！

师：是的，它可以用在航海、军事、探险等方面，为世界各地文明的交流架起了桥梁。

生 2：古代人真聪明！

师：是的，指南针是劳动人们的智慧结晶，是劳动创造了智慧。在大海上航行需要指南针辨别方向，那我们在操场上不用指南针可以找到方向吗？

生：可以。

设计意图：通过数学文化激发学生的好奇心和求知欲，同时增强学生的民族自豪感。

二、依据生活经验，认识东、南、西、北

（一）观察体验——在操场上认识东、南、西、北

1. 结合儿歌认识东、南、西、北

教师组织学生到操场上。

师：你认识哪些方向？并说说自己的想法。

学生纷纷边指太阳边回答“东”。“早上起来面向太阳，前面是东，后面是西，左面是北，右面是南。”“一年级时学过这首儿歌！”（孩子们兴奋地叫着）

师：学过了就能记住，真是聪明的孩子。现在我们边唱这首儿歌边指方向。

学生边唱边指方向。

师：太阳升起的方向就是东，你们能用学过的儿歌来辨认其他方向，非常棒！

2. 根据一个方向辨认其他三个方向

师：面向东，按东、南、西、北这四个方向转动，说说是怎样转动的？

生：连续向右转。

师：现在面向南，找其他三个方向。

学生小组合作完成后汇报。

生1：南的右边是西，西的右面是北，北的右面是东。

生2：南的相反方向是北，南的右面是西，西的相反方向是东。

…………

师：大家的想法都很好，现在分小组练习，由1人给出任意一个方向，其他人要找出其他三个方向。

学生分成小组练习，教师巡视指导。

设计意图：在学生的生活经验基础上，学习身边的数学，感受数学无处不在。

（二）动手操作、合作探究——体会规定方向的必要性

师：仔细观察校园的东、西、南、北方向各有什么？

学生自由活动后回到教室，向教师汇报。

师：请大家拿出记录单画出操场上四个方向的景物。

学生独立完成后，教师请一名学生把记录单贴在黑板上。

师：观察贴好的作业单，你们有什么发现？

生1：有的东在上面，有的南在上面，有的北在上面。

生2：方向不一样，别人看不明白。

…………

师：由于咱们面对的方向不同，记录单上的东、南、西、北的位置就不同，这样不便于相互交流，因此我们在绘制地图时要统一方向：上北、下南、左西、右东。

教师边说边画出方向标。

设计意图：只有亲身经历才会发现问题，才能真正体会到统一方向的必要性。

师：按照地图上的方向再说说我们的校园四个方向上都有哪些景物，根据这个方向把记

录单重新放好。

学生以小组为单位进行活动，教师巡视指导。

师：(小结)地图上的方向是上北、下南、左西、右东。

三、学以致用，提高能力

(1) 在教室里辨认东、南、西、北。

(2) “算一算”“标一标”。

(3) 聆听课文，谈谈收获。(播放课件)

师：在没有指南针的情况下，在野外如何辨认方向呢？

生 1：早上太阳在东边，中午在南边。

生 2：夜晚北极星在北边。

生 3：大树叶密的是南边，叶稀的是北边。

…………

师：(小结)大自然中有很多“指南针”，你们要去细细观察，多多去想，做个有心的孩子。

设计意图：让学生从生活实际中挖掘数学知识的生活内涵，捕捉生活中的数学现象，主动寻觅数学与生活之间的密切关系。

四、课外延伸，亲身体验

(1) 和爸爸妈妈说一说，家里的大门朝哪个方向？

(2) 观察夜晚的星空，找一找北斗星。

设计意图：课外延伸活动，既加强亲子之间的沟通，又便于学生结合生活经验巩固对四个方向的认识。

五、引导回顾，梳理知识

师：通过本节课的学习，你有哪些收获？

学生先在小组内交流，教师再点名请学生汇报。

课后反思

一是融入数学文化，营造良好氛围。

本节课创设情节波折的航海故事，引出我国古代四大发明之一——指南针，学生通过微课进一步了解了指南针，既扩大了知识面，又感受了传统数学文化的魅力。学生们满怀好奇的心情进入学习，为课堂营造了良好的氛围。

二是通过数学游戏，享受学习乐趣。

数学游戏是渗透数学文化的有效途径，学生在活动中积累活动经验、增长智慧、发展思维。感知方向发展初步的空间观念，对于低年级孩子来说有一定的困难，学生在唱儿歌中认识了东、南、西、北四个方向。在“转一转”游戏中学会根据一个方向辨认其他三个方向的方法。这些教学方法让学生感到有趣，有助于他们主动学习数学知识。

三是整合其他学科，体会数学价值。

在课堂中有效地整合语文学科，用语文中的《方位歌》辨别生活中的四个方向，用《要是你在野外迷了路》这篇课文让学生增长生活本领，感受数学无处不在以及学习数学的意义。

学生除了建立方向感之外，还知道在没有任何参照的情况下可以使用指南针帮助人们辨别方向，也收获了利用“大自然指南针”找到方向，既教给了学生学习的方法，又培养了学生的能力，使学生增长了生活的本领。

在“动手”中收获，在“倾听”中感悟

——“拨一拨”教学实践与反思

课前思考

大数在现实生活中普遍存在，认、读、写大数是学生必须掌握的一门技能，但是这对二年级的学生有一定难度，借助计数器结合数位从数值的角度引导学生在理解的基础上读写出大数会更有价值。

学生在动手操作中学会了大数的读与写，在静静地观看和倾听中了解了我国算盘和四大发明的历史，不但再次强化了对大数的读写及数值认识，而且了解了我国重要的文化遗产，感受到我国悠久的数学文化。

教学目标

(1) 借助直观模型认识数位顺序表，感受数的构成和计数单位之间的关系。

(2) 通过在计数器上拨数等操作活动，学习读写万以内的数。

(3) 通过用多种形式表示数的活动，了解大数的构成。

(4) 了解算盘是我国重要的文化遗产，感受我国悠久的数学文化。

教学实践

一、借助模型，认识数位顺序表

师：仔细观察计数器上的数位，说一说计数器上都有哪些数位？

生1：有个位、十位、百位、千位……

师：还能说得再具体些吗？

生2：从右边起第一位是个位，第二位是十位，第三位是百位，第四位是千位……

师：回答得很完整。你们能完成课本上的“填一填、认一认”部分吗？让我们试试吧。

学生独立完成后，集体订正。

师：谁知道这个数位表最右边的省略号表示什么意思？

生：还有万位、十万位……好多数位。

师：你知道的真不少，今天就让我们一起借助计数器拨一拨来学习大数的读、写吧。

教师板书课题——拨一拨。

设计意图：借助直观模型认识数位顺序表，感受数的构成和计数单位之间的关系。

二、借助计数器，探究新知

（一）拨一拨、说一说、读一读

1. 课件出示：2932

师：你能在计数器上拨出这个数吗？

学生尝试拨一拨后，集体订正。

师：谁能读出这个数，并说一说自己读数的方法？

生：读数时从最高位读起，千位上是2就读二千，百位上是9就读九百，这个数就读两千九百三十二。

教师板书：2932。读作：二千九百三十二。

师：（小结）读数的时候应该从最高位读起，依次读出每个数位上的数，是千位上的就读几千，百位上就读几百，十位上就读几十，个位上几就读几。

师：这个数中有几个千、几个百、几个十、几个一？请说说自己的想法。

生：二千九百三十二里面有2个千、9个百、3个十、2个一，因为千位上是2表示二个千，百位上是9表示九个百，十位上是3表示三个十，个位上是2表示二个一。

师：说得有理有据，掌声鼓励！你们也能像他这样说给你的同桌听听。

同桌互说，加深理解。

2. 课件出示：9040

师：你们能在计数器上拨出这个数吗？

学生尝试拨一拨后，集体订正，并向教师追问：为什么百位和个位没有珠子？

生：百位和十位上都是0，所以百位和个位上没有珠子。

师：你们能读出这个数吗？请说说自己的读法。

学生小组内交流讨论。

全班汇报：读作九千零四十，从高位读起，中间有0就读零，末尾零不读。

教师板书：9040。读作：九千零四十。

3. 出示：1001

师：在计数器上拨一拨，并读出来。

学生独立拨一拨、读一读，然后在小组内交流读法。

教师指名学生汇报读法。

生1：一千零零一。

生2：一千零一。

师：一个数中间有一个0或两个0都只读一个零。

教师板书：1001。读作：一千零一。

师：中间或末尾有0的四位数怎么读？应该注意什么？

学生小组交流，全班汇报。

师：（小结）读数时，从高位读起，如果中间有一个0或两个0，只读一个“零”，末尾不管有几个0都不读。

（二）写一写

1. 课件出示：三百二十七

师：先在计数器上“拨一拨”，再尝试“写一写”。

学生独立完成后，在小组内交流自己的想法。教师指名汇报。

生：三百二十七写作327。从高位写起，哪位是几就写几。

教师板书：三百二十七→327。

2. 课件出示：八千零五十二、一千五百零三

师：想一想，如果是中间或末尾有0的数，又该怎么写呢？

在计数器上拨一拨后，小组交流，全班汇报。

教师板书：八千零五十二→8052；一千五百零三→1503。

师：（小结）写数时，从高位起，按照数位顺序写，哪位上是几就写几，中间或末尾哪一位上没有数，就在那一位上写“0”。

（三）认识算盘

1. 介绍算盘的历史和结构

师：在我国古代也有一种类似于计数器的计算工具，你们知道是什么吗？

生：算盘（异口同声地回答）。

师：谁能说说对算盘都有哪些了解？

生：算盘分两层，上层有2个珠子，下层有5个珠子……

师：想不想了解更多有关算盘的故事？

生：想！

师：请看大屏幕。（播放微课）

师：看完这段视频你们有什么感受？

生1：古代人可真聪明……

生2：古代人太了不起了……

师：是的，算盘是我国古代劳动人民的智慧结晶。

2. 拨一拨

认真阅读课本“认一认，拨一拨”部分，在算盘上拨出“2014”这个数，并请学生说出自己的想法。

师：（小结）算盘上的一颗上珠表示5，一颗下珠表示1，在用算盘计数时，首先要确定个位，然后再拨珠。

设计意图：带领学生认识算盘、了解算盘的历史，可以让学生体会我国在算术方面的优秀历史文化的同时，借助算盘进一步理解数位顺序。

三、及时练习，巩固新知

(1) 想一想，每个数中的“4”分别表示多少？用线连一连(图 5-32)。

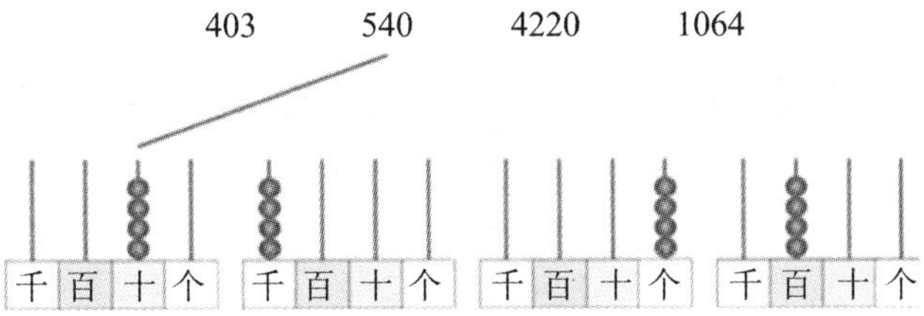

图 5-32 连一连

(2) 读一读，写出横线上的数，并在算盘上拨一拨。

(3) 了解我国古代的计数法，以扩大学生的知识面，感受数学文化魅力。

课后反思

一是数学活动是获取知识的重要方式。

心理学家皮亚杰指出：“活动是认识的基础，智慧从动手开始。”新课程标准也指出：“有效的数学学习活动不能单纯地依赖模仿和记忆，动手实践、自主探究与合作交流是学习的重要方式。”“位置”对于二年级的学生来说比较抽象，不宜使用机械的规则去死记硬背读写的方法，本节课充分调动学生的学习兴趣，利用在计数器上“拨一拨”“读一读”“写一写”等练习，结合数位顺序表从位置的角度引导学生读写各种数字。适时组织小组交流，让学生相互学习，分享知识。本节课把数学学习过程当作数学活动过程，让学生成为获取知识的经历者和探究者，而不是知识的接受者。

二是德育是数学课堂的任务之一。

著名学者赫尔巴特说：“世界上不存在没有教育性的教学。”树立正确的思想观是成才的保证。在课堂教学中，巧妙地渗透传统数学文化知识(算盘、四大发明)，采用微课形式让学生在静静地观看和聆听中感悟，可以让学生了解更多的数学传统文化，在“润物细无声”中增强民族自豪感，树立爱国主义思想。

本节课的“一动一静”相得益彰，学生在“动”(动手拨一拨)中收获知识，在“静”(聆听历史)中感悟并树立正确的人生观，提高了自身的数学素养，有意识让自己逐步成为有理想、有道德、有文化、有纪律的一代新人。

第三节　三年级数学文化课例

了解小括号的产生与发展，感受数学文化的魅力

——“过河”教学实践与反思

课前思考

带有小括号的两步混合运算及其应用是北师大版三年级数学上册课本第一单元第六课时内容。一个算式里既有加或减，又有乘或除，还带有小括号，对学生来说是很陌生的，尤其是它具有改变运算顺序的作用，就更加抽象，难以理解。那么如何让学生感受用小括号的必要性？体会小括号能改变运算顺序的作用，就成为本节课的难点。在教学过程中，充分尊重学生已有的生活经验和知识基础，重视学生在解决问题过程中的思考过程，真实呈现学生容易出现的问题，让学生在讨论、交流、思辨过程中体会小括号的必要性，并从中自然地感受小括号改变运算顺序的奇妙作用。教师通过介绍小括号的来历，渗透数学史的教育和数学文化，使学生了解数学知识丰富的历史渊源，激发学习数学的兴趣，感受数学文化的魅力。

教学目标

(1) 结合“过河”的情境，通过解决实际问题，认识小括号，体会小括号在混合运算中有改变运算顺序的作用。

(2) 理解并掌握带有小括号的混合运算的顺序，能正确进行计算；了解小括号的来历，激发学习数学的兴趣。

(3) 在与他人合作交流解决问题的过程中，进一步积累运用混合运算解决问题的经验，逐步发展解决问题的能力。

教学实践

一、创设情境，激发兴趣

师：现在是什么季节？

生：秋季。

师：在这秋高气爽的季节，正是秋游的好日子。现在老师就带大家去一个美丽的地方秋游，在这个过程中会用到很多数学知识。今天这堂课我们就来研究“过河”的数学问题。

教师板书：过河。

二、解决问题，探究新知

（一）初步体会引用小括号的必要性

（1）出示“过河”情境图（图 5-33），引导学生观察。

图 5-33 “过河”情境图

师：从图中你们能找到什么数学信息？

生 1：男生 29 人，女生 25 人。

生 2：一条大船坐 9 个学生。

生 3：每条小船比大船少坐 3 个学生。

（2）提出问题。

师：根据数学信息，你们能提出什么问题？

生 1：如果都坐大船，需要多少条船？

生 2：如果都坐小船，需要多少条船？

生 3：如果既坐大船，又坐小船，需要多少条船？

（3）解决问题。

师：如果都坐大船，需要多少条船？

师：那我们估计一下，大概需要几条船？你们是怎么估算的？

生 1：我估计大概需要 7 条船。我把男生看成 30 人，女生看成 30 人，这样用总人数 60 人除以 9，大约需要 7 条船。

生 2：我估计大概需要 6 条船。方法和前面的同学差不多，只是人数多算了，所以我从 7 条里减掉 1 条船，大约需要 6 条船。

师：那么到底需要几条船？谁会列式解答？

生：（板书）29＋25＝54（人） 54÷9＝6（只）

师：第一步先算什么？

生：先算全班总人数，再除以每条船限乘人数 9 人。

师：说得好！

师：谁能用我们前面学的知识把分步算式列成一个综合算式？

生 1：29＋25÷9。

师：四人小组讨论“29＋25÷9”这样列式行不行？

生2:不行,因为这样就不是先算加法了。

生3:不行,因为这样就先算女生要几条船,男生没算。

师:这几名同学表达得特别清楚,“29+25”要先算,咱们必须给它加上一个符号表示出来。现在请4人小组合作,创造一个符号,写在卡纸上。

学生小组合作交流,并展示结果(图5-34)。

29+25÷9　　29+25 ÷9　　(29+25)÷9

图5-34　学生交流结果

教师请各小组代表发言。

生1:我用画横线表示这部分先算。

生2:我把先算的部分用线框起来。

生3:我用括号表示“29+25”先算。

师:说得真好,你们小组真有创意!

师:你们都是爱动脑筋的好孩子,但这么多的表达方式,如果每个人都用自己喜欢的符号来表示,会出现什么情况?

生:别人写的我们看不懂。

师:是啊,所以在数学上使用统一的符号——“(　)”,它叫小括号。(板书:小括号)

师:小括号是谁发明的?又是怎样发明的呢?请同学们自主阅读以下材料。

小括号的来历

在没有发明运算符号以前,人们运算都要用很复杂的文字进行说明。随着社会的发展,与人民生活需要有密切联系的各种计算也逐渐复杂起来。这些计算常由两个或几个算式合成,而且在计算时常常需要先算出某一个算式后,再算另一个算式,于是便产生了区别先后运算顺序的符号括号,今天学习的是小括号。

大约400多年以前,在大数学家魏芝德的数学运算中,首次出现了“(　)”“[　]”和“{　}”。“(　)”叫小括号,又叫圆括号,是17世纪荷兰人吉拉特最先开始使用的。“[　]”叫中括号,又叫方括号;“{　}”叫大括号,又叫花括号,这两种括号是16世纪法国数学家韦达首先使用的,如果这三种符号在一个算式里出现,就要先算小括号里面的算式。

师:小括号有什么作用?

生1:能改变运算顺序。

生2:带有小括号的混合运算要先算小括号里面的。

师:那这道算式小括号放在哪儿呢?

生3:把需要先算的式子括起来,即(29+25)。

师:带有小括号的算式怎么读呢?

生4:小括号29加25小括号除以9,或者29与25的和除以9。

教师读后,让学生自己读一读这个算式。

(5) 教师让学生再次比较“29+25÷9”和“(29+25)÷9”这两个算式,说说有什么异同,并让学生订正刚才错误的算式。

（二）进一步理解带有小括号算式的一般计算方法

（1）教师提问："如果 54 人都坐小船，需要多少条船？"之后让学生独立思考。
（2）交流解题思路。
师：说说先算什么，再算什么？
生：先算一条小船可以坐多少人，再算一共需要几条小船。
（3）学生完成算式。
师：最好试着列综合算式表示。
（4）汇报反馈，教师针对学生的错误点进行分析，并指正学生改正。

（三）小结

师：观察我们今天列的综合算式，说说我们今天学习了什么内容？
生：带有小括号的混合运算。
师：带有小括号的两步混合运算及其应用。
师：你发现了什么？
生：在混合运算中，如果有小括号要先算小括号里的，再算小括号外面的。

三、巩固练习，发展应用

1. 练习

（1）结合教材中的情境图，让学生说说他知道的数学信息和发现的数学问题。

（2）学生独立思考并回答，注意让学生说清楚为什么这样列式，有小括号的混合运算先算什么？再算什么？用综合算式应该怎样算？

（3）针对学生列出的不带括号的式子，教师要结合情境引导过程，帮助学生认识和理解小括号的重要性。

2. 计算

说一说下列算式先算什么，再算什么，并计算。
① $(35+21)\div 7$；② $35+21\div 7$。
（1）理解题意后，同桌间互相交流，先算什么，再算什么。
（2）学生独立计算，教师点名让学生汇报自己的算法。
（3）让学生尝试用其中的一个算式编一道应用题，再互相交流。

四、梳理总结，体验成功

1. 与同组的同学相互交流，说一说自己的收获与疑惑。
2. 带有小括号的算式的运算顺序是怎样的？请举例说明。
3. 生活中有哪些地方需要小括号？请举例说明。

五、课外拓展阅读

小括号的苦恼

小朋友们，你们已经认识了小括号，并且学会了计算有小括号的算式，可是你们知道小括号的烦恼吗？那天，小括号来了封信，信中道出了它心中的苦恼："有些小朋友虽然认识我，可根本不把我放在眼里，好像题目中有没有我无所谓。这不，昨天，小丁计算了这样两道题：48－28－10，48－(28－10)，结果两道题的得数都得10，我看在眼里，急在心里，多想提醒一下小丁同学呀。可不巧我昨天得了急性喉炎，嗓子哑得说不出话来，你说急不急人？请你帮我提醒提醒像小丁这样的小朋友，好吗？"小朋友们，小丁同学到底给小括号添了什么麻烦，你们知道吗？对了，第一题"48－28－10"按从左到右的顺序计算，得数确实是10，可第二题中有了小括号，小括号的作用是改变计算顺序，被小括号括起来的应先算，也就是先算28－10＝18，再算48－18＝30。你们看，10和30相差多大呀，小括号当然有意见啦。我知道，小丁同学不是不把小括号放在眼里，而是他太粗心了。我相信，像小丁这样的小朋友今后不会再给小括号添烦恼了，是吗？不信你们试试看，可要争取向小括号交一份满意的答案哦。

课后反思

一是创设情境，充分联系生活实际。

数学是一门抽象、严谨的学科，学生学习数学时常常感到有些枯燥与单调，因此，在小学，尤其是低年级教学，都要重视情境创设，要努力创设一种有趣的情境，吸引学生的注意力，激发学习的兴趣。基于以上考虑，本节课创设的秋游的情景，学生很感兴趣，积极性也很高，达到了乐学的目的。

二是明晰规律，重视在比较中理解。

整个探究过程给学生足够的自主空间，让他们经历独立思考、交流、发现问题和合作想办法解决问题的过程，给学生提供了充分的思维空间和交流机会，使学生迸发了创造性思维的火花，通过相互启迪，学生想出了多种不同的结果，并相应地做出了合理的解释。在学习过程中，多次运用比较手法，原因有三：一是每道题的正确解法与错误解法的比较加深，对正确解法的理解加深。二是巩固练习，灵活运用环节的第二道题中的两小题的比较，这两小题看似一样，但是相差一个括号，所以结果就不一样，通过不断地比较，使学生逐步明确小括号的作用及带有小括号的算式的运算顺序，从而建立数学模型。三是渗透数学史，激发学生的学习兴趣。

在新课程理念下，渗透数学史，力求追本溯源，教有根的知识，让教学更有价值。在数学课堂教学中渗透数学文化史，不仅使学生了解了小括号的产生与发展，体会到小括号在数学运算中的必要性，也加深了学生对小括号的作用与运算顺序的理解，感受到人类数学史经历的"符号化"过程，还使原本枯燥、陌生的数学知识变得有趣，激发了学生学习数学的兴趣，调动了他们探究数学知识的积极性和主动性，进一步提高了学生的数学素养。通过本节课的教学，学生深深地感受到了数学文化的魅力。

渗透数学文化，让数学课更有“厚度”

——“认识平年和闰年”教学实践与反思

课前思考

本节课是北师大版三年级数学上册课本第七单元第二课时内容，是学生在二年级认识了较小的时间单位时、分、秒和第一节课认识年、月、日的基础上，进一步认识平年和闰年。虽然学生在日常生活中有一些感性的认识和经验，对现行历法中年、月、日的制定也有一些了解，但对平年和闰年的有关知识比较陌生。学生的求知欲强，学习兴趣浓厚，班级探索知识的氛围浓，这是进行本节教学设计和组织教学的有利条件，但他们缺乏清晰的认识和数学思考的过程。所以，本节课为学生设计了自主学习和自主建构的学习活动，从传说故事导入到探究新知等学习活动，通过填表、整理、思考，发现规律，让学生更加系统地掌握有关平年和闰年的知识，了解一些宇宙天体运动规律与平年、闰年关系的常识，引发其对自然科学的好奇心，激发其探究的兴趣，在练习中巩固判断平年和闰年的方法。本节课无论是由传说故事导入，还是新课的环节渗透天文知识和自主探究规律，包括练习中的思想教育，都从不同的角度渗透不同的数学文化，让数学学习更有“厚度”。

教学目标

(1) 结合生活经验，认识平年、闰年，经历比较、归纳的过程，知道平年、闰年的天数，掌握判断平年、闰年的方法。

(2) 在回顾、整理、观察活动中，能发现一些简单的规律，发展观察、判断和推理能力。

(3) 经历与他人合作、交流解决问题的过程，能倾听别人的意见，感受数学学习的快乐。

(4) 了解一些宇宙天体运动规律与平年和闰年关系的常识，引发学生对自然科学的好奇心，激发探究的兴趣。

教学实践

一、传说导入，揭示课题

师：2 月有多少天？

生：平年 2 月 28 天，闰年 2 月 29 天。

师：为什么 2 月天数不是固定的？其实这里有一个传说故事，大家想听吗？

生：想听！

为什么2月是29天呢?

传说在公元46年,罗马皇帝凯撒在修改历法时,规定每年为12个月,1月、3月、5月、7月、10月、12月为大月,每月31天;其他月份定为小月,每月30天。但是照这样规定,一年就不是365天了,而是366天,因此得找出一个月扣去一天。扣哪个月合适呢?那个时候被判处死刑的犯人都在2月份处死,所以人们都希望2月这个月能快点过去。于是,就把2月扣去了一天。这样,二月就只剩下29天了。

为什么有的2月会是28天呢?

刚才大家都知道了1月、3月、5月、7月、10月、12月为大月,每月31天;2月是29天;其他月份是30天。可是后来,有一个叫奥古斯特的人做了罗马皇帝。他发现凯撒是7月份生的,7月是大月,而他自己是8月份生的,8月却是小月。他为了显示自己和前一位皇帝有同样的尊严,就蛮横地把8月也定为大月,改为31天。而8月多出的这一天就从2月份扣除,这样,2月只剩下28天了。只是每过四年,也就是闰年,2月才是29天。

师:听了这个传说故事,是不是觉得自己已经知道了2月天数的来历?事实是不是这样呢?相信通过这堂课的学习,你会找到答案的。这堂课让我们继续学习平年和闰年。

教师板书课题:认识平年和闰年。

设计意图:传说故事导入,揭示课题,激发了学生的学习兴趣。

二、自主探究,发现规律

(一)认识平年和闰年

师:要想知道是平年还是闰年,看几月的天数?

生:看二月的天数。

师:好,请在表5-1中填写2005—2016年2月的天数。完成后,同桌互相说一说,核对订正结果。

表5-1 2005—2016年2月天数记录表

年份	2005	2006	2007	2008	2009	2010	2011	2012	2013	2014	2015	2016
二月天数												

师:认真观察表格中各年2月的天数,你们发现了什么规律?2月的天数有什么变化?

生1:2月的天数不一样。

生2:2月有28天是平年,2月有29天是闰年。

师:有的年份2月有28天,有的年份2月有29天,同学们观察得很仔细。

(二)计算平年和闰年的天数

师:你们知道不知道一年有多少天?

生:平年全年有365天,闰年全年有366天。

师:你们是怎么知道的?

生1:我妈妈说的。

生2:刚才从视频中看到的。

师:你们能算一算吗?

生1:平年:31×7+30×4+28=365,闰年:365+1=366。

生2:平年:30×12+7-2=365。

生3:平年:31+28+31+30+31+30+31+31+30+31+30+31=365。

(三)探究平年和闰年的排列规律

师:哪些年份的2月有28天,哪些年份的2月有29天?请你们把2月是29天的年份涂上颜色。

生1:2月是29天的年份是2012年、2016年,其他年份都是28天。

生2:二月有28天是平年,也就是2005年、2006年、2007年是平年,2008年2月有29天,是闰年。

生3:2009年、2010年、2011年是平年,2012年2月有29天,是闰年。

生4:同样,2013年、2014年、2015年的2月有28天,是平年,2016年的2月有29天,是闰年。

1. 提出问题

师:你们发现了什么规律?

生:每四年里有1个是闰年。

2. 进一步启发

师:你们还发现了什么?闰年的年份与"4"有什么关系吗?

生:闰年的年份是4的倍数吗?

师:你们真是爱思考的孩子,请大家将闰年的年份除以4,看看得到的结果有什么共同的特点。女生算2008÷4,男生算2012÷4,老师算2016÷4。

师生计算完后,交流结果。

师:你们看计算的结果都没有什么?

生:没有余数。

3. 讨论

如果将平年的年份除以4,看看得到的结果有什么共同的特点?请任选一个平年的年份除以4试试。

4. 交流结果

通过刚才的计算和比较,教师引导归纳如何判断平年和闰年?

师:年份除以4,没有余数一般是闰年。

师:现在请同学们迅速判断2100年是平年还是闰年?

生:闰年。

师:老师特意从万年历中找到2100年2月日历表,2月有28天,是平年,这又是为什么呢?让我们听听科学家是怎么说的。(观看视频)

如何判定闰年?

我们通常所说的一年365天,其实是个大约的数,准确的应是365日5时48分46秒,这也是地球绕太阳公转一周的时间,叫作一回归年。为了方便,人们把一年定为365日,叫作平年,这样每年就比准确时间少了0.2422日,四年共短0.9688日,近一天,为了弥补这个差值,就在这一年的2月多加1天,这一年就是366日,这样的年份被称为闰年。但四年增加1日比四个回归年又多0.0312日,400年后将多3.12日,故在400年中少设3个闰年,也就是在400年中只设97个闰年,这样公历年的平均长度与回归年就相近相等似了。由此规定:年份是整百数的必须是400的倍数才是闰年,例如1900年、2100年就不是闰年。

闰年是为了弥补因人为历法规定造成的年度天数与地球实际公转周期的时间差而设立的。补上时间差的年份,即有闰日的年份为闰年。

公历闰年判定遵循的规律为:四年一闰,百年不闰,四百年再闰。

师:观看视频,我们明白了四年一闰,百年不闰,四百年再闰的原因(板书),也就是说一般年份是4的倍数,整百年份是400倍数的是闰年,反之则是平年,比如2019年。

6. 优化算法

教师向学生提问是否会计算“2019÷4”这个算式。

学生有的说会,有的摇头。

师:这是一个四位数除以一位数的算式,对于我们而言,计算量稍微大了一些。现在老师这里有一个简便的方法,想知道吗?

生:想。

师:那可要仔细听好了。我们算的时候可以直接用这个年份末尾的两个数除以4,比如2019就用19÷4=4……3,有余数那就是平年,2020就用20÷4=5,没有余数就是闰年,这样是不是算得既对又快?对于整百年份,就用这个年份前两个数除以4,比如2000÷400,看成20÷4=5,1700÷400看成17÷4=4……1。

设计意图:以发展为主线,提出问题,发现平年、闰年排列规律,充分发挥网络的资源优势,介绍平年、闰年的相关天文知识,揭示平年和闰年的自然本质,从而扩大学生的知识面,体现学科整合的理念。

三、迁移推广,拓展认识

想一想,做一做。请学生判断是平年还是闰年。

① 1997年7月1日,香港回归祖国。

② 1999年12月20日,澳门回归祖国。

③ 2008年8月8日,第29届夏季奥运会在北京举行。

师:你能像他们这样说一些值得纪念的事情是哪一年发生的吗?这一年是平年还是闰年?

生1:我是2011年出生的,这一年是平年。

生2:中华人民共和国是1949年10月1日成立的,这一年是平年。

…………

设计意图:在练习中精心选取特殊年份来巩固判断平年和闰年的方法,从而使学生掌握判断平年和闰年的方法,通过这些有意义的纪念日,让学生在不知不觉中感受祖国的强大,增强民族自豪感,从而受到思想品德方面的教育。

四、回顾整理,感悟价值

师:今天这堂课我们都学到了哪些知识?

生1:知道了四年一闰,百年不闰,四百年再闰的原因。

生2:掌握了判断平年和闰年的方法。

生3:1997年、1999年、2008年这些年发生的事,我觉得中国越来越强大了。

…………

设计意图:回顾本节课的探究过程,培养学生关注学习过程及回顾反思的能力,促进学生从“学会”走向“会学”。

课后反思

一是了解天文知识与数学知识的联系,感受数学与生活的关联,建立数学情感。

数学文化并不单单指课堂上讲述数学家的故事和数学史,而应该是天文学、语言、科学、哲学等多方面的体现,是数学发展的根基,但是小学数学的课程编排往往都是按照从直观到抽象进行编排的,对于自然科学常识,学生往往知之甚少。本节课通过观察年份的排列,发现了“四年一闰”这个规律,但对“百年不闰,四百年再闰”的原因并不了解,这时课件展示天文知识解释这一现象,使学生了解天文知识与数学知识的联系,激发学生学习数学的兴趣,感受数学与生活的关联,建立数学情感。数学的学习不仅仅局限于数学的知识层面,所以教师要善于寻找天文知识与数学的关系,在课堂中增加天文知识,让学生真正走进数学文化的课堂,帮助他们更深入地理解知识,使数学课堂更有“立体感”,数学课更有“厚度”。

二是探究平年和闰年的排列规律,提炼方法,培养能力。

数学文化使数学更有“厚度”。数学作为一种文化,是教学的重要内容,有着丰厚的文化渊源。然而多少年来,在学生的心目中,数学总是与符号、定理、法则、运算等联系在一起,难学难教、枯燥乏味。其实数学思想、数学方法、数学精神等一些数学文化的精髓都依附在知识发生发展的过程中,教师作为数学学习的组织者、引导者,为学生创设一个自主探究的情境与空间。本节课引导学生提出问题,逐步深入地思考问题,观察表格中的年份,发现规律,探索解决问题的方法,使学生在探究的过程中感受到参与的快乐,在探究的过程中发现规律,在探究的过程中提炼方法,在探究的过程中感悟数学思想,培养他们自主探究的能力,促进学生从“学会”走向“会学”。

三是通过特殊年份判断平年和闰年,对学生进行思想教育。

数学具有科学与人文的双重学科性质和精神价值,数学教育绝不仅仅是数学知识和技能的教育,应当从数学文化教学入手,使育人价值能够有机融入数学教学,实现文化育人的目标。在练习中精心选取特殊年份来巩固判断平年和闰年的方法,从而使学生掌握判断平年和闰年的方法,并感受祖国的强大,增强民族自豪感,对学生进行思想品德教育。

追寻小数发展的历史足迹，形成正确的数学观

——“小数的初步认识”教学实践与反思

课前思考

本节课是小数的初步认识，是北师大版三年级数学上册课本第八单元第一课时内容，是学生认识小数的起始课，是对数系认识的一次拓展与飞跃。对于三年级的学生来说，日常生活中的元、角、分，是小数的一种常见的直观的、应用广泛的现实模型。所以本节课首先通过生活中的商品价格，让学生初步感知分数；通过了解古人的计量方法，体会分数产生的必要性；然后创设购物情境，选择学生熟悉的“文具店”（各种文具的单价不乏用小数表示的），借助元、角、分来进一步认识小数，正确读、写简单的小数，以元、角、分为载体，理解小数的意义，帮助学生对小数从感性认知上升到理性认知，完成数学生活化与生活数学化的交接与转化。从导入到结课，使学生了解小数产生的背景、小数的发展史，向学生展现知识的发生、发展的过程，渗透数学文化的科学教育价值，从而使学生产生浓浓的爱国情与强烈的进取心，逐步形成正确的数学观。

教学目标

(1) 结合文具店的具体情境，借助元、角、分，初步理解小数的意义，学会认、读、写简单的小数。

(2) 将人民币的币值用以元为单位的小数表示，也能把以元为单位的小数改写成“××元××角××分”的形式。

(3) 感受小数在日常生活中的广泛应用，体会数学与日常生活的密切联系。

(4) 介绍知识的发生发展过程，渗透数学文化的科学教育价值，逐步形成正确的数学观。

教学实践

一、创设情境，初步感知小数，体会小数产生的必要性

师：大家都去过超市，超市货架上的商品标价认识吗？

生：认识。

师：你们认识购物小票上的金额吗？

生：认识。

师：这个数跟我们以前学过的数一样吗？

生：不一样。

师：同学们，你们知道它们叫什么吗？

生：小数。

师：是的，我们现在看到的这些商品的价格都是小数。其实在古代，人类在生产和生活中计量物体的质量，如称动物、粮食的重量，以及测量物体的长度时用度、手拃、步测、步弓、卷尺等工具（课件出示），往往不能正好得到整数的结果，因此根据实际需要便产生了小数。今天我们就来学习小数。

教师板书：小数的初步认识。

师：对于小数，你们想知道什么？

生 1：古代的小数和现在的一样吗？

生 2："小数"这个名称是谁起的？

生 3：小数怎么读、写？

生 4：小数表示什么意义？

师：好，这堂课，咱们就带着这些问题进入今天的学习之旅。

设计意图：创设情境，通过生活中的商品价格，初步感知分数，学习了解古人的计量方法，体会分数产生的必要性，激发学生探究新知的热情。

二、通过对比，进一步认识小数，感受小数的发展历程

（一）认识小数

师：在开学前，淘气要准备一些文具，于是他来到了文具店。

（1）观察情境图（图 5-35）。

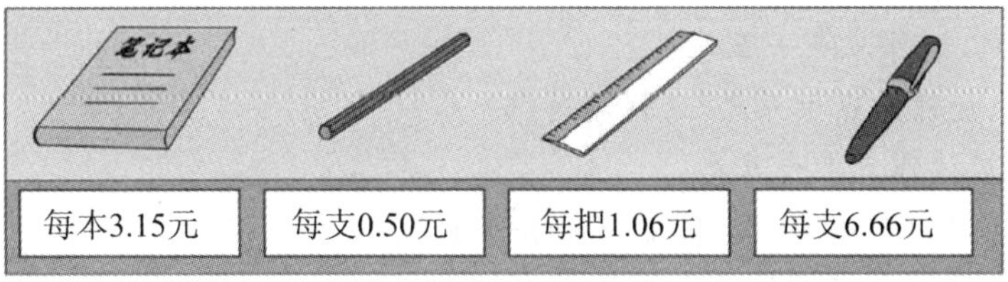

图 5-35　文具店的文具

师：仔细观察文具店的文具，在小组里自由地说出每件文具的价格，并思考小数的特征。

1. 认识小数点

师：观察小数，跟同桌说说小数有什么特点，下面请几位同学说说自己的想法。学生说完后，教师进行补充讲解：数学中间的小圆点（·）叫作小数点，这是德国数学家克拉维斯于 1593 年创用的，作为整数部分和小数部分的分界符。我们原来学习的数字，如 7、27 等，都叫作整数。

教师请学生说说什么样的数是小数。

2. 认识小数的三个部分

师：我们可以把小数分为三个部分：整数部分、小数部分、小数点。以小数点为界限，小数点左边是整数部分，右边是小数部分。

整数部分　　小数点　　小数部分

1　　　　　.　　　　　06

教师小结:像10.50,1.06……这样的数叫作小数。

(二) 了解我国古代的小数

师:我国是最早发明并运用小数的国家,在魏晋时期263年(约1700年前),刘徽在注解《九章算术》时,长度的记法采用的单位是:丈、尺、寸、分、厘、毫、秒、忽,忽是最小的单位,在计算中他把忽作为单位,以下那些没有明确单位的数就是小数,刘徽称作"微数"。元代数学家朱世杰最先提出了"小数",同时出现了低一格表示小数的记法。刘瑾《律吕成书》中,将106368.6312表示成

一　□　⊥　|||　⊥　|||

　　　　　　　　　　⊥　|||　一　||

把小数部分降低一格,这是世界上最早的小数表示法。

师:也就是说,我国早在1700多年前就使用小数了,在西方,小数出现得很晚(16世纪)。同学们,此时此刻你们有什么感受?

生:自豪……

(三) 小数的读法

师:认识了小数,我们来读一读文具店里各种商品的价格(图5-35)。

生1:3.15元,读作三点十五元。

生2:3.15元,读作三点一五元。

师:3.15元,读作三点十五元,这样读对吗?

生3:不对,应读作三点一五元。

教师板书:0.50→零点五;3.15元→三点一五元。

师:请同学们再读一读其他两个小数。

生:1.06,读作一点零六;6.66,读作六点六六。

师:小数的读法与整数有什么不同?读时要注意什么呢?

生:整数部分按照整数的读法去读,小数部分每位上是几就读几。

师:小数点左面是整数部分,按照整数的读法去读,右面的小数部分读出数字即可。

(四) 小数的意义

师:笔记本,3.15元,它到底表示几元几角几分呢?

(1) 学生独立思考后在小组内讨论,并说明自己的意见。

(2) 班内交流:3.15元表示3元1角5分。

讨论与交流时,教师应先让学生说出自己的想法。教师再进行小结:整数部分是几就是几元,小数点后的第一位数是几就是几角,第二位数是几就是几分。

(3) 说出其他商品的标价所表示的意义。

铅笔：0.50元；尺子：1.06元；钢笔：6.66元。

学生独立思考后再写出答案，并在班内交流。

（五）小数的写法

（1）教师拿出10元2角5分，让学生说出总共是多少钱，然后让学生试着用小数表示出来。

（2）班内讨论：10元2角5分表示为10.25元，重点是让学生说出自己的思考过程。

生：把10元写在小数点的左边，2角写在小数点右边的第一位，5分写在小数点右边第二位。

（3）让学生独立完成教材的“想一想，填一填”（图5-36）。

____元___角___分　　____元___角___分　　____元___角___分

______元　　______元　　______元

图5-36　想一想，填一填

学生完成填空后在班内交流，教师对填写正确的学生进行表扬。

教师小结：把几元写在小数点的左边作为整数部分；几角写在小数点右边的第一位，几分写在小数点右边第二位，两者作为小数部分。

设计意图：选择学生熟悉的文具店情境，借助元、角、分来进一步认识小数，理解小数的意义，正确读写简单的小数，帮学生对小数从感性认知上升到理性认知，展示中国古代的小数，了解中国古代数学家在小数方面的伟大贡献，从而产生深深的自豪感和浓浓的爱国情。

三、自主阅读，拓展延伸，追寻数学发展的历史足迹

本节课我们一起学习了关于小数的一些知识，下面将介绍西方古代的小数发展历史。

西方古代小数的发展历史

在欧洲和伊斯兰国家，古巴比伦的六十进制长期以来居于统治地位，一些经典的科学著作都是采用六十进制，因此十进制小数的概念迟迟没有发展起来。除中国外，最早应用十进制分数的是15世纪中亚地区的阿尔·卡西，他在《算术之钥》一书中使用了十进制分数，他是第一个应用小数的外国人，且给出了小数的运算法则。

在欧洲，荷兰数学家斯蒂文于1585年在莱顿出版《论十进制》一书，第一次明确地陈述了小数理论，提倡用十进制小数来书写分数，斯蒂文采用的小数的记法是把小数5.714记为5⓪7①1②4③或$5,7'1''4'''$。

西方还先后出现了这样的表示小数的方法，如：64.12写成64 12或者是64|12。直到1592年，瑞士数学家布尔基对分数进行了大量改进，把36.548表示为36。548。

> 再后来则是德国数学家克拉维斯于1593年创用小数点“.”。其实国际上小数的表示方法，由于种种原因一直没有得到统一，直到19世纪末，小数的记号仍很混乱。有用“,”表示小数点的，例如，“61.12”写作“64,12”；也有用“.”表示小数点的，我国是用小圆点“.”来表示小数点，比如“32.12”，我们就写作“32.12”。

设计意图：通过展示“西方小数的发展史”，尽力向学生展现数学知识的产生、发展的过程，使学生能够看到数学知识形成的过程和发展的趋势，了解数学知识的来龙去脉，逐步形成正确的数学观。

四、课堂总结，认识升华，感悟数学文化的价值

师：通过这堂课的学习，有没有解决我们一开始提出的问题？你们有什么收获和体会？

生1：我会读写小数。

生2：我知道“小数”的名称是我国元代数学家朱世杰最先提出的。

生3：我知道中国古代小数的表示方法。

生4：我知道西方古代小数的发展历史。

…………

师：原来小数是经过一代又一代的古今中外的数学家不断探索、不断改进，才有了现在统一的表达方式，看来这堂课同学们不仅学到了数学知识，还感受到了数学文化的魅力。

设计意图：课堂总结，认识升华，感悟数学文化的价值。

课后反思

本节课尽量给学生充分的时间和空间，搭建自主探究的平台，突出学生的主体地位，让学生全身心地投入到探究数学知识的过程中，从中获得数学学习成功的体验，感受数学文化的魅力。

一是充分联系生活实际，了解小数产生的必要性。

数学离不开生活，生活离不开数学。在教学前引导学生收集生活中的数学信息，积累数学知识，是激发学生学习数学兴趣的最佳途径。运用超市商品的价格与古代劳动人民计量物体长度和质量的方法导入，不仅完成了数学生活化与生活数学化的交接与转化，还了解了小数产生的背景及必要性。通过这种方式渗透数学文化，还让学生明白了从古至今数学就在我们身边的道理。

二是精心创设问题，引发思考，感受小数的发展历程。

良好的开端是成功的一半。“小数怎么读写？”“小数表示什么意义？”“古代的小数和现在的一样吗？”“‘小数’”这个名称是谁起的？带着问题去学习，可以激发学生学习的主动性。而善于创设问题，全面启发和引导学生主动参与深入的思考和学习，并注重培养学生善于发问的习惯，这对全面提高学生的数学素质和自主学习能力有着重要的意义。创设文具店情境进入新课探究，不仅让学生会认、读、写小数，理解小数的意义，通过展示中国古代的小数，还让学生了解了中国古代数学家在小数方面的伟大贡献，让学生对小数从感性认知上升到

理性认知，并产生了深深的自豪感、浓浓的爱国情以及强烈的进取心。

三是拓展延伸，渗透数学文化的科学教育价值。

介绍西方小数的发展史、课堂教学不仅要让学生获得知识，而且更重要的是通过知识获得的过程来发展学生的能力。所以教师应尽力向学生展现数学知识的产生、发展的过程，使学生在追寻数学发展的历史足迹的过程中，能够看到数学知识形成的过程和发展的趋势，也就是能够触摸到数学知识的来龙去脉，使学生在学习的过程中能够真正体会到数学本身的需求和社会发展的需要，逐步形成正确的数学观，这也正是在教学中渗透数学文化所要达到的目的之一。

通过数学文化，感受数学魅力

——“有趣的推理”教学实践与反思

课前思考

在我们的日常生活中，数学无处不在。可是，许多人特别惧怕数学，认为数学枯燥无味，远离生活，难以理解。数学文化让我们越来越明显地感觉到数学绝不是枯燥无味的，而是一门充满美感和魅力、并能让人沉迷其中的学科。在课堂教学中渗透数学文化教育，让学生体会数学文化中的思维与方法，学会运用数学方法解决问题，感受数学的魅力，爱上数学。

教学目标

(1) 经历对生活中的某些现象进行推理、判断的过程，能够对这些现象进行合理的分析。

(2) 学会运用列表、尝试、操作等解决问题的策略进行推理，发展推理能力。

(3) 能够用语言清楚地表达自己的推理过程，在经历推理判断的过程中树立自信，体会生活中蕴含的数学道理。

教学实践

一、情境导入

(1) 做游戏：判断硬币在哪只手里。

教师将一枚硬币握在手中，让学生猜测在哪只手里。

(2) “猜猜她是谁”。

根据教师提供的3条信息，同学们经过连续思考，采用排除法把范围缩小，最终确定结果的过程就是推理。

二、探究新知

(一) 课件出示题目

(1) 从这段话中你知道了什么?

(2) 从这段话中你还想知道什么?

(3) 教师补充信息,提出问题:现在你们能确定他们每人分别参加了哪个兴趣小组吗?为什么?

(4) 要求学生把刚才的推理过程用自己喜欢的方式表达出来(可以用写一写、连一连、画一画等方法)。

(5) 同桌交流并记录自己的推理过程。

(6) 全班交流。

师:谁愿意上来把自己的推理过程跟全班同学一起分享呢?(引导学生寻找关键信息)

(7) 教师介绍借助表格记录的方法。

(8) 小组借助表格记录的方法完成题卡 2。

(9) 综合比较最优方法。

师:如果让你们选择表达方法,你们会选哪一种呢? 你们觉得哪种表达方式更简单明了,一目了然?

师:你们喜欢哪种方法就可以用哪种方法,但遇到稍复杂的推理时,我们一般会选择表格推理,它能够让我们更加有序地思考,而且能够把推理的过程表达得更加清楚。

(二) 练一练

(1) 出示课件:"学校开设了美术、音乐和体育三门课,王、李、张三位老师分别教其中一门课。王老师不是美术老师,李老师从不在操场上课,张老师上课要用钢琴。这三位老师分别教哪一门课?"

师:请同学们拿出题卡 2,用表格的方法进行推理判断,如果推理过程有问题的话可以与同桌相互交流。

(2) 学生完成题卡 2,并与同桌交流推理过程。

师:现在同桌两人借助手中的表格把自己的推理过程相互说一说。

(3) 全班交流。

三、巩固练习

课件出示:航模小组有 6 架飞机模型——淘气号、奇思号、妙想号、笑笑号、乐乐号和教练号,它们都在柜子里。请学生根据教师提供的信息,找到飞机模型的位置。

师:请同学们小声地把信息读一读,现在你们能根据已知信息把这些飞机模型摆放在相应的位置上了吗? 请拿出题卡 3,把飞机模型的名字写在相应的位置上。

(1) 全班交流,请学生说出自己的推理过程。

(2) 教师对学生的推理过程进行讲解。

这道题目相比前几道题目复杂了许多，那怎样才能顺利地推理出答案呢？我们可以根据“淘气号和乐乐号都放在柜子的左侧，教练号在最上面一排左侧”这些信息把飞机模型分成两类，一类是左侧：教练号、淘气号、乐乐号，一类是右侧：笑笑号、妙想号、奇思号。这样问题是不是就变得简单些了？

教学反思

一是通过数学文化激发学生学习的兴趣。

数学文化是数学与人文的结合，数学文化主要是以数学史、数学问题、数学知识等为载体，介绍数学思想、数学方法、数学精神。数学文化不仅体现民族文化，更体现数学思想、数学方法，数学文化在课堂教学中的融入一直是数学教学的重要目标。为了激发学生的学习兴趣，“有趣的推理”这一节课的导入环节，教师设计以下两个游戏：

(1) 猜硬币游戏。

师：同学们喜欢做游戏吗？下面我们来做个小游戏(出示硬币)。这是硬币，老师把它藏在其中一只手中，猜猜看，在哪只手中？

生 1：左。

师：有不同意见吗？

生 2：右。

师：你们的答案不一样，说明还是不能确定，下面我给你们提供一条信息——我的左手中没有硬币。现在能确定了吗？为什么？

生 2：在右手中，因为我们只有两只手，不在左手就可以把左手排除了，所以它一定在右手。

师：没错，这就是推理中的一个小知识，叫排除法。我国在 2000 多年前就出现了推理，较早运用推理的是战国时期的韩非子，还有很多像韩非子这样的人，如唐朝的狄仁杰、宋朝的包拯，他们都是运用推理而成为断案高手名扬天下的。他们推理的奥妙在哪里呢？今天我们一起来寻找推理的方法吧。

(2) “猜猜她是谁”。

师：下面我们再来做个游戏：我想找一位同学，她就坐在你们中间，能确定我要找的是谁吗？

生：不能，人太多。

师：我给你们提供一条线索吧：她是个女生，能确定了吗？还需要线索，是吗？

师：她扎着辫子。现在范围缩小了，能确定了吗？请听第三条信息：她的头上扎着红色的小球。她是谁？

刚才同学们根据老师提供的三条信息进行了连续的思考，利用排除的方法逐渐把范围缩小，最终找到了答案，这个过程就是推理。

二是学生动手操作，感受数学魅力。

在探究新知中，教师设计了如下内容：先出示笑笑的话“我不喜欢踢足球”，有了这条信息去引导同学说“通过这条信息你知道了什么？笑笑可能选什么组？”再出示淘气不是电脑小组的：“他不是电脑小组的。”学生们很快又知道了淘气不会选电脑。有了这两条信息还是不能确定结果，学生非常迫切地想知道第三条信息：奇思喜欢航模，那他一定会选择航模小组。而淘气不是电脑小组的，航模又被奇思选了，那淘气只能是足球小组的，最后剩下的电脑小组就是笑笑选的。有了这三条信息，你知道他们分别在哪个兴趣小组吗？用你自己喜欢的方式，将推理的过程和结果记录下来，可以写一写、连一连、画一画。这时候问题还没有提完，但举手的孩子明显地多了，站起来说的孩子也说得头头是道了。他们不仅会说，而且能用自己喜欢的方式把过程和结果表达得既详细又具体。

在教学方法上，教师也做了一些调整：首先引导学生读懂信息，寻找线索，根据图上的信息，可以做出哪些判断。然后抓住关键信息，看学生又能作出怎样的判断。抓住关键信息进行连续思考，学生很快就得出了结果。这时学生不仅会说会写，而且能用不同的方法表示出过程和结果。在不同的方法的比较上，学生很快发现利用表格的方法，不仅可以让他们的思维更清晰，而且表达的结果一目了然。此时学生可以获得巨大的成就感，学习兴趣更加高涨，数学的魅力在此闪现，教师的教学目标得以很好地达成。

数学文化博大精深，本节课接触的推理知识只是冰山一角，沧海一粟。教学中教师恰当地利用数学文化，呈现在课堂中，渗透到教学细节处，一定能够不断发掘学生的数学潜能，提升数学核心素养，让学生爱上数学。

渗透传统文化，实现学习深度发生

——“轴对称(一)”教学实践与反思

课前思考

本节课是北师大版三年级数学下册第二单元第一课时的教学内容。本节课是在学生认识简单的平面图形的基础上进行的，教材从学生熟悉的事物入手，通过形式多样的活动，让学生初步感知生活中的对称现象，进而认识简单的轴对称图形和对称轴，为学生今后进一步探索简单图形的轴对称特性，把握简单图形之间的轴对称关系打好基础。在教学中，教师通过从剪纸作品入手，欣赏图片，加强了知识与生活之间的联系。同时，引导学生通过“折一折、画一画、剪一剪”活动，在感受祖国非物质文化遗产的同时，建立起轴对称图形的概念，探索出轴对称图形的特征以及判断轴对称图形的方法。本节课的教学对象是小学三年级的学生，在此之前学生已经学过一些平面图形的特征，形成了一定的空间观念，自然界和生活中具有轴对称性质的事物有很多，也为学生奠定了感性基础。他们的思维特点是以具体形象思维为主，同时具有初步的抽象思维能力，对于具体、直观的内容有较大的依赖性。

教学目标

(1) 通过引导学生观察和操作活动，初步认识轴对称图形。

(2) 判断轴对称图形，能用对折的方法找到轴对称图形的对称轴。

(3) 在活动中感受传统文化，培养学生的观察能力和动手能力。

教学实践

一、谈话导入,感受文化魅力

师:同学们,剪纸作为中国的传统艺术,你们见过吗?都见过哪些作品?今天老师也带来了几幅剪纸作品(图 5-37),请大家仔细观察,看看有什么发现?

图 5-37　剪纸作品

二、欣赏图片,建立表象

(一) 呈现图片,激发兴趣

教师出示课件:亭子、提琴、虫子、脸谱等(图 5-38)。教师让学生仔细观察各种对称图形。

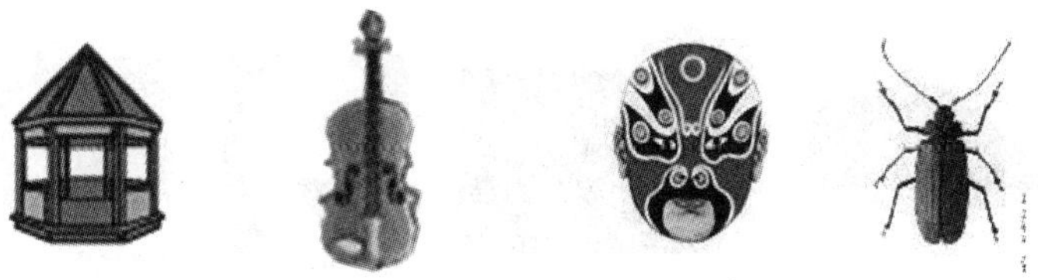

图 5-38　对称的图形

(二) 观察图形,交流汇报

这些生活中常见的图形有一些共同特征,请学生以小组为单位进行讨论交流。

师:你们发现了什么数学问题?

生 1:我发现他们都很美。

生 2:左右一样,上下却不同?

生 3:我发现它们是对称的。

师:你们是怎么理解对称的?

生 3:对称就是左右两边是完全一样的。

(三) 教学:“对称”

(1) 课题导入。

师：是啊，刚才我们看到的其实是生活中的轴对称图形的现象。今天老师和大家一起来研究数学上的轴对称图形。

(2) 结合剪纸作品，理解抽象概念。

师：谁能在最短的时间内剪出一个葫芦？

学生动手“剪葫芦”。教师选几张学生剪得好的轴对称图形贴在黑板上，并让学生说一说是怎样剪的。

师：请大家观察这些图形，你们发现了什么？

生1：他们的形状不同。

生2：他们的大小也不同。

生3：他们的两边是完全一样的。

生4：这些图形上都有一条折痕。

师：现在你们把自己剪的图形重新对折一下，看看有什么发现？

生：两边完全重合。

师：是的，那么什么样的图形才是轴对称图形呢？

生：对折后两边的部分完全重合的图形就是轴对称图形。

师：那么这条折痕应该给它取个什么样的名字呢？（板书：对称轴）

教师把课前准备好的作品展示给学生看（如灯笼、衣服等）。

三、实践操作，深化认识

1. 组织活动——“折一折，剪一剪”

(1) 播放视频：非物质文化遗产短片——传统布鞋的制作工艺（图5-39）。

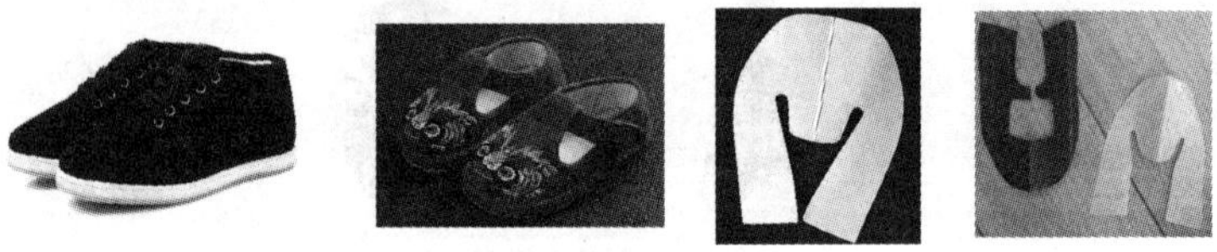

图5-39 传统布鞋及制作模型

(2) 制作鞋样。学生小组合作，完成“折一折，剪一剪”。学生将自己折出的对称图形进行展示并汇报折法。

(3) 教学生认识对称轴，即中间这条折痕就叫作对称轴，用虚线表示。请学生用铅笔画出他们剪出的对称图形的对称轴。

2. 小结

通过折、画，学生们都认识了轴对称图形，即如果一个图形沿一条直线对折，两侧的图形能够完全重合，这个图形就叫作轴对称图形，这条直线叫作对称轴。

四、巩固练习，深化认识

(1) 完成“练一练”第1题：寻找轴对称图形？

(2) 完成“练一练”第2题：想一想哪些数、汉字、字母是轴对称图形？

五、回归生活，体会美感

（1）谈一谈：其实生活中也有很多对称的图形、物体，请学生列举。

（2）欣赏生活、艺术、自然、建筑、剪纸等领域的对称之美。让学生留心日常生活，就会发现轴对称图形。对称的物体无时无刻不在美化我们的生活。我们只要用心思考，就会感受到对称的力量。

六、总结全课，升华主题

通过本节课的学习，让学生谈一谈自己的收获。

板书设计

轴对称

两边完全重合——轴对称图形

课后反思

在“轴对称图形”这节课的教学中，教师能够做到充分理解教材，大胆使用教材。教学过程中根据学生的认知规律，充分发挥教师的主导作用和学生的主体作用，创设问题情境，激发学生学习的欲望。采取“折一折、拼一拼、分一分、说一说”等实践活动，让学生充分经历知识的形成过程，感受学习数学的快乐，培养学生观察、交流、操作的能力。

一是感受传统，做文化的传承人。

首先通过出示中国传统的剪纸作品，引导学生在感受传统文化的同时，积累关于轴对称图形的直观知识。然后出示更多的图形，让学生在观察中发现这些图形的共同点，培养学生的观察能力。最后通过播放中国传统文化视频，让学生动手折一折、剪一剪鞋样，并自己做一个轴对称图形，在操作中去发现和掌握对称轴图形的特点。

二是操作实践，让探究充满文化气息。

新课程倡导学生积极参与、探究、交流、合作等多种学习活动，使学生真正成为学习的主人。本节课教师把学习的权利放给了学生，学生从一开始的欣赏剪纸作品，到进一步的剪一剪鞋样，对轴对称图形有了深入理解。整个教学过程都给学生提供了充分从事数学活动和交流的空间，探究的过程中自然而然地让学生了解了中国的传统文化知识，掌握了轴对称图形的特点，使探究更具文化气息。

三是欣赏美、感受美、创作美、培养审美情趣。

学习数学应当成为一个积极的、愉快的、富有想象力的过程。本节课注意渗透中国传统文化，对学生进行传统文化教育。京剧是我国的国粹，京剧脸谱是我国戏剧中独有的化妆艺术，具有很高的欣赏价值，从数学角度看，这些脸谱在设计绘画中采用的就是轴对称的方式。还有造型奇巧的剪纸艺术作品都是我们民间艺术家利用轴对称的原理制作的。另外，在标志建筑、服装、国旗、体育、运输、航天等很多方面都有对称的影子，让学生感受到了数学美；

本节课从导入到新授，再到练习操作，学生动手“做”出轴对称图形，又给学生一个展示自己个性的机会，使学生在获取数学知识的同时，受到美的熏陶，有利于培养学生积极、健康的审美情趣。

聚焦数学文化，建构分数概念

——“分一分(一)”教学实践与反思

课前思考

本节课是北师大版小学数学三年级下册第六单元第一节课的内容。本节课的重点是让学生理解分数的意义，能表示简单的分数，借助正方形、长方形、圆这些直观模型，理解分数的意义，以及分数在实际生活中的作用，教学过程中较好地体现了让学生经历知识生成的全过程。分数的概念比较抽象，学习这部分内容需要学生掌握一定整数知识。从整数到分数是数的一次扩展，无论在意义上、读写方法上以及计算方法上，分数和整数都有很大差异。因此，本单元第一次出现分数时，借助一些学生熟悉的具体事例和一些图形，着重使学生理解一些简单的分数的具体意义，给学生建立分数的初步概念。这一堂课教学能为以后深入学习分数系统知识和小数系统知识打下良好且必要的基础，更为以后解答分数四则运算和应用题奠定坚实而重要的基础。

教学目标

(1) 结合具体情境和直观操作，初步理解分数的意义，能认、读、写简单的分数，知道分数各部分名称，体会学习分数的必要性。

(2) 结合折纸、涂色的活动，利用面积模型表示简单的分数。

(3) 培养学生观察、思考以及自主探索精神，训练思维的灵活性。

教学实践

一、创设情景，导入新课

师：同学们，你们喜欢过节吗？了解中国的传统节日吗？请同学们说一说中国传统节日。

师：淘气最喜欢过中秋节，因为这天他的好朋友要去他家做客。（出示课件：分月饼情境图）今天我们就一起来研究分一分的问题，引出课题。[板书：分一分(一)]

二、实践操作,探究新知

(一) 激发冲突

(1) 出示问题。

问题一:如果淘气有 2 个月饼,平均分给 2 个小朋友,每人分几个?

问题二:如果淘气有 1 个月饼,平均分给 2 个小朋友,每人分几个?

(2) 动手操作。

师:你想怎样来表示半个呢? 能否创造出一个符号来表示半个呢?

课堂上,学生动手创作,教师让学生展示并讲述自己的想法。

(二) 动手实践,理解新知

1. 涂一涂

师:把 1 个苹果平均分成两半,其中一半可以用$\frac{1}{2}$表示。其实在我们的生活中经常会用一半来表示物体数量的多少,老师这里为大家准备了几个美丽的图形(图 5-40),同学们先观察这些图片有什么特征? 你们能涂出它们的$\frac{1}{2}$吗?

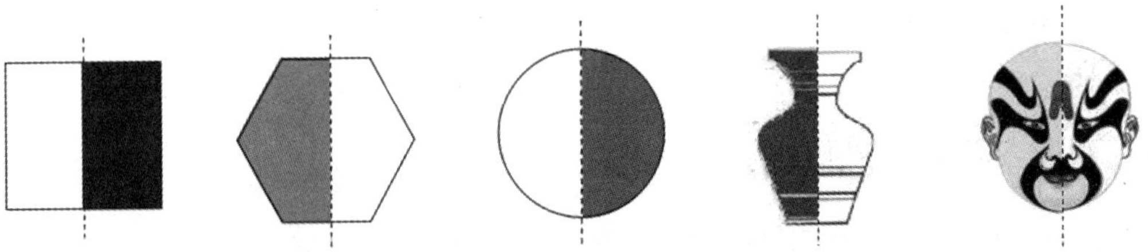

图 5-40　轴对称图形

师:谁愿意把自己的作品拿到讲台上展示一下?

师:对,$\frac{1}{2}$除了表示苹果的一半,还可以表示很多物体的一半呢! 在我们的生活中,还有很多的物体或事物可以用$\frac{1}{2}$来表示,你能找一找吗? 先看一看,再思考一下,同学们可以边找边说,看谁找得最认真、最多!

2. 折一折

师:马上要过春节了,淘气想给家里写一副八字对联,但是淘气遇到了难题,怎样把字写得大小匀称呢?

生:可以先把纸平均分成 8 份。

师:那接下来淘气把它经过对折平均分成了 8 份,其中的一份我们可以用哪个分数表示? 两份呢? 三份呢?

学生动手折一折、说一说,并在全班交流。

（三）认读分数

师：下面让我们就以$\frac{3}{4}$为例，来看一看分数究竟是由哪几部分组成的。刚才我们在长方形上涂的三份，一般要用分数$\frac{3}{4}$来表示，中间的横线叫分数线，表示平均分；分数线下面的数字 4 叫分母，表示把这个长方形平均分成了 4 份；分数线上面的数字 3 叫分子，表示这样的 3 份。这个分数怎么读呢？从下往上读，分数线读作“分之”，就读作四分之三。

（四）学写分数

写分数的时候要先写分数线，表示平均分，然后写分数线下面的分母，再写分数线上面的分子，这样这个分数就写好了。教师让学生尝试写“二分之一”。

三、拓展资料，了解历史

师：分数起源于“分”。在原始社会，人们要平均分配果实和猎物，逐渐有了分数的概念。但分数的表示方法和现在的有很大的区别，分数的产生经历了漫长的过程。

3000 多年前，埃及人用一个卵形记号表示分子为 1 的分数；2000 多年前，我国古代用算筹表示分数；印度数学家的数学著作中出现了没有分数线的分数$\left(如\genfrac{}{}{0pt}{}{2}{3}\right)$；之后阿拉伯数学家发明了分数线$\left(如\frac{2}{3}\right)$。

四、合作交流，巩固新知

（1）学生独立完成课后练习题，教师巡视指导，并进行集体评讲。
（2）请学生说一说生活中还有哪些地方涉及分数。

五、交流总结，课后延伸

学习完本节课后，请学生说一说自己的收获，之后教师进行总结。

师：其实在我们的生活中处处有分数，希望大家课后多学一些有关分数的知识，相信在今后的学习生活中，分数能够帮助同学们解决更多的实际问题。

板书设计

分一分（一）

分数：$\frac{1}{2}$，$\frac{1}{3}$，$\frac{1}{8}$，$\frac{2}{8}$，$\frac{7}{8}$，$\frac{1}{4}$，$\frac{2}{4}$……

3 ----- 分子
— ----- 分数线　　读作：四分之三
4 ----- 分母

课后反思

本节课是学生第一次接触分数，理解分数的意义是本节课的重点。教学中，结合中秋节分月饼的情境，设计了各种形式的操作活动，并为学生提供足够的时间和空间。注重学生的动手操作，在操作中让学生说明什么是一半，以具体实物为依托，通过画一画、涂一涂、折一折等操作活动，使学生的思维越来越清晰，对分数意义的理解也越来越深刻。

一是以传统节日导入，感受分数学习的必要性。

课堂伊始，由中国的传统文化节日入手，利用淘气中秋节分月饼的情景导入，传统文化教育渗透课堂，自然流畅。然后引导学生解决“把2个月饼平均分给2个人”和“把1个月饼平均分给2个人”的问题，当学生不知该怎么表示“一半”这一结果时，形成认知冲突，为后面揭示分数打下了很好的铺垫，学生也充分地感受到了分数产生的必要性。

二是以操作为基础，初步理解分数的意义。

在引导探究环节，通过引导学生动手实践，在操作中理解分数的意义。具体设计如下：首先，当学生不知道该怎么表示“一半”时，教师引导学生动手创作，引导思考“你想怎样表示半个呢？能否创造出一个符号来表示半个呢？”教师让学生展示时说出自己的想法，学生的创造性思维和想象力在课堂上得到了很好的拓展。在揭示了$\frac{1}{2}$之后，通过涂一涂、折一折、画一画等活动，培养学生的动手操作能力。

然后，在实际生活中找一找可以用分数表示的事物，让学生在课上分享。此环节更注重学生的直接经验，让学生通过联系实际生活体会分数在实际生活中的意义。

之后，让学生动手折一折，如将一张纸折成8份，选择其中1份，可以读成几分之几，通过读出这个分数，体会分数无处不在。

最后，引导学生认识分数各个部分的名称，以及各部分表示的意义和分数的读法、写法，进一步引导学生理解分数的意义。

三是以文化为载体，感受分数产生的过程。

分数的产生经历了漫长的过程。分数产生的历史就是很丰富的数学文化素材。引导学生感受历史，经历分数产生的过程，初步建立分数的“数感”。在新课环节，创设了春节写春联的情境，引导学生在折纸中感受分数，积累操作经验。通过拓展资料环节，在学生经历了分数探究的基础上，引导学生阅读分数产生的历史资料，激发学生学习数学的兴趣，培养学生的数学素养。

第四节　四年级数学文化课例

赏国庆场景，阅数学文化
——“近似数”教学实践与反思

课前思考

“近似数”是北师大版小学数学四年级上册第一单元“认识更大的数”的第五课时的内容。本节课主要教学生使用四舍五入的方法来取近似数，掌握取近似数的方法。之前学生已经认识了亿级的大数，能将整万、整亿的数改写成“万”或“亿”为单位的数，学生已经有了学习近似数的体验，只是没有学习近似数的概念，但近似数在生活中的应用非常广泛，学习用“四舍五入”法求一个数的近似数并不难，课前让学生收集一些数，课堂上又通过国庆 70 周年的一些数据资料，引导学生观察、讨论这些数的意义，再自然地将它们进行分类，找到共同特征，引出近似数。本节课力求通过猜数和数轴的形式，让学生充分感悟用四舍五入法求近似数的道理。同时，把感悟算理作为本节课的重点，又通过介绍 70 周年国庆内容，让学生体会祖国的强大与繁盛，培养学生的爱国主义思想，使学生形成正确的世界观、人生观、价值观，鼓励学生在以后的成长路上发奋努力，成为国家需要的人才。

教学目标

(1) 结合实例，了解近似数的意义，感受近似数在现实生活中的应用。

(2) 借助数线，较直观地感知用四舍五入法求近似数的道理，知道近似数的书写格式。

(3) 经历探索求近似数的过程，学会用四舍五入法求一个数的近似数，发展学生的数感。

教学实践

一、说北京旅游景点，道数学文化

师：我们都知道中国的首都是北京。如果到北京去旅游，你们一定会去哪些景点呢？

生：长城、故宫……

师：长城距今大约有 2500 年的历史，大约 1 万里(1 里＝500 米)长。为什么这里用“大约”呢？

生：因为是不准确的，是估计的。

二、浏览国庆场景，了解数学文化，学习近似数

（一）理解准确数、近似数的含义

师：生活中我们经常遇到这样的情况，有时候需要准确、真实地统计出某些数据，而有时候又没办法或者没有必要得到一个精确的数据，就比如长城的长度。因此，人们根据数据来源的准确性把它们分为“准确数”和“近似数”两大类。（板书：准确数、近似数）

（二）观国庆场景，建立数学模型

师：同学们，请看这是什么场景？他们在干什么呢？

生：天安门前阅兵仪式。

师：下面让我们一起回到2019年10月1日（播放中华人民共和国成立70周年庆典视频）。2019年10月1日，国庆70周年庆典在70响礼炮声中开始，国旗护卫队正步行进了169步，阅兵式与阅兵分列式共用时间近80分钟，有59个方（梯）队和联合军乐团，约20万人接受检阅。巨幅国画《江山如此多娇》画布总面积近2万平方米。

1. 学生欣赏视频，初步感知数据

师：说一说从资料中你们获取了哪些信息？观察信息中的数据，它们有什么特点？你们能不能试着将它们分类？

生：这段话中出现的数字有的是准确数，有的是估计出的数字。

(1) 小组讨论。

师：说一说在国庆庆典数据中出现的这些数字，哪些是精确数？哪些是近似数？

生：“70周年”中的“70”是精确数，“70响礼炮声”中的“70”是精确数，“行进了169步”中的“169”是精确数，“近80分钟”中的“80”是近似数，“有59个方（梯）队”中的“59”是精确数，“约20万人”中的“20万”是近似数，“近2万平方米”中的“2万”是近似数。

(2) 全班汇报。

师：请问近似数有什么特点呢？

生：近似数带“约”“近”……这类字眼。

设计意图：通过国庆庆典资料中的数据，让学生初步体会什么是近似数，什么是准确数，对近似数特点有一个基本认识，同时通过重温国庆70周年庆典的场面，让他们感受到祖国的繁荣富强，人民的安居乐业，适时进行爱国主义教育。

2. 了解近似数的作用

师：为什么接受检阅的人数和巨幅国画《江山如此多娇》的画布总面积不用精确数而用近似数来表示呢？

生：画布太长了，无法准确进行测量，只能用估计的方法。

师：（小结）有些情况很难，也没有必要用准确的数据来描述它，只要知道一定的范围就足够了，这个时候就需要用到近似数。这说明近似数在生活中的应用是相当广泛的。

3. 发现生活中的近似数

师：请同学们拿出课前收集的数据，说说哪些是近似数，同桌之间可相互交流。

师：在我们的生活中有许多数量会用近似数表示，你们能说说生活中的近似数吗？

生1：我们学校大约有3000名学生。

生2：我的铅笔大约长15厘米。

设计意图：通过学生容易接受的形式，学生理解什么是近似数，对近似数的特点有进一步了解，在学生心里构成近似数概念。

4. 师生探究近似数的方法

师：像巨幅国画《江山如此多娇》的实际面积是18000平方米，但报道中说"近20000平方米""20000"是如何得到的？

生：估计的。

师：实际面积是18000平方米，那么"18000"表示具体数据，是精确数；近20000平方米，"20000"则是接近18000的数，是近似数。

（1）借助数线图探究求近似数的方法。

教师出示数线图，让学生在数线图上标出18000，实际体会18000接近20000。（板书：10000＜18000＜20000，18000超过15000，更接近20000，故近似数是20000）

（2）借助数线图。

师：请同学们在数线图上分别标出11000、12000、13000、19000，并在作业纸上独立完成。让同学们尝试说出上述数字分别在几格。

师：你们认为这些数的近似数是多少？

生：由数线图上可以看出，11000、12000、13000比较接近10000，19000比较接近20000。

师：你认为10000多的数在什么情况下近似数是10000，在什么情况下近似数是20000？

生：10000和20000之间是15000，在数线图上15000左边的数可近似数看成10000，在数线图上15000右边的数可近似数看成20000。

（3）渗透数学文化，了解四舍五入的来历，理解四舍五入法。

四舍五入的来历

在古代，人们很早就运用四舍五入这一方法了。我国公元前2世纪的《淮南子》一书把中吕59(2039/2187)记作60，采用四舍五入的方法来写成整数。

《九章算术》里也采用四舍五入的方法，在用比例法求各县应出的车辆时，因为车辆是整数，他们就采用四舍五入的方法对演算结果加以处理。

237年，三国魏国的杨伟编写"景初历"时，已把这种四舍五入法做了明确的记载："半法以上排成一，不满半法废弃之。""法"在这里指的是分母，意思是说，分子大于分母一半的分数可进1位，否则就舍弃不进位。

604年，"皇极历"出现后，四舍五入的表示法更加精确："半以上为时，以下为退，退以配前为强，进以配后为弱。"在"皇极历"中，求近似值如果进一位或退一位，一般在这个数字后面写个"强"或"弱"字，意思就表明它比实际数字大或小，这种四舍五入法完全和现在的相同。

在计算近似值时，除了用四舍五入法以外，还有其他方法。《九章算术》里已经出现了开方和近似公式，但是这个公式的误差较大。在《孙子算经》中，采用了新的近似值的计算法——不加借算法公式；到了《五经算术》和《张邱建算经》中，又提出了一个更加精确的计算近似值的公式——加借算法公式。而印度的开方法与我国基本相似，但是比我国要晚500多年。

5. 了解约等号的读写法

师：请同学们打开课本，自学约等号的读写法。

师：近似数是接近准确数的数，大小发生变化，中间不能用“＝”而要用“≈”连接。为了书写方便，求近似数是整万或整亿数时，可以直接以“万”或“亿”为单位表示近似数。（板书：18000≈2 万，“≈”读作“约等于”）

6. 教学运用“四舍五入”法取近似数

教师出示课件，国庆阅兵总人数 233482 人，请学生在图中找到这个数的大致位置，并说一说“约 20 万人”这个数是怎样得到的。（教师出示数线图，学生在数线图上标出这个数大致位置后回答：233482 人在 20 万至 30 万之间，比 25 万小，在 25 万左边，所以近似数看成 20 万。）

师：如果不借助数线图，怎样用四舍五入法得到 20 万呢？（小组讨论，全班交流）

师：把 233482 变成近似数 20 万，由于万位上是 3，小于 5，所以直接把十万后的尾数 33482 舍去变成 5 个 0，就可以得到近似数，简写为 20 万，相当于把万位上的数四舍五入到十万位。即 233482≈200000。万位上 3 小于 5，“四舍”取近似数直接将十万位后面的数舍去变成 0，所以 233482≈20 万。

（三）借助实例，强化新知

师：把 233482 四舍五入到万、千、百、十位分别是多少？

小组讨论，全班交流。

生：把 233482 四舍五入到万位，由于 233482 千位上是 3，小于 5，所以直接把万位后的尾数 3482 舍去，变成 4 个 0，就可以得到近似数 230000，简写成 23 万；把 233482 四舍五入到千位，由于 233482 百位上是 4，小于 5，所以直接把千位后的尾数 482 舍去，变成 3 个 0，就可以得到近似数 233000；把 233482 四舍五入到百位，由于 233482 十位上是 8，大于 5，就要先向百位进“1”，再把 百位后的数字变成 2 个 0，就可以得到近似数 233400。

师：这种求近似数的方法叫“四舍五入”法。求一个数的近似数应该注意什么呢？

生：先找到要省略的尾数，再找到尾数的最高位，最后用“四舍五入”法决定是舍去还是向前一位进“1”，最后写成约等于。

师：求一个数的近似数，可以根据要求舍去这个数某一位后面的尾数。如果尾数的最高位不满 5(是 4、3、2、1、0)，就直接把尾数舍去，改成 0；如果尾数的最高位满 5(是 5、6、7、8、9)，舍去尾数改写成 0 后，还要向前一位进 1。当我们求一个数的近似数时，要弄清这个数保留到哪一位，再看它尾数部分的最高位进行“四舍五入”，最后把尾数的各位都改写成 0，一定要用“≈”而不是“＝”。

三、渗透数学文化，巩固应用新知

教师带领学生练习题目，判断哪些是准确数，哪些是近似数。

师：请同学们读一读、练一练第 1 题中的数据，再说一说哪些是准确数，哪些是近似数。

生：2010、190、56 是准确数，3 万、7308 万、40 万是近似数。

师：同学们去过华山吗？华山美不美呢？你们知道它有多高吗？

生：华山海拔 2155 米。

师：请结合数线图找出 2155 四舍五入到百位是多少米？

通过提问，引导学生进一步体会四舍五入的意义，并谈一谈自己的收获。

课后反思

学生是数学学习的主人，教师是学生学习的组织者、引导者、合作者，教师的任务就是让学生在现实的情境中和已有知识的基础上体验数学文化，学习数学知识。小学数学课堂教学中，通过对数学文化的渗透，可以引发学生的好奇心，促使学生产生努力学习的动机。

一是欣赏山河之美，热爱祖国文化。

教学伊始，教师引导学生回顾首都北京的旅游景点，了解祖国灿烂辉煌的文化，在引出学习内容、激发学生学习兴趣的同时，培养了学生热爱祖国文化的情感。从生活和数学文化的角度引入课题，从一开始就将学生的注意力吸引过来，让学生产生喜爱数学的情感。

在复习巩固运用环节，通过具体数据了解 2010 年上海世博会盛况以及中国馆的雄伟壮丽，同样通过数据知道了“五岳”之一——华山的具体高度，明白了“五岳归来不看山”的说法。

二是创设教学情境，渗透数学文化。

恰当利用生活中一些学生感兴趣的事情，能很好地帮助我们创设教学情境。从熟悉的场景入手，有利于学生在情境中发现问题，学习新知识。国庆阅兵的盛大场面激起了学生无比的自豪感，兴奋之情溢于言表。引导学生带着寻求实际问题的答案的急切心情进入新课的学习。

(1) 联系生活实际，调动学生学习的积极性。

对于求近似数，学生还是比较陌生的。教学时，教师列举生活中的实例，使学生深入体会近似数在生产和生活中的应用，明确有些量很难或不必要用准确数表示，常用近似数表示；利用书中的情境图创设情境，有利于激发学生的学习兴趣，使学生怀着愉快的心情走进学习活动，调动学生思考交流的积极性与求知欲望。

(2) 倡导自主探索，突出学生的主体地位。

既然知识是个体主动建构的，不可能所有的知识都要通过教师的讲解传授给学生。因此，学生必须主动地参与到整个学习的过程中，根据自己先前的经验来建构新知识。本课时在设计上更多地通过展示生活中的一些数学信息来激发学生的学习兴趣，让学生主动地投入到对近似数的认知中去，让学生经历探究求一个数的近似数的过程，理解并掌握求近似数的方法。本课时主要学习将非整万、整亿数用四舍五入法求出近似数。学生在学习万以内数的认识时，已初步了解了近似数，生活中也经常遇到近似数。课堂上引导学生充分利用已有的知识和经验，通过独立思考、小组合作、讨论等活动来探究新知，经历运用四舍五入法求近似数的过程。

(3) 注重数学文化和学生已有的生活经验。

对于学生来说，先前的经验是非常重要的，他们在日常生活中，在以往的学习中，已经形成了比较丰富的经验，遇到某些问题时，他们会从有关的知识经验出发，形成对问题的某种合乎逻辑的解释。如近似数的概念学生虽然没有接触过，但近似数在日常生活中是很常见的，通过学生对生活事例的调查和直观的描述，辅以四舍五入的来历，渗透数学文化，让学生进一步认识和理解近似数。

数学是美的数学，用审美的角度去欣赏数学，去探索数学中的一些现象，揭示其中的某些规律，同时渗透数学文化，对学生的全面发展至关重要，也是每一位数学老师要追求的目标。

感悟计算工具的“古往今来”，品味数学文化

——“神奇的计算工具”教学实践与反思

课前思考

本节课的教学内容是认识神奇的计算工具——计算器。计算器在我们的生活中已经相当普及，学生在日常生活中都接触过计算器，对计算器有着不同的了解，大部分学生会初步操作计算器，但他们对计算工具的演变及发展历史知道的并不多。因此本节课并不仅仅是让学生学会使用计算器，还要让他们了解计算工具的发展历程，领悟创造源于需要的真谛，在大量的史料阅读中感受我国古代劳动人民伟大的智慧和创造力，激发学生的民族自豪感。

本节课从学生最熟悉的计算器入手，引导他们带着疑问去探究古代人使用的计算工具，感悟计算工具的“古往今来”，进而激发学生对数学的探究兴趣，培养学生收集信息的能力和交流的能力，让他们在品味数学文化的同时为自己是中国人而骄傲。

教学目标

(1) 了解经历计算工具的演变过程，在不断更新、完善的探究过程中体验计算工具发展的历史文化。

(2) 培养学生自主学习、收集信息的能力，提高课堂语言交流和表达的能力。

(3) 感受古代劳动人民伟大的智慧和创造力，激发学生的创新意识和民族自豪感。

教学实践

一、师生谈话，引出计算工具的发展史

师：同学们，你们认识这是什么吗？（课件出示：计算器）

生：计算器。（板书：计算器）

师：你们在哪些地方看过计算器呢？

学生自由回答，列举生活中使用计算器的场景。

师：计算器作为一种计算工具，给我们的生活带来了极大的方便和帮助。在漫长的历史长河中，随着社会的发展和科技的进步，人类进行运算时所使用的工具也经历了由简单到复杂、由低级到高级的发展变化，现在让我们一起走进原始社会，认识原始人的计算工具。

二、演绎文化，了解计算工具的发展史

（一）介绍远古时代一一对应的计数方法

师：课前同学们也进行了大量的史料调查，你们知道原始人是怎样计数的吗？

生1：原始社会人类智力低下，当时用把石子放进皮袋或把贝壳串成串儿刻痕等一一对应的方法，记录需要计数的物品。

生2：后来他们还使用结绳计数和手指计数。

师：结绳是怎么回事？

生3：在绳子上打结来计数。

生4：手指计数是使用手指来数数。

师：当时人们利用一一对应的计数方法，能够解决生活中遇到的问题。但在今天看来，你觉得这种原始的计数方法和计算工具还能解决生活中的问题吗？

生1：计数麻烦，携带不方便。

生2：手指（脚趾）不够用，石子堆成山。

师：当时人们也意识到了这个问题，他们是怎样解决这个问题的？

生3：两种计算工具可以结合使用。例如，手指计数到10，不够用了就在绳子上打一个结表示10，每到一个10就再打一个结，到10个10打10个结，之后再就换一根绳子重新打结。

师：你的发现很有价值，一根手指表示1，一个结表示10，一根绳子表示100；每10根手指打一个结，每到10个结就换一根绳子，10根绳子是100；人类的10根手指是个天生的"计数器"。原始人不穿鞋袜，再加上10个足趾，计数的范围就更大了。至今，有些民族还用"手"表示"5"，用"人"表示"20"。

师：这其实是我们现在正在使用的什么计数方法？

生：十进制计数方法。

（二）介绍古代计算工具——算筹、算盘

1. 算筹——世界古老的计算工具

师：人们在生活中创造着、进步着，逐渐在一一对应计数方法的基础上，发明了很多新的计算工具，我国古人很聪明，发明了一种有趣的计算工具，你们知道是什么吗？

生：算筹。

师：你们知道算筹是什么样的？

教师出示课件，学生朗读。

> **算筹**
>
> 2000多年前，我国春秋时期出现的算筹是世界上最古老的计算工具。计算的时候可摆成纵式和横式两种数，按照纵横相间的原则能表示任何自然数，从而进行加、减、乘、除计算。它在当时世界上是独一无二的。

师：关于算筹，你们还了解到哪些知识？谁愿意来说一说？

生 1：算筹是一些长短、粗细相同的小棒，多数用竹子制成，也有用木头、兽骨等材料制成的，摆成不同的形式来表示不同的数。

生 2：我了解到算筹表示数的方法，1～5 是几就用几根算筹表示，表示 6 时是用一根横的表示 5，然后下面再加一根表示 1，合起来是 6……。

师：算筹计数有横式和纵式两种摆法。纵式“—”表示 5，横式正好相反“ |”表示 5，空一位表示(图 5-41)。

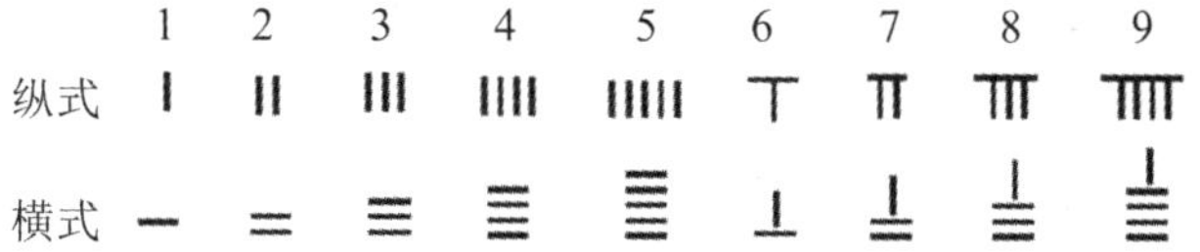

图 5-41　算筹计数

师：怎样用算筹来表示更大的数呢？想不想试一试？现在就利用我们手中的算筹试着摆一摆数字 23、175。

与同桌之间相互合作，尝试操作。

师：看来，算筹表示数的过程中已经有了明显的数位和十进制计数方法的体现。我们还可以用更多的算筹表示更大的数吗？如 1949、1974。

师：当时，中国人发明算筹时，有一位著名的数学家就是利用算筹成功得出了圆周率，他就是祖冲之。

师：根据文献记载，算筹除竹筹外，还有木筹、铁筹、玉筹和牙筹。相比之下，算筹这种计数方法已经先进了很多，但为什么这种方法没有沿用至今呢？

生 1：运算的时候需要很大的地方摆算筹，位数越多，摆的面积就越大，用起来越麻烦。

生 2：计算过程不能保留，如果算错了，都不知道从哪里检查。

设计意图：数学课堂中的操作活动是小学生最感兴趣的学习方式，这里从学生感兴趣的算筹入手，让学生亲身经历算筹计数的计数过程，促进学生的主动参与，了解数学文化的形成过程，有利于提高学生的动手操作能力，有效地激发了学生做数学的积极性，使数学课堂焕发活力。

2. 算盘——中国古代重大发明

师：聪明的人都不会安于现状，经过近千年的努力，随着计算技术的发展，在求解一些更复杂的数学问题时，算筹显得越来越不方便了。于是在 1000 多年前，中国人发明了算盘，它算起数来可厉害了。在古代谁要是会用算盘算数，那可真是了不起的人物，它结合了十进制计数法和一整套计算口诀并一直沿用至今，被许多人看作最早的数字计算机。算盘的出现，使计算的速度快多了。现在咱们一起来学一学如何用算盘算数吧。

师：拿出你们的算盘，与同桌说一说你对算盘有哪些了解？

生 1：算盘是长方形的，四周是木框，里面固定着一根根小木棍，小木棍上穿着木珠，中间被一根横梁分成两部分，每根木棍的上半部有 2 颗珠子，每个珠子表示 5，下半部有 5 颗珠子，每个珠子代表 1。

生 2：上面 1 颗珠子，下面 4 颗珠子，清盘，表示 1～10(“以一当五，满十进一”)。

生 3：还有的算盘上面有 2 颗珠子、下面 5 颗珠子，最上面和最下面的 2 颗珠作用不是很大，后来设计算盘时进行了简化。

师：好，我们进一步认识和了解一下算盘各部分的名称。

算盘

① 算盘又称珠算，是我国古代人们创造的一种计算工具，素有中国计算机之称。算盘历史悠久，它产生于汉代以前，从明代开始传入朝鲜、日本等东亚国家。算盘是我国古代劳动人民智慧的结晶，因此，中国是珠算的故乡。不仅如此，即使是在美国、日本等高度现代化的国家里，也有很多人在学习使用算盘，有的地方还把珠算列入小学课程。

② 中国乃至世界最大的算盘，收藏在天津历史博物馆内，是清朝末年天津沽衣街算盘作坊制造的，距今已有一百多年的历史。它是按天津达仁堂药店的柜台尺寸设计的，长306厘米，宽26厘米，共有117档。营业忙季时，五六个店员可以同时在一个大算盘上算账。

师：算盘继承了算筹"以一当五"的优点和数位上"满十进一"的十进制计数方法，改进了算筹的摆放受环境限制的弊端，推动了计算工具的发展。随着时代的不断前进，算盘不断得到改进，成为今天的珠算。特别是在民间，当初认识字的人不多，但是，只要懂得了算盘的基本原理和操作规程，人人都会应用算盘。

师：根据刚才大家所掌握的算盘的知识，你们能拨出下面的数吗？（师课件出示，学生拨）

师：其实无论多大的数，只要按照我们现在所掌握的数位顺序表进行拨就可以了。

师：你们知道"9+8"用算盘该怎样算呢？

生1：先在算盘上拨出9颗珠子。

师：要拨8，这杆上没有8颗珠子怎么办？

生2：可以在前一杆上拨1颗珠子，再在这杆上去掉2个珠子。

师：你们听明白了吗？为什么要这样做呢？

生3：前一杆相当于十位，个位8和2凑成十，所以在个位的杆上去掉2，十位杆上拨出1就可以了。

师：知道吗？刚才你们的算法在古书上就记载了这么一句话："8去2进1"。

生：我还知道1去9进1，2去8进1，3去7进1……

师：刚才我们尝试使用了算筹和算盘计数，你们有什么体会？

生：用算盘计数要比用算筹计数方便很多，计算速度也快很多。

设计意图：借助算盘进行简单的计算，是基于我们对算盘是中国传统计算工具优点的考量，引导学生想象，要是用算筹表示这两个大数会怎么样，突出算盘的便捷。算盘曾经广泛应用于我们的生产和生活中，至今仍然在某些工作中发挥着它独特的作用，它是我们祖辈智慧的结晶。

3. 计算器——现代人类智慧的结晶

（1）国外计算工具的发展。

师：让我们一起来看一看，其他国家发明的计算工具吧。

① 认识计算尺。

17世纪初，英国人发明了计算尺（出示课件）。计算尺的出现开创了模拟计算的先河，后来人们发明了多种类型的计算尺，直到20世纪中叶，计算尺才逐渐被袖珍计算器取代。

② 认识机械计算器。

17世纪中期，欧洲人发明了机械计算器（出示课件）。世界上第一台加减法计算机是

1642 年由法国哲学家和数学家帕斯卡发明的，它是利用齿轮传动原理制成的机械式计算机，通过手摇方式操作运算。这一时期的计算机虽然构造和性能还非常简单，但是其中体现的许多原理和思想，已经开始接近现代计算机。

(2) 现代化的计算工具——计算器、计算机。

师：今天，日常生活中使用频率较高的计算工具有哪些？

生：计算器、计算机。

师：这两种是现代最常用的计算工具。

师：你们对计算器和计算机有哪些了解？谁愿意来谈一谈？

生 1：美国诞生了世界上第一台电子计算机。

师：老师收集了计算机的发展历程中的一些重要事件，大家读一读。

计算机的发展历程

① 1642 年，法国数学家帕斯卡发明的加法机是人类历史上第一台机械式计算机。(按钮)

② 1674 年，德国数学家和哲学家莱布尼茨设计完成了乘法自动计算机(摇柄)。1822 年，第一台能按一定程序自动控制的计算机诞生了。

③ 1946 年，美国诞生了世界上第一台电子计算机。它占地 170 平方米(约为教室一半大小)，有 30 吨重(约 6 只大象的重量)，每秒可运算 5000 次。

④ 目前，速度快的计算机 1 秒钟能运算 54902 万亿次。除了台式电脑，还有笔记本电脑、掌上电脑等。

设计意图：通过数学课上不同计算工具的介绍，学生能够比较完整地了解和理解计算工具的演变过程，并从这些史料的学习中获得智慧和力量，促进学生的成长，帮助他们更好地认识数学的价值，加深对数学文化的理解，激发他们的求知欲，让他们更好地去体验数学文化、理解数学文化、欣赏数学文化、热爱数学文化。

(二) 认识计算器

1. 计算器的用途

师：我们认识了古今中外这么多的计算工具，如果我们陪爸爸、妈妈去超市买许多生活用品的时候，你会选择哪种计算工具？

生：计算器。

师：为什么选择计算器呢？

生：计算器算得又对又快。现在手机上都有计算器，用起来也方便。

2. 计算器的介绍

师：课前你们都准备了一个计算器，下面我们来进行一场计算器推销员比赛，看看谁能把手中的计算器推销得最棒！

生 1：我会介绍计算器的面板、显示器。

生 2：我觉得应该介绍键盘和功能。

生 3：还可以说一下这款计算器的优点。

师：那就请大家先在小组内说说，然后推荐一位伶牙俐齿的“推销员”到台上来和其他组比一比，开始吧！

学生分组活动，教师巡视，重点引导学生在小组内说说计算器的基本功能和操作方法。小推销员上台介绍计算器的功能和使用方法时，其他组的同学可以进行补充，对于学生的回答教师应及时鼓励和表扬。

3. 复习基本按键

师：刚才我们班的“小推销员”们把手中计算器的情况说得很清楚了，下面我们一起来回忆一下这个新朋友各个按键的名称。

教师出示课件：计算器面板图，并随机提问。例如，键盘里有哪些键？“on/off”是什么意思？小数点键在哪儿？“CE”的作用是什么？再结合学生的回答逐一出示答案。

三、感悟数学文化，提升民族自豪感

师：从远古时代朴实的计数法到今天现代化的高科技，在短短40分钟里，我们一同经历了计算工具几千年的发展历程。看来，聪明的智慧源于伟大的创造，源于不断打破常规的创新想法，通过今天的学习和交流，你们有哪些感受和设想？

生1：收集资料的时候，我学到了很多知识，但有很多是我没有学到的，通过这堂课的学习，我懂得更多了。

生2：中国古代劳动人民很聪明，很了不起，能够创造出算筹和算盘等计算工具，我作为一个中国人感到很自豪。

师：对未来你们有什么设想？

生3：数字多的时候，计算器显示屏不够用，我想发明一种不管计算多少数字的运算都能显示的工具。

师：同学们，从时光隧道回到现实生活中，你会发现我们的古人有多么的伟大，我们的民族有多么的智慧。当今世界，科学技术突飞猛进，我们的生活日新月异，丰富多彩。尽管你们在数学课本中只认识阿拉伯数字，但从今天起，你们要知道最早记下数字的是我们的祖先；你们也许对计算机更感兴趣，但是你们更不要忘记，其实计算机的祖先就是我们中华文化的瑰宝——算盘。希望未来的你们能够不断刷新计算工具发展的历史。

【板书设计】

神奇的计算工具

——计算工具的演变

远古时代　　　我国古代　　　现代

课后反思

数学课程中要体现数学文化，弘扬人文精神。《数学课程标准(2011版)》中就明确指出：数学文化作为教材的组成部分，应渗透在整套教材中。为此，教学过程中可以适时地介绍有关背景知识，包括数学在自然与社会中的应用以及数学发展史的有关材料，帮助学生了解数学在人类文明发展中的作用，激发学生学习数学的兴趣，感受数学家治学的严谨，欣赏数学之美。

在本课教学中，教师引导学生感悟计算工具的“古往今来”，在数学文化的品位中激发学生学习数学的兴趣。具体做法如下：

一是师生谈话营造氛围，呈现数学文化气息。

教师在数学课堂上应当努力营造氛围，有意识地创造条件，让学生不仅习得数学的基础知识与基本技能，还在培养理性精神的同时，感受数学知识背后隐藏的火热激情，受到数学文化的滋润。中国古代的数学长于计算，在世界数学史中留下了许多优秀的成果，本节课从学生熟悉的计算器入手，引导学生带着疑问去探究计算工具的发展历程，调动学生学习数学的积极性和求知欲。计算器在我们的生活中已经相当普及，学生在日常生活中都接触过计算器，由于计算器在现实生活中的广泛应用，学生对计算器有着不同的了解，大部分学生会初步操作计算器，但他们对计算工具的演变及发展历史知之甚少，本节课并不仅仅是让学生学会使用计算器，还要让他们在探究中去了解计算工具的发展历史。数学史料的呈现无疑增添了课堂的趣味，数学文化的气息扑面而来。

二是在数学史中理解本质，感受数学文化魅力。

用发展的眼光看待问题，远古时代一一对应的计数方法计数起来比较麻烦并且携带不方便，人们在生活中创造着、进步着，逐渐在一一对应的基础上发明了很多新的计算工具。2000多年前，中国人开始使用算筹，相比之下算筹的计数方法先进了很多，但是它也有一定的缺点。例如，运算位数多的时候，摆放面积就大，用起来麻烦；再者计算过程无法保留。到了1000多年前人们发明了算盘，用算盘计数要比用算筹计数方便许多，计算速度也快很多。算盘的使用一直沿用至今。随着时代的发展与进步，每一种计算工具可能会被另一种更方便携带、计算速度更快的计算工具替代。学生通过了解计算工具的发展历程，充分感受到祖先的智慧，民族自豪感油然而生，数学文化的魅力在此得以体现。

三是在动手操作中升华数学文化，感受数学严谨之美。

动手操作活动是数学知识的抽象性和学生思维的形象性之间架起的一座桥梁，动手操作可以让学生体会成功带来的满足感和操作材料的价值，感受数学严谨之美。本节课主要通过让学生用算筹或算盘进行摆一摆，不断激发学生的操作能力、推理能力和想象力，在摆与想的过程中，发现各自的优点与缺点，去亲身体验计算工具的发展历程及改进的必要性，去感受计算工具的演变是人类社会的进步，也从中感受数学之美。

兴趣引领，生活搭桥，初识正负数

——“正负数”教学实践与反思

课前思考

本节课是北师大版小学数学四年级上册第七单元“生活中的负数”的第二课时。本节内容由过去的从温度引入并认识正负数，改为“温度”（直观认识正负数）和“正负数”（了解正负数意义）两节内容，教材的改编在很大程度上降低了学习难度。本节课旨在让学生感受负数与生活之间的联系，没有复杂的概念与计算，知识层次比较浅。学习目标更明确，认识负数的关键是理解负数是表示与正数意义相反的量，小学阶段学习负数限定了解的层次，主要是结合学生的生活经验，通过现实生活丰富的实例，直观地认识正负数，学会用正负数表示相反意义的量。本节课以现实生活情境引入，引导学生运用自己的方式尝试记录生活中相反意义的量，并进行讨论比较，引发学生学习新数的情感需求，使学生逐渐体会到数学符号的简洁、准确。学生在记录、交流、比较的过程中，因需要而思考，因思考而创造，经历了一种符号化到数学化的过程：由文字叙述到符号表达，充分感悟了负数产生的过程和必要性，凸现了数学知识源于生活的理念。

教学目标

(1) 结合生活实例，进一步体会正负数的意义。

(2) 结合情境，了解整数包括正整数、0 和负整数，知道 0 既不是正数，也不是负数，认识 0 是正数和负数的分界。

(3) 通过列举生活中运用正负数的例子，体会数学与现实生活的密切联系。

教学实践

一、游戏情境，引出新知

(一) 场景一

师：同学们，你们喜欢做游戏吗？

生：喜欢。

师：那下面我们一起来做个游戏，游戏的名字叫作“我反，我反，我反反反”。游戏规则如下：我说一句话，同学们要以最快的速度说出与我相反的话，适当的时候可配合自己的动作。

师：我很高。

生：我很矮。

师：我举左手。

生：我举右手。

师：我睁开眼睛。

生：我闭上眼睛。

师：比赛赢两场。

生：比赛输两场。

师：同学们的反应可真快！

(二) 场景二

师：上节课为了区分零上温度和零下温度，我们用正负数来表示生活中如温度这类具有相反意义的量。其实，在我们的生活中，还有很多情况也可以这样来记录，你们还想到哪些这样的量？请大家相互之间说一说。

生 1：上车 5 人，下车 5 人。

生 2：比赛赢三场，比赛输三场。

…………

师：好，今天我们继续研究“正负数”。

设计意图：学生在前一节课中已经了解了正负数的表示方法，并初步理解了负数的意义。课堂上教师鼓励学生积极回忆、思考，并从生活中常见的相反现象入手，对本节课重点内容进行铺垫，让学生感受到数学就在身边。

二、创设场景，探究新知

（一）表示相反意义的量

教师播放顾客进出超市的视频，并提问。

师：请同学们仔细地观察这段录像，看一看有没有相反的现象？

生 1：有些人进超市，有些人出超市，这是相反的现象。

师：请同学们当记录员，用自己喜欢的方式记录超市门口顾客进出的情况。比一比，看谁记录得又快又清楚。

此环节需要学生独立完成记录。

师：做好记录的同学可以把自己的方法在小组里交流，看看谁的方法既简单又合理。

设计意图：通过记录相反的现象，逐步培养学生抽象的数学思想，把生活中的现象抽象为符号来表达，是一个需要体会的过程。

师：哪位同学愿意把自己的方法向全班同学展示？

学生向全班展示作业，并交流。

教师板书，记录学生阐述的办法，并与他们一起讨论哪一种方法更简洁明了。

① 直接表示（简洁但不明了）。

② 用文字表示（明了又不够简洁）。

③ 用符号表示（简明、清楚，一目了然）。

通过交流讨论，学生发现用符号表示的记录方法更加简洁、明了。

设计意图：正负数的认识完全由学生借助生活经验总结出来，在这个环节中，渗透符号化的数学思想，让学生通过多种方法比较，经历由文字叙述到符号表达的过程，体会“＋”“－”符号的简洁性和负数产生的必要性。

（二）认识正负数的意义及读法

1. 认识正负数的意义

根据学生回答，教师板书。（如 5 分钟内进去超市 12 人用“＋12”表示，出去 8 人用“－8”表示。）

2. 了解正负数的读写法

师：你们知道这些数分别叫什么数吗？

生：正数和负数。

师：哪些是正数？哪些是负数？

生：“＋12”是正数，“－8”是负数。

师：这里的“＋”“—”和我们之前学习的意义有所不同，这里的“＋”叫正号，“—”叫负号。读的时候应该分别读作正、负。（师生齐读）

3. 读一读

＋100、－375、－1.8、＋678.63、39

师：请同学们来读读上面的数字。请问答 39 前面怎么没有符号？你认为它是正数还是负数？

师：正号有一个神奇的本领，它可以隐身，也就是正数前的正号可以省略不写，这样就能看出这些就是我们以前学过的数。那么负数前的负号可以去掉吗？为什么？

生：如果把负数前的负号也省掉就和正数分不开了，所以负数前的负号不可以省掉。

师：是的，正号可以隐身，负号是绝对不可以去掉的。

设计意图：介绍“＋、－”的读法及意义，体会用正负数表示意义相反的量。

4. “找朋友”游戏

（1）游戏 1：认识 0。

师：现在我们来玩“找朋友”的游戏。（出示课件：数字卡片）拿到卡片的同学在听到“开始”的口令后，去找你的朋友，并站到他的身后。

师：0 的朋友在哪里？

生：这里的 0 没有朋友。

师：0 为什么没有朋友？

生 1：0 不是正数。

生 2：0 不是负数。

师：（小结）没错，“0”是正负数的分界，既不是正数，也不是负数。

（2）游戏 2：认识整数。

师：谁是我的朋友？谁不是我的朋友？为什么？

生：75、－19、－58、－6、＋28 是整数的朋友。

师：看来不是所有正负数都是整数的朋友，只有像 75、－19、－58、－6、＋28 这样的数叫作整数。

最后，教师拿出数字卡片，并询问学生“大家还是我的朋友吗？”教师根据学生的回答适时板书，即“数的分类”。

师：（小结）由于正负数的加入，数字家族又扩大了。它们都是我们学习上的好朋友。

设计意图：“找朋友”的游戏让学生感受到了这些数字的归属关系，同时渗透了数学集合的思想。这里虽没有明确的集合圈的展示，但是让学生在活动中充分感知了集合思想。通过数学游戏，让学生对已有的数学知识进行整理，明确整数的概念，渗透分类的数学思想。

（三）正负数的应用

1. 海拔中的正负数

师：生活中还有很多的正负数，我们一起去看一看。

教师出示珠穆朗玛峰和马里亚纳海沟的图片。

海拔中的正负数

高出海平面 8844.43 米，记作（　　）。（＋8844.43）

低于海平面 155 米，记作（　　）。（－155）

师：为什么记为负数呢？

生：因为低于海平面的高度。

师：海平面起到什么作用？

生：分界线的作用。

师：（小结）地理上，我们把高于海平面的高度记为“正”，把低于海平面的高度记为“负”。那么，请大家大胆想象一下，如果我们把珠穆朗玛峰拔起来，倒过来插入马里亚纳海沟，能填平海沟吗？

生：不能。

师：的确，不但高山让人仰止，大海也深不可测呀！

2. 竞赛评分规则中的正负数

师：同学们，请观察竞赛评分的有关规则，并思考类似于“＋10”“－10”等数字分别表示什么意思？

生：答对的都用“＋”表示，“＋10”应该表示“答对一题得 10 分”，答错的用“－”表示，“－10”应该表示答错一题扣 10 分。

3. 银行中的正负数

师：这是一张存折内页（图 5-42），请同学们仔细观察，说一说你们的发现。

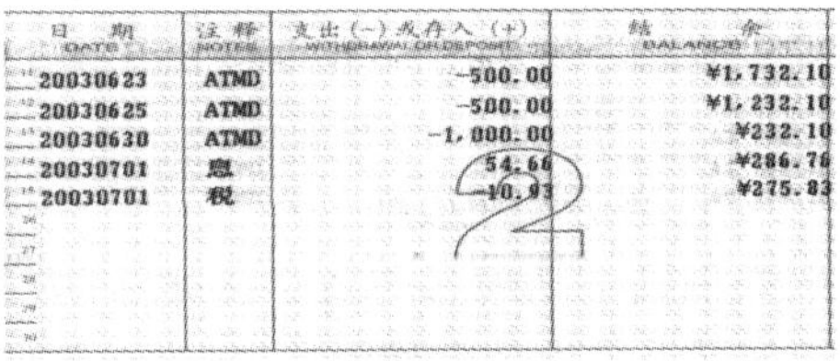

日期 DATE	注释 NOTES	支出(－)或存入(＋) WITHDRAWAL OR DEPOSIT	结余 BALANCE
20030623	ATMD	-500.00	¥1,732.10
20030625	ATMD	-500.00	¥1,232.10
20030630	ATMD	-1,000.00	¥232.10
20030701	息	54.66	¥286.76
20030701	税	-10.93	¥275.83

图 5-42　存折内页

生 1：每次取出的钱都用负数表示，利息应该是收入，所以用正数表示。

师：没错，收入的钱数用正数表示，支出的钱数用负数表示。那么存折上的“—”可不可以去掉呢？为什么？

生 2：当然不可以。如果去掉了就分不清是收入还是支出了。

师：如果接下来你要从存折中取出 200 元，存折上怎样显示呢？

生 3：存折“支出(—)或存入(＋)”栏上应该记“－200”，“结余”栏显示为 75.83。

设计意图：通过三道习题巩固学生对正负数的理解。习题内容选自生活中的不同相反现象，使学生感受到正负数在生活中无处不在。

三、丰富新知，介绍负数历史

师：同学们，我们今天从“相反”这个词聊起，认识了“负数”这个新朋友。其实对于负数的认识，在中国有着悠久的历史，古代的人遇到这样的问题的时候，也想出了不同的方法。你们想知道吗？让我们通过一段资料一起来回顾负数的历史。

教师指导学生阅读课本中的“你知道吗”，了解正负数的数学史，感受数学文化，并感受作为中国人的骄傲。

四、巩固应用，强化新知

(1) 习题1：用正负数记录家庭收支情况。

(2) 习题2：用正负数在数轴上表示正反方向。

(3) 习题3：用正负数记录成绩。例如，某次考试的平均分为80分，比80分低1分，记作“－1”；比80分高2分，记作“2”；以此类推。

师：为什么淘气记作“0”？说一说你是怎样理解的。

生：以80分为标准，不多不少记为0，以比它多记为“＋”，比它少记为“－”。

从这个习题中，可以看出，考试的平均分是没有任何变化的，只是评判的标准在变化。希望通过这个习题，向学生渗透变中有不变的数学思想。

课后教师可以让学生收集有关负数的资料，并结合自己学校、家庭生活中的情况，写一篇《负数和我的生活》的调查小报告。

课后反思

本节课是对负数的一个初步认识，是为初中的学习打基础。本节课始终围绕着生活展开教学活动，让数学的知识紧密地贴近生活的原型。整个学习过程恰到好处地体现了从生活出发最后回归生活的学习过程，取得了良好的教学效果。

一是注重激发学生学习参与的兴趣和积极性。

兴趣是最好的老师，学生能积极主动地参与数学探索活动，源于对数学的喜欢和感兴趣。因此，在教学中要尽可能创设一些生动有趣的情境，吸引学生参与到课堂学习中来，如做“相反”的游戏、当小记者、抢读练习、找朋友等。引导同学们在生动的教学情境中兴致勃勃地感受，了解正负数产生的背景及其在生活中的广泛应用，让学习变得更有趣味性。学生始终参与活动，学习效果非常好。

二是引导学生自主探索学习。

给学生充足的时间去尝试、交流方法，让学生从不同角度去分析解决问题，体现学生解决数学问题思维的多样化、个性化。课堂上教师努力做到师生互动、生生互动、全班交流、互相评价，学生在多种学习方式中有所提升，促进有效教学活动的开展。

三是在比较中升华。

比较是理解的基础，通过比较才能挖掘隐藏在数学知识背后的内在联系，让学生的认识更加深刻。在教学中，教师引导学生进行讨论、比较不同的记录方法，有用语言叙述的方法，有用画图的方法，还有用符号的方法。经过比较，学生发现用符号表示的方法既简洁又明了，又能引发学生学习新数的情感需求。同时，学生在记录、交流、比较的过程中，因需要而思考，因思考而创造，经历了一种符号化和数学化的过程：由繁到简，由文字叙述到符号表达，感受到负数产生的过程和必要性，理解了数学知识源于生活的理念。

四是贴近生活实际，促进学生对知识的提取和应用。

例如，教师让学生从生活现象中感受相反，从生活需要引出与正负数相关的数学知识。在练习题的设计上，也尽可能地从生活中提取、设计练习题，突出体现“生活中的数学”，从而使学生学会用正负数描述现实生活中的现象，并感受到生活中处处有数学。

五是用中学，学中用。

教师巧妙地引导学生收集有关负数的资料，结合自己在学校、家庭生活中的情况，写一篇《负数和我的生活》的调查小报告。抓住每一个机会，为教学目标服务。

六是了解正负数的数学史，感受数学文化。

教师适时地向学生介绍古代对负数特殊的表示方法，这是中国古代劳动人民在长期的生产生活中的智慧结晶，对学生来说，数学学习既是知识的积累、眼界的开阔，又能感受到作为中国人的骄傲。

《西游记》视角下三角形的奥秘

——“三角形内角和”的教学实践与反思

课前思考

充分实现将传统文化与数学课堂教学深度融合，引导学生在体会我国山包海汇的民族文化的过程中，培养学生的数学文化素养和数学学习心理品质素养。本节课找准传统文化与数学的连接点，在课堂教学中，挖掘传统文化思想和优秀品质，展现传统文化以德育人的特有功能。学生已经学习过角的分类、角的度量、三角形的认识和三角形的分类等知识。三角形内角和是三角形的一个重要性质，因此充分发挥学生的主观能动性，引导学生自主观察、推理分析并动手操作，在具体游戏化情景中实现德育和课程、学科和传统文化之间的深度融合。

教学目标

(1) 通过量、剪、拼、折等直观操作活动，探索并发现三角形内角和等于 180°，发展动手操作、观察比较的能力。

(2) 能运用三角形内角和的性质，解决一些简单的实际问题。

(3) 在探索发现的过程中，体验数学思考与探究的乐趣，培养学习数学的兴趣。

教学实践

一、“《西游记》大闯关”主题项目游戏方案设计

本研究内容选自北师大版四年级下册第二单元三角形的内角和，主题项目游戏内容安

排见表 5-2。

表 5-2 常规教学内容与主题项目游戏内容安排对比

常规教学内容安排	主题项目游戏教学内容安排
激趣导入:引出课题	(1) 项目前置:活力动手王,手工制作专属三角形(校外开展) (2)《西游记》"知"多少
质疑猜想:明确目标	以四大名著为媒介,调查学生对《西游记》的喜爱度及原因,顺势引出"《西游记》大闯关"主题项目游戏
合作探究:操作验证	**第一关:白虎岭** 任务一:帮助三角形家族平息争吵 任务二:所有的角加起来是比什么
应用结论:解决问题	**第二关:火云洞** 任务一:谁的内角和大(猜想) 任务二:量——出示任务要求,并完成学习单(验证)
	第三关:火焰山 任务一:拼——出示任务要求(验证) 任务二:折——出示任务要求(验证)
	第四关:盘丝洞 任务:不量不拼进行推理(推理)
	第五关:狮驼岭 任务一:小小解决王(结论应用) 任务二:小小填空王(结论应用) 任务三:小小判官家(结论应用)
	探究性作业:专属"三角形的漫画故事"

通过分析教材深度,突破常规教学"瓶颈",采用帮助唐僧师徒四人进行"《西游记》大闯关"主题项目游戏进行教学。通过帮助唐僧师徒四人经历重重关卡、克服艰难险阻、前往西天取得真经的游戏活动设置,最大限度地调动学生的学习兴趣,不仅让学生获取了知识,还让他们体会到了不畏困难、勇往直前的品格。

二、"《西游记》大闯关"主题项目游戏实施过程

(一) 前置任务,动手发现

在学生学习三角形的内角和内容之前安排前置性预学任务,主要有两个作用:一是提升学生的动手操作能力,在动起手中动起脑;二是让学生体会传统文化的无穷魅力。

从整体上来看,四年级的学生动手能力较强,他们制作了形形色色有亮点的专属三角形,在动手过程中进一步综合发展了学生的思维、想象等各项能力。《西游记》是中国最著名的神话著作,它的创作灵感来自真实的历史事件,一位名叫玄奘的佛教僧侣,在前往印度朝圣时穿越了严酷的沙漠,经过 1 万多公里的跋涉后获得了佛经。朝圣代表了佛教的纪律,《西游记》讲述了唐僧师徒四人自律和克服困难的故事,它对中国精神有着深远的影响。

（二）课堂教学，拓宽思路

突破传统课堂教学模式和方法，遵循教材思路教授本节课的重点内容。

教学三角形内角和是180°，考虑到四年级的学生学习自觉性和知识概括性不高，这些内容需要在教师的指导下，以问题为驱动开展思考，这一阶段以帮助唐僧师徒四人突破层层关卡，取得真经的"《西游记》大闯关"主题项目游戏为背景，设计课堂教学形式，开展教学活动（表5-3）。

表5-3　"《西游记》大闯关"主题项目游戏环节展示

关卡设置	驱动任务与课堂实录反馈
第一关：白虎岭 （白骨精）	课堂前置问题： 师：中国古代的四大名著之一的《西游记》令老师印象最深刻，同学们喜欢这本书吗？《西游记》中你们最喜欢哪个人物？为什么？ **驱动任务一：帮助三角形家族平息争吵** 驱动问题：教师首当其冲，给学生树立良好的榜样，帮助师徒四人突破这个难关，并提出第一个建议，如果只拿出一个角来比，谁会获胜呢 驱动问题：我们都学过哪些角？ 学生在问题的驱动下进行回答——锐角、直角、钝角、平角、周角 驱动问题：你们能用身体表示你们学过的这些角吗？请学生代表上台展示进行"你来比画我来猜"的活动 （教师指出，此时锐角三角形不高兴了，它认为不公平，因此教师又提出了一个建议，可以把所有的角加起来比，此时三角形家族都非常赞同） **驱动任务二：所有的角加起来比是比什么** 驱动问题：三角形的三个角都在三角形的里面还是外面？ 学生在问题的驱动下发现三角形的三个角都在三角形的内部。（教师举例：穿在里面的衣服叫内衣，穿在外面的衣服叫外套，在三角形内部的角叫"内角"）学生在问题的驱动下发现所有的角加起来比是比三个内角度数之和，也就是三角形的内角和 [教师板书：三角形内角和]
第二关：火云洞 （小哪吒）	**驱动任务一：谁的内角很大呢** 学生在问题的驱动下进行一波猜测。[猜想] 学生持有不同的意见，意见出现分歧时，需要进行进一步验证，看谁说的是正确的（学习数学应保持严谨求实的态度） **驱动任务二：量（验证）** 任务要求： ① 任意取一个三角形 ② 两两合作，一人量角，一人记录（填写学习单） ③ 量出三个内角的度数，并计算出三个内角之和 学生在问题的驱动下，积极地与同桌之间相互配合，明确分工 驱动问题：根据同学们分享的成果，发现三角形三个内角之和有什么样的特点？ 学生在问题的驱动下认真观察，发现三角形的内角和大约是180°

续表

关卡设置	驱动任务与课堂实录反馈
第三关:火焰山（牛魔王）	**驱动任务一:拼(验证)** 任务要求: ① 拿出准备好的三角形 ② 尝试把三角形三个内角拼成一个大角 ③ 小组合作探究拼的方法并在组内交流 学生在问题的驱动下开始动手实践,教师请两组学生代表进行汇报并上台展示 驱动问题:两组学生代表展示的作品有什么不同之处?(看看谁拥有像孙悟空一样的火眼金睛) 学生在问题的驱动下发现:第一个小组角的边缘用剪刀剪得非常工整,第二个小组是直接用手撕的,比较不工整。第一个小组用量角器放在了拼的大角的上面,进一步直观验证了拼成的大角是180° **驱动任务二:折(验证)** 任务要求: ① 不破坏三角形 ② 尝试把三角形三个内角拼成一个大角 驱动问题:任务要求中最关键的是什么? 学生在问题的驱动下,发现不能破坏完整的三角形 驱动问题:教师请每位小组中选一个代表。右手举起小组折的成果,并随机选取不同小组汇报是用什么三角形折的?有什么发现 学生在问题的驱动下,发现无论是用什么三角形折,它的三个内角折成的这个大角的度数都是180°
第四关:盘丝洞（蜘蛛精）	**驱动任务:不量不拼如何进行推理(推理)** 该任务有一定难度,教师化身小助手进行引导 驱动问题①:出示长方形图片,长方形有几个内角?长方形的内角都有什么样的特征? 驱动问题②:如何计算出长方形内角和? 学生在问题的驱动下进行计算:$90°\times 4=360°$ 驱动问题③:把这个长方形平均分成了两个一模一样的三角形。一个三角形的内角和是多少度? 学生在问题的驱动下进行计算:$360°\div 2=180°$
第五关:狮驼岭（大象精）	**驱动任务一:小小解决王** 利用所学知识让每个三角形家族成员都心服口服 **驱动任务二:小小填空王** **驱动任务三:小小判官家**
探究性作业	小小设计家

(三)探究性作业:三角形的漫画故事

1. 专属三角形漫画故事活动实践

实践活动分为三个阶段,即制定设计主题阶段、制作设计草图阶段、完成色彩图绘阶段和反思阶段，最后请一些学生代表进行展示汇报。

2. 我的“三角形漫画故事”草图设计

三角形的漫画故事，生活中的用处也更为凸显，我们可以采用漫画故事的形式来记录生活中我们难忘的事，融合美术和语文等学科，在绘画漫画故事的过程中，不仅提升了学生的思维逻辑力、绘画能力和表达能力，还提高了他们热爱生活、热爱学习的积极性。

3. 作品展示，活动反思

画画能帮助他们将数学知识从静态转化为动态，将自己的数学思维外显出来。把数学画出来，不是美术层面的画，而是让学生带着数学的思考去画。画图可以使抽象的数学知识直观化和形象化。

课后反思

通过“《西游记》大闯关”主题项目游戏设置，打破了传统教学模式，化抽象知识为具体化形象化。通过五个不同关卡的设置，令学生经历猜想—验证（量、剪、拼）—推理—结论（三角形内角和是 180°）过程。游戏设置了层层难关，每一关都设置了不同任务，每一个任务都充分以学生为中心，同时又发挥教师的主导作用，符合新课程标准理念。学生在游戏过程中获得的收获是多维度的：① 获得了知识层面的收获，知道了三角形的内角和是 180°的原因；② 获得了道德品质方面的收获，面对困难要坚持不懈，有毅力、有恒心、有信心，勇往直前；③ 获得了技能层面的收获，在挑战游戏关卡的过程当中，学生的动手操作能力、动脑能力、分析推理能力有了极大的提升。

第五节　五年级数学文化课例

充分挖掘名著中的数学，巧妙渗透数学传统文化

——“鸡兔同笼”教学实践与反思

课前思考

中国有 5000 多年的文明史，在历史的长河中，为科学知识的创新和发展作出了巨大贡献，教育部要求在教学过程中要融入中华传统文化。在传统的教学观念中，很多人认为数学与传统文化之间没有联系，然而，事实并非如此。例如，在数学领域，有《九章算术》《孙子算经》等古代名著流传于世。如 1500 多年前的数学名著《孙子算经》中的“鸡兔同笼”问题漂洋过海传到日本等国，对中国古代传统文化的传播起到很大的作用。所以本节课的教学，应引导学生在数学学习中感受传统文化的魅力，借助传统文化知识掌握解决问题的策略。

本节课借助《孙子算经》中记载的“鸡兔同笼”原题进行介绍，向学生提供了有趣的学习

素材，借助我国古代趣题“鸡兔同笼”问题，让学生展开讨论，尝试从数学的角度，运用所学知识和方法寻找解决问题的策略。更重要的是，学生通过接触这些重要的数学思想方法，经历猜想、实验、推理等数学探索的过程，感受传统文化，激发对数学的好奇心和求知欲，增强学习数学的兴趣。由于“鸡兔同笼”原题的数据较大，不便于学生进行探究，所以教材以化繁为简的思想为指导，先安排一个数据较小的“鸡兔同笼”问题，引导学生探索解决问题的方法，找到解决问题的策略。教师在教学时不能仅仅局限于问题本身，而应通过解决“鸡兔同笼”问题，帮助学生掌握解决问题的一般方法，让学生获得必要的数学知识。

教学目标

(1) 结合解决“鸡兔同笼”的问题，体验借助列表进行尝试与猜测的解题策略。

(2) 通过讨论，了解尝试与猜测、列表策略适用的问题范畴。

(3) 了解与“鸡兔同笼”有关的数学史，对学生进行数学文化的熏陶和感染。

教学实践

一、创设情景，引入课题

师：《孙子算经》是我国古代一部非常重要的数学名著，里面描述了很多数学名题。其中，有这样一个非常有趣的问题：“今有鸡兔同笼，上有三十五头，下有九十四足，问鸡兔各几何？”

师：你们知道这道题目说的是什么意思吗？

生：这道题目的意思是说，现在有一些鸡和兔子关在同一只笼子里，从上面看，共有35个头，从下面看，共有94只脚。问共有多少只鸡，多少只兔子？

师：古代人对这样的题目有着自己独到的见解，我们把类似于这样的问题统称为“鸡兔同笼”。今天，我们就来研究中国历史上著名的数学趣题“鸡兔同笼”问题。

设计意图：这样的引入给数学课堂带来了浓厚的文化气息，让学生感受到我国数学传统文化的源远流长，激发了学生的学习热情。

二、探求新知，掌握策略

（一）化难为易

师：为了便于同学们探究问题，我们先来研究一个数据较小的“鸡兔同笼”问题。

教师出示问题：鸡兔同笼，共有9个头、26条腿，问鸡、兔各有几只？

（二）读题析题

师：认真读题，你知道了什么信息？

生：鸡和兔一共有9个头和26条腿。求有几只鸡、几只兔。

师：根据这些信息，你还能联想到什么？

生：每只鸡2条腿，每只兔子有4条腿。

（三）大胆猜测

师：大家先想一想，笼子里可能只有一种动物吗？

生：我觉得不可能只有一种动物，如果全是鸡，就会有18条腿；如果全是兔，会有36条腿。

师：猜一猜，鸡、兔可能有几只？学生猜测汇报。

生1：我猜有1只鸡、8只兔。

生2：我猜有3只鸡、6只兔。

…………

（四）合作解题

师：怎么解决这个问题呢？

学生以小组为单位进行讨论，共同解决问题。教师巡视，参加学生讨论，并给予适当点评。

设计意图：这个环节的设计尊重了学生已有的知识经验，既有独立思考，又有合作交流，充分发挥了学生的主观能动性。

（五）汇报交流

1. 画图法

生1：我们小组先画9个圆表示动物的头，再画用线段表示动物的腿，这里一共有26条腿，我们假设这9只动物全是鸡，先给每只鸡画上两条腿。画完后，我们发现9只鸡只有18条腿，和题中说的26条腿还差8条。这是因为我们把某些兔子当成了鸡，所以我们给一些鸡再画上两条腿，变成兔子，一共画了4只，那差的8条腿就画完了，所以我们的结论是：兔有4只，鸡有5只（图5-43）。

图5-43　画图法

2. 列表法

生2：我们小组想9个动物头都有哪些可能情况？可以逐一列出这些可能的情况，所以采用了列表法。首先假设有1只鸡，那么兔有8只，腿就有34条，这么多腿，一定是兔子太多了；然后又假设2只鸡，7只兔，腿有32条；以此类推，直到5只鸡，4只兔时，腿数和题中一致。所以我们的结论是：兔有4只，鸡有5只（表5-4）。

表 5-4　列表法解“鸡兔同笼”(1)

鸡	兔	腿
1	8	34
2	7	32
3	6	30
4	5	28
5	4	26

生 3:我们小组也是列表法(表 5-5),但我们不是依次列表,我们组是从 1 只兔、8 只鸡开始跳着试的,结论也是 5 只鸡、4 只兔。

表 5-5　列表法解“鸡兔同笼”(2)

鸡	兔	腿
8	1	20
7	2	22
5	4	26

生 4:我们组也是列表法(表 5-6)。我们的列表法更简洁。我们先假设鸡有 4 只,那兔有 5 只,一共有 28 条腿,多了 2 条腿,说明多了 1 只兔,所以减少 1 只兔,增加 1 只鸡。

表 5-6　列表法解“鸡兔同笼”(3)

鸡	兔	腿
4	5	28
5	4	26

(六) 寻找规律

教师引导学生观察分析表中数据,尝试发现其中隐藏的规律:总只数不变,鸡增加 1 只,兔减少 1 只,腿减少 2 条。从中体会解决方法的多样化,并对比这些列表的方法,对其进行优化。

设计意图:通过小组汇报,体现了解决问题策略的多样化。画图法可以帮助学生更好地理解题意,把抽象的数学问题形象化,把复杂的问题简单化,从而提高学生解决问题的能力。列表法是本节课的重点,让学生通过观察比较,掌握这几种列表法的特点分别是逐一列表、跳跃列表、取中列表。学生通过观察表格,从简单入手、化难为易,发现规律,在解决问题的过程中发现列表的用处,为构建新知奠定基础。

三、交流激趣,构建模型

(一) 介绍“鸡兔同笼”问题相关的数学文化

《孙子算经》是中国古代重要的数学著作,成书在大约 1500 年前。传本的《孙子算经》共三卷。第一卷叙述算筹计数和演算，第二卷举例说明筹算分数算法和筹算开平方法，第三卷选用了大量浅近易懂的属于日常生活的应用问题。其中第 31 题是“鸡兔同笼”问题的始祖，后来传到日本，变成“鹤龟算”。书中是这样叙述的：“今有鸡兔同笼，上有三十五头，下有九十四足，问鸡兔各几何？”

《孙子算经》中古人是利用“砍足法”解决这个问题的。具体思路是这样的：假如砍去每只鸡、每只兔一半的脚，则每只鸡就变成了“独角鸡”，每只兔就变成了“双脚兔”。这样，鸡和兔脚的总数就由 94 只变成了 47 只；如果笼子里有 1 只兔子，则脚的总数就比头的总数多 1。因此，脚的总只数 47 与总头数 35 的差就是兔子的只数，即 47－35＝12(只)，鸡的只数就是 35－12＝23(只)。这一思路新颖而奇特，其“砍足法”也令古今中外的数学家赞叹不已。

设计意图：介绍“鸡兔同笼”问题相关的数学文化，不但可以让学生明白古人对数学的认识和探究，感受古人的聪明智慧，也可以激起学生探索的欲望。

（二）解决问题，构建模型

师：刚才我们运用列表的方法解决了简单的“鸡兔同笼”问题，并且在表格中发现了规律，现在你们能不能运用列表的方法，以及刚才发现的规律来解决《孙子算经》中的“鸡兔同笼”原题？

(1) 学生独立完成，教师巡视。

(2) 学生以小组为单位交流自己尝试与猜测的过程。

(3) 学生汇报。

① 请选用逐一列表法的同学汇报。

学生汇报时要讲出自己是依据什么确定第一组数据的。计算验证后，发现了什么？脚数多或少说明了什么问题？这时他是如何调整的，以及调整过程中有什么发现？教师可引导其他补充说明理由和发现的规律，并引导学生总结：逐一列表法虽然比较麻烦，但是不重复不遗漏。（板书：逐一）

② 请选用跳跃列表法的同学汇报。

学生汇报时要讲出自己是依据什么确定第一组数据的。计算验证后，发现了什么问题？对数据是如何调整的？教师要引导学生总结跳跃列表的特点：列表过程中，根据需要我们可以有规律地小幅度跳跃，也可以根据自己的发现大幅度地跳跃，总的来说，此方法简便、快捷。（板书：跳跃）

③ 请选用取中间数列表法的同学汇报。

学生汇报时要讲出自己是依据什么确定第一组数据的。计算验证后，发现了什么问题？对数据是如何调整的？教师要引导学生总结取中间数列表法的特点：此方法在逐一列举和跳跃列举的基础上，直接取中间数，验证后调整幅度缩小，更为简便快捷。（板书：取中）

(4) 回顾与交流。

① 回顾之前的解题思路和方法：首先根据已知信息进行尝试与猜测，然后进行计算验证，分析后进行合理调整。（板书：猜测、验证、调整）

② 你最喜欢哪种列表方法？理由呢？

生 1：逐一列表法，不容易遗漏。

生 2：跳跃列表法能根据猜测先确定范围。

生 3：取中列表法，可以更快接近目标找到答案。

师:(小结)同样选择列表的方法,我们根据题目的实际条件,选择适当的方法,这样可以既快又准确地寻找到我们需要的答案。

设计意图:先让学生独立思考,再在小组内交流,最后全班共同研究讨论。在学习过程中,尽可能多地为学生提供探索和交流的空间,鼓励学生自主探索与合作交流。引导学生经历数学学习和数学知识的形成过程,体验猜测—验证—调整—再验证—再调整的过程,从而得到解决"鸡兔同笼"问题的一般方法策略——列表法,在观察表格、分析表中数据中,让学生体会到解决问题策略多样化的数学思想,从而实现了运用多种方法解决问题的目的。

四、拓展延伸,灵活运用

师:学数学的目的是用数学,要抓住数学的本质,这里的鸡不仅仅代表鸡,这里的兔也不仅仅代表兔,请运用我们所学的方法来解决一些生活中的"鸡兔同笼"问题。

题目:乐乐的储蓄罐里有1角和5角的硬币,共27枚,总值5.1元,请问:1角和5角的硬币各有多少枚?请用列表的方法解决上述问题(表5-7)。

表5-7 列表法解答硬币问题

1角/枚	5角/枚	总值/元
……	……	……

学生独立完成后并汇报:你采用的是哪种列表方法?为什么要选用这种列表方法?谁有不同的列表方法?就这道题而言,你认为采用哪种方法解决最好?

五、回顾总结,分享收获

师:同学们,回顾一下,刚才我们一起学习了什么内容?你们能跟大家分享一下你们的收获吗?

数学自古以来是中国历史上的璀璨明珠,在古代的经典数学著作中,和"鸡兔同笼"类似的趣题还有很多,课下学生可以去查阅资料,了解数学传统文化,感受古人的聪明才智。

课后反思

在教学中,教师要加强对数学思想方法的理解,重视对数学本质的认识,要引导学生认识和体会蕴藏在其中的数学文化。学生在合作探索中操作的数学活动中,发现规律,构建数学模型,掌握解决问题的策略。

一是利用传统文化,构建趣味课堂。

数学相对于其他学科来说,比较枯燥。将数学名著中的传统文化引入数学课堂,让学生明白古人对数学的认识和探究,不但会通过文化层面激发起学生对数学的理解、热爱,从而提高学生对数学学习的兴趣,还渗透了数学传统文化知识。数学教学中穿插学习传统文化,既学习了数学知识，又分享了知识的来源，这样数学知识和传统文化真正融入一起，在数学课堂中并肩前行。

本节课通过“鸡兔同笼”这一古老而有趣的问题，激发学生的学习兴趣，让学生从多视角思考问题，有更好的理解和体验。在学生思考和讨论的基础之上，教师为学生们讲解最为有趣的解题方法。那就是在《孙子算经》中已经出现的“砍足法”。这一方法具有独特的思路，其是根据鸡和兔子不同的脚的数量作为解题的切入点，首先将两者的脚都砍掉一半，则就出现了“独脚鸡”和“双脚兔”，再进行解答就变得比较简单了。古人研究“鸡兔同笼”问题这一新奇独特的思路，从本质上看这是划归法的一种，是一种以化繁为简为思路而衍生出来的比较实用的数学思维方法。

二是把握数学本质，构建数学模型。

本节课是借助“鸡兔同笼”这个载体，引导学生经历列表、尝试和不断调整的过程，从而体会、掌握解决问题的一般策略——列表。学数学、用数学，要引导学生抓住数学的本质。学习“鸡兔同笼”问题，并非单纯解决“鸡兔同笼”的问题，这里的鸡不仅仅代表鸡，这里的兔也不仅仅代表兔，而是借助“鸡兔同笼”的问题构建数学模型，再利用数学模型解决此类问题。在建立适合问题的数学模型后，最关键的是能将碰到的问题转化为模型。“鸡兔同笼”问题在生活中有很多变式，例如，本节课列举的求 1 角和 5 角的硬币各有几枚的问题，再比如“龟鹤问题”“坐船坐车问题”等，这些问题都可以归结为“鸡兔同笼”问题再解决。让学生感受“鸡兔同笼”问题的变式在生活中的广泛应用，也体会到在数学学习中把握数学本质、构建数学模型的作用。

三是在探索中渗透数学思想。

(1) 由简入难，化难为易思想的渗透。

由于“鸡兔同笼”原题的数据较大，不便于学生进行探究，所以教材以化繁为简的思想为指导，先安排一道数据较小的“鸡兔同笼”问题，引导学生探索解决问题的方法。

(2) 数形结合假设思想的渗透。

在探索中，学生用“○”表示动物的头，用“|”表示动物的腿，像这样借助形象的图形，可以使某些抽象的数学问题直观化、生动化，不但让学生的数学学习变得生动有趣，而且向学生渗透了用假设法研究和解决问题的策略。

(3) 列表枚举思想的渗透。

教学中，引导学生根据头的个数，猜测鸡、兔各有几只，并尝试用表格的形式列出可能的答案，在不断的猜测、验证、调整中找到准确答案。这样的学习过程向学生渗透了列表枚举的思想，并不断优化枚举策略，提升了学生思维的灵活性。

立足数学文化，渗透数形结合

——“从围棋说起”教学实践与反思

课前思考

围棋，传说“尧造围棋，以教子丹朱”，这里蕴藏着东方文化的神秘色彩。围棋的路，也就是棋盘上的线。本节课寄寓杨辉三角形关联的一个经典游戏——“纵横线路图”应运而生。小学生对于数线段及其技巧也有了一定的基础。因此，本节课的教学借助围棋棋盘这个载体，让学生理解纵横线路图的走法。利用关联与转化，把杨辉三角形中的数学文化演变成纵横线路图数学文化的背景，使其与“围棋”行棋游戏相辅相成、相得益彰。同时，对于小学生来说，杨辉三角形的构成是一个神奇而有魅力的数阵图，采用数学的视角，借助围棋的“行”与“立”，从线路图与方法数的关联入手，构造杨辉三角形，使深奥的经典理论变得浅显，使繁琐的论证变得形象，使数学文化更贴近我们的生活和认知，同时为学生后续学习二项式、方程、高等函数等知识奠定基础。

教学目标

（1）创设围棋“行”棋与“立”棋的情境，理解纵横线路图，明确线路数与方法的关联，学会构建杨辉三角形，利用数形结合的策略去体会杨辉三角形在生活中的应用。

（2）通过动手操作、小组合作的方式培养学生的合作意识，让学生经历“猜测—验证—归纳”的过程，直观感受数形结合的可行性，体会化繁为简的解题策略的优越性及极限思想的渗透。

（3）让学生经历探究与发现的历程，掌握寻找纵横线路图的解题策略，结合数阵图发现杨辉三角数的秘密，进一步探究其中数列的规律，体会“形源于数，数创造形”的数学观，品味数学与生活的联系，感受数学文化的魅力，激发民族自豪感。

教学实践

一、创设情境，初步感知

师：上课前老师介绍了一位“围棋少年”，你们认识他吗？你们认为他是一个怎样的男孩？

生1：不认识，但他很阳光。

生2：活泼可爱。

…………

师：他叫陈子喆，你们知道他最喜欢什么吗？是围棋。（出示陈子喆的参赛照片）这些照片是他参加围棋比赛获奖时的剪影。（教师介绍照片内容）

师：对于围棋你们知道哪些呢？“文人四艺”指的“琴棋书画”，这里的“棋”指的就是围棋。“青山不厌三杯酒，长日惟肖一局棋。”“有约不来过夜半，闲敲棋子落灯花。”可见，围棋是文人墨客的最爱，作为传统文化流传四千余载。围棋，最早起源于尧帝，“尧造围棋，以教子丹朱”（出示折叠式棋盘）。请看棋盘是方的，棋子是圆的，也就是“局方而静，棋圆而动”。

棋子为圆，棋盘为方，子覆盘上，寓意“天圆地方”，这是一种古老的“方圆”思想。下棋有章法，讲究果断行棋，行棋立棋，要审时度势。仔细观察棋盘，有多少条纵线？（19条）有多少条横线？（19条）有多少个落子点？（361个）

师：（边下棋，边出示棋子）围棋棋子由181枚黑子、180枚白子组成。双方交替落子，这

意味着围棋总共有 10^{171} 变化的可能性。无论是开篇布局定式，到中盘手筋拼杀，还是到最后的完美收官，讲究的是“攻其必救，步步占先”。作为传统文化，围棋中的秘密远远不止这些，想知道吗？这堂课就让我们“从围棋说起”（板书：从围棋说起）。

设计意图：从围棋文化入手，让学生了解围棋作为传统文化已有 4000 多年的历史，棋子为圆，棋盘为方，意寓天圆地方，折射的是中国最古老的文化渊源，由“行棋”到“立棋”，再化为数学上的纵横线路图，看似无关，实则微妙。同时带着问题入境，让学生感受思考的必要性，激发学生的探究欲望，让学生在浓厚的文化氛围之中，领悟围棋文化中所蕴含的数学奥秘，打开学生思维之窗，启迪学生思维的灵敏度。

二、引导探究，建构数阵

（一）数形建模，感知表象

师：昨天晚上“围棋少年”照例下了两盘棋之后，利用围棋做了一个行棋游戏，并且被一个问题给难住了，他冥思苦想，绞尽脑汁，也没有解决，于是他央求我，让聪明的你们帮助他解决这个难题，行吗？

生：好的！

师：此时他陷入“山重水复疑无路”的境地，让我们看一看到底是怎样的行棋游戏？

师：棋盘上有一棋子在 A 处，按照“由北向南，由西向东”的走法，走到 B 处有多少种走法（图 5-44）？

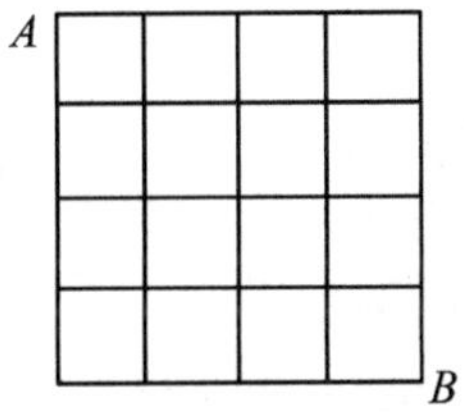

图 5-44　行棋游戏

师：同学们，你们能看得懂围棋游戏的规则吗？在围棋里，行棋即走棋，立棋即停止。

教师出示课件，并提问：如何在下面的棋盘上“由北向南行棋”和“由西向东行棋”（图 5-45）？

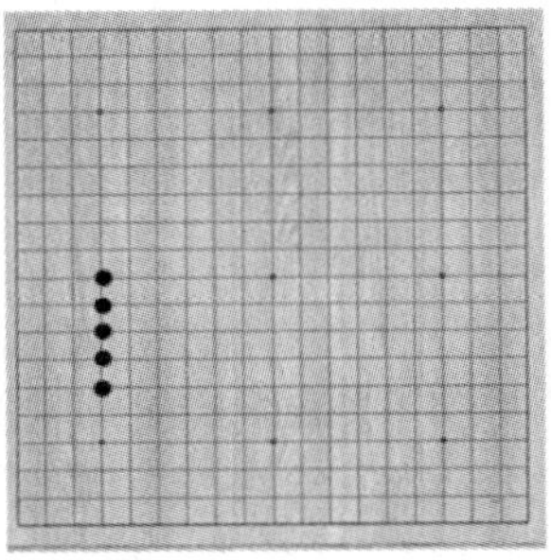

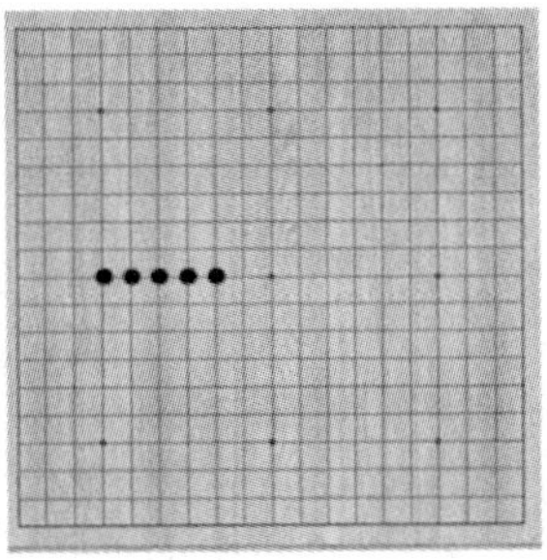

图 5-45　“由北向南行棋”和“由西向东行棋”课件

师:“由北向南行棋”时,棋子要分别落在每个交叉点上,“由西向东行棋”时亦是如此。接下来,请大家猜猜看,图 5-44 中,从 A 走到 B,有多少种行棋方法?

生 1:2 条。

生 2:4 条。

生 3:20 条。

生 4:无数条。

师:猜测应有据可依,不能乱猜,大家再思考一下有什么办法呢?

生 1:数数呗。

生 2:可以画一画。

生 3:边画边标。

生 4:行棋的路线(轨迹)也就是图形,可以尝试着用图形来解决。

生 5:我感觉数形结合便于我们更好地理解。

师:“数形结合”是一种重要的数学思想,“由北向南行棋”,我们可以把行棋的轨迹用线段画出来,数一数有几条纵线?(学生数)5 条纵线。同样地,我们也把“由西向东行棋”的轨迹用线段画出来,数一数有几条横线?(学生数)5 条横线。

师:“由北向南行棋”有 5 条纵线,“由西向东行棋”也有 5 条横线,这样就形成了一幅图形(图 5-46)。

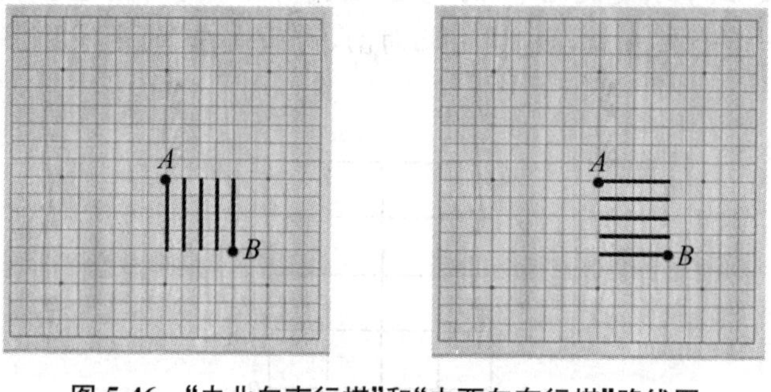

图 5-46 “由北向南行棋”和“由西向东行棋”路线图

师:我们可以借助图形,由北向南有 5 条纵线,由西向东有 5 条横线,这样纵横各有 5 条线路,称之为纵横 5 条线路图(图 5-47)。

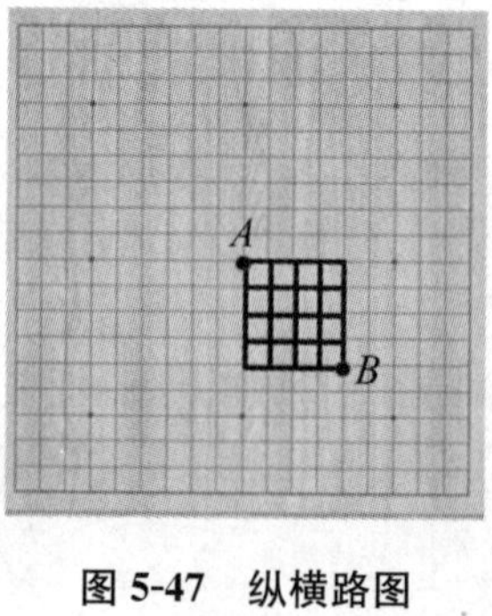

图 5-47 纵横路图

师:同学们,在路线图的帮助下,距离我们的研究目标又近了一步。现在用你喜欢的方法,画一画、数一数,或标一标,从 A 点开始行棋,按由北向南、由西向东到 B 处立棋,看看有多少种方法？

学生独立完成路线图，教师巡视并随机抽查学生作品（图 5-48）。

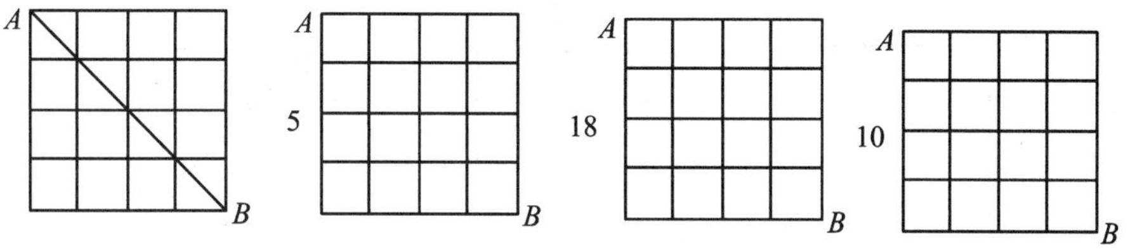

图 5-48　学生作品（随机抽查）

生 1：第一位同学斜着的路线不符合要求。

师：同意他的观点吗？抓住关键词“由北向南，由西向东”的行棋规则。

生 2：它虽然采用了不同的颜色，一则显得很乱，二则容易漏找。画着画着就重复了。

生 3：一个字“难”！

师：还有别的线路吗？

学生踊跃发言，教师适时引导学生仔细思考上述行棋路线一共有多少条。

生 1：20 条。

生 2：25 条。

生 3：45 条。

师：这些都是大家的猜测，到底有多少条呢？这个比较复杂的纵横 5 条线路图的问题，我们可以怎样探究呢？

生 1：可以把繁琐的线路画得简单一点。

生 2：太难数了。

生 3：如果线路少一点，应该会简单些。

生 4：既然复杂、困难、繁琐，可以去掉纵横线路数，比如分别去掉一条纵横线路数则变成纵横四条线路图。

设计意图：借助数形结合的方法，把行棋路线或轨迹转化成纵横线路图，利用数形结合的思想，粗线条地感知数模，使其行棋路线具有可视性、图视化。虽然学生对纵横线路图感到比较陌生，而且在我们的现实生活中很少存在，但是学生在游戏中，比如“围棋少年”自主设计的行棋游戏，孩提时代的“走房子”游戏等确有发生，因此，借助问题情境，激发学生的求知欲，力争达到“一石激起千层浪”的目的。

（二）化繁为简，初见端倪

师：同学们把掌声送给这位同学（生 4），他的思维特别跳跃，受此启发，按照这样的思路，我们可以把它继续转化为纵横 4 条线路图→纵横 3 条线路图→纵横 2 条线路图。

师：在以后的学习生涯中，如果遇到相似情境，我们可以从更简单的问题入手，找到解决问题的方法或建立模型，会起到事半功倍的效果。现在我们分别去除纵横线路数各一条，就变成了纵横 4 条线路图，以此类推，变成纵横 3 条线路图、纵横 2 条线路图。（板书：化繁为简）

设计意图：“化繁为简”是一种重要的解题策略，是十大解题思想之一，由于学生的思维还不够敏捷，因此，借助图形直观体会最简线路图。

师：现在我们来看看"纵横2条线路图"。从 A 点开始，按"由北向南，由西向东"的行棋规则，到 B 处立棋共有多少种方法数？（图5-49）

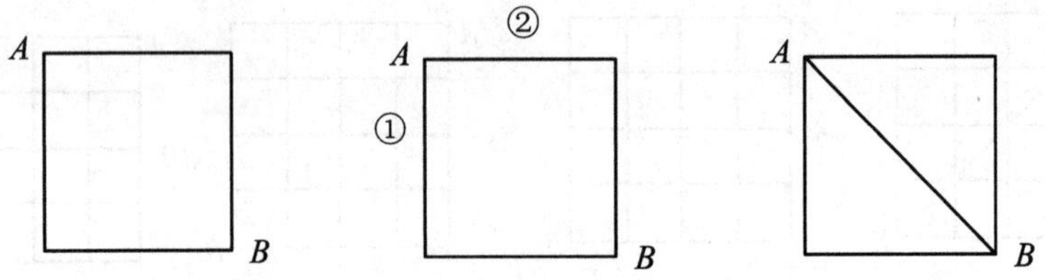

图5-49 纵横2条线路图

生1：两条，从 A 处开始由北向南，由西向东一条；也可以先由西向东，再由北向南行棋，共有两条。

生2：从 A 处行棋，由西向东到第一个交叉点，再由北向南到 B 处；另一条线路则是由北向南行棋到第一个交叉点，再向东行棋到 B 处。

生1：方法存在局限性，不能看清楚具体的线路数。

生2：中间图的方法能够看出两条线路，可见采用这种标注的方式有一定的好处，倘若线路数要再增加的话，可能要再规范一下。

生3：右边图的方法虽然用不同的颜色标注，但是如果纵横线路图数量比较多的话，则感觉很乱，而且斜着的哪一条不符合题目要求。

师：看来，真是"张飞吃豆芽——小菜一碟"。由此可见，无论是"画""数""标"，都有一定的学问，为了更好地一目了然地看清楚线路数和方法数，我们应该怎么办呢？没错，做标注的方法。

师：标线路数是一种很好的方法，为了研究方便，我们把线路数标在交叉点上。同时，为了更好地探究本节课的规律，我们可以在 A 点出发的起点处标上数字"1"，这是一个规定。从 A 点开始由北向南行起到第一个交叉点，再由西向东到 B 处立棋只有1条线路数，因此，我们把线路数"1"标在交叉点上；换一个角度，由西向东到第一个交叉点，再由北向南到 B 处立棋，也只有一条线路，因此在这个交叉点上标上线路数"1"，所以在纵横2条线路图中，从 A 点行棋，按照由北向南、由西向东的行棋规则共有2种（图5-50）。

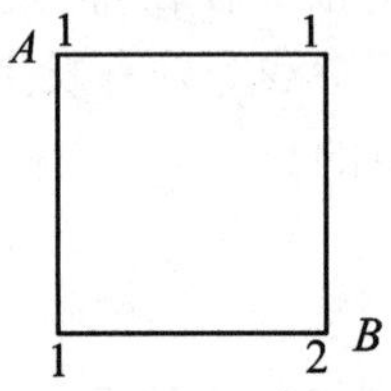

图5-50 纵横2条线路图标注法

师：同学们仔细观察，纵横2条线路图，你们有什么发现？

生1：没有什么发现。

生2：也没有。

师："横看成岭侧成峰，远近高低各不同"这句诗句对你们有什么启发？（从不同的角度）

师：换一个角度再看一看，还没看出来，老师把它变化一下，顺时针方向旋转45°（图5-51），你们有什么发现了？

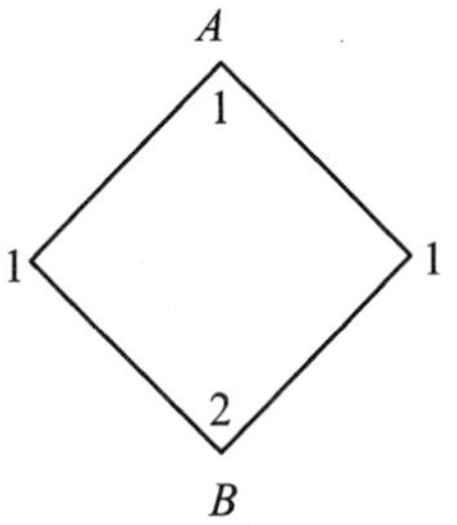

图 5-51　纵横 2 条线路图(顺时针旋转 45°)

生 1:是“1+1=2”吗?

生 2:是的,经过左边的第一个交叉点上的线路数是“1”,经过右边第一个交叉点上的线路数也是“1”,所以在纵横两条线路图中应该有“2”种方法数。

师:同学们,同意他的看法吗?

学生之间相互交流意见。

师:那么,交叉点上左边的“1”和右边交叉点上的“1”表示的是什么?

生:线路数。

师:没错,通过“标注”的方式,我们明显地看出行棋的具体的线路,即通过两个方向到达 B 处,因此,从 A 到 B,有 2 种方法可以实现。

师:同学们,你们认为方法数与线路数是必然相关,还是偶然相关?在纵横 2 条线路图中毋庸置疑是必然相关,但从发展的眼光来看,在形如这种纵横线路图中是否全部适用呢?

生 1:可能适用吧。

生 2:是必然相关吧。

师:这仅仅只是我们的一种猜想(板书:猜想),数学是一门严谨的逻辑学,让我们带着这种哲思去验证。(板书:验证)

设计意图:教学方法讲究“知难而退”,当退到“无路可退”时,我们要学会变通,用变化的眼光来看待问题,即在学生“山重水复疑无路”时,教给学生“柳暗花明又一村”的契机点,不要被“授人以渔”牵制,要授人以渔而灵动!

(三) 立足策略,再度探究

师:在纵横 2 条线路图中,我们初步得出的“线路数 1+线路数 1=方法数 2”,可能是纯属于偶然,或者说是巧合。那么让我们带着这样的思路继续前行,再分别增加纵横线路数。

师:在纵横 3 条线路图当中,从 A 处开始行棋到 B 处立棋有多少种方法数呢(图 5-52)?

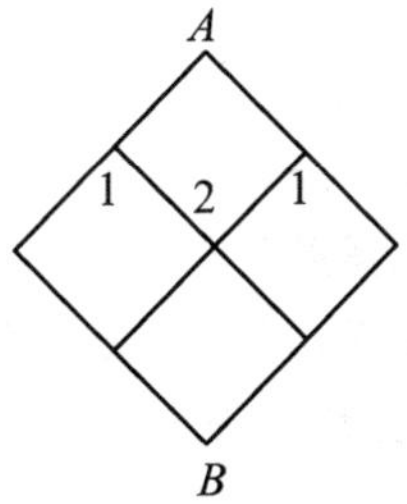

图 5-52　纵横 3 条直线路图

学生作品展示如下(图 5-53)。

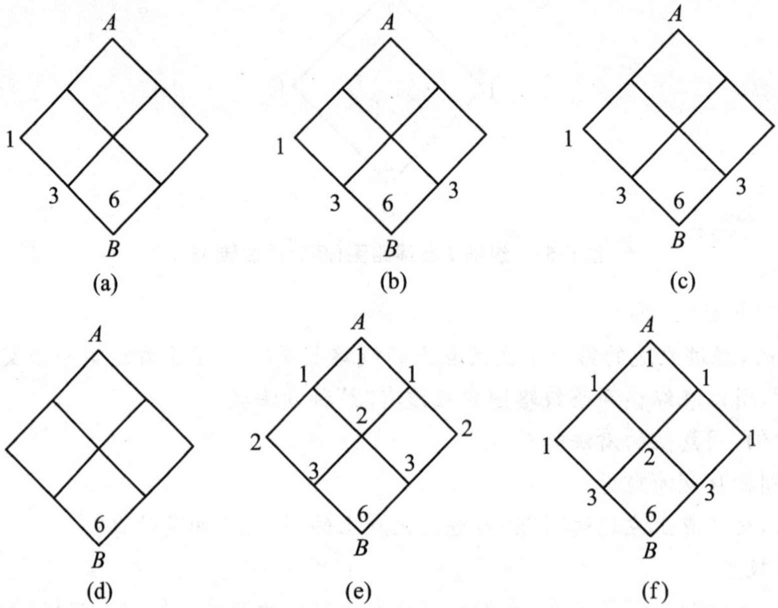

图 5-53 学生作品(纵横 3 条直线路图)

师:下面请同学们说说自己的方法。

生 1:从 A 点开始由北向南行棋,到第 2 个交叉点,只有一条线路,所以在这个交叉点上标上"1",而不是"2";还可以从 A 点先由北向南行棋到第一个交叉点,再向东行棋到下一个交叉点,再向南到下一个交叉点应是 3 条线路;再换个角度,从 A 点行棋向东到第 2 个交叉点,也有一条线路,若 A 点行棋,到下一个交叉点,也同样有 3 条线路,所以有 6 种方法。

师:其他同学的想法呢?

生 2:此时的方法数 3 就是等于左肩上的线路数"1"与右肩上交叉点上线路数"2"的和,即"1+2=3"。

师:你有点迫不及待!

生 3:这个线路数 3,也就是经过左肩上的这个线路 1 种,与经过右肩上的交叉点上的 2 种线路,这个 2 就是纵横两条线路图里从 A 点开始行棋到 B 处立棋的方法数,就是我们刚才数过的,从两个方向到此处立棋,所以,"1+2=3",和我们的猜想是一致的!

师:你们同意吗? 同桌之间可相互交流!

师:同学们,纵横三条线路图里从 A 点开始行棋到 B 处立棋,一共有多少种方法呢?

生:6 种。

师:你们是通过什么方法计算得出的?

生 1:边画边数得出的结论和猜想是一致的。

生 2:用数与标注相结合的方法更高效!

生 3:我同样用计算与数数两种方式,得出 6 是它左右肩上的线路数"3"加"3"的和。

师:同学们,我们初步验证了方法数就是终点(B 处)肩上交叉点上两条线路数的和(图 5-54)。

设计意图:"认知冲突与理性融合",是学生在不断地动手操作中逐渐撞击思维表层的

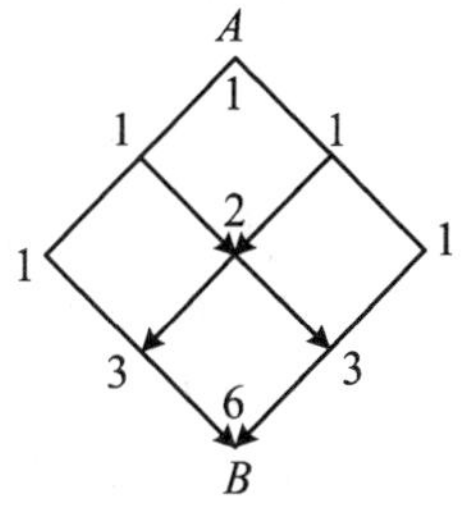

图 5-54　从 A 到 B 的线路图方法数

“矛盾”，激起“质疑”思维的火花才能够形成的。因此，让学生经历探究历程的一路风景，既是一种历练，更是一种收获。

师：现在我们在上述纵横线路上各增加一条线路，即纵横 4 条线路图，那么从 A 点开始行棋到 B 处，按照“由北向南、由西向东”的行棋规则共有多少种方法？

生 1：有 20 种。

生 2：没错，就是 20 条。

师：说千道万不如我们行棋一遍（图 5-55）。同学们，刚才还是“山重水复疑无路”，现在是“柳暗花明又一村”。

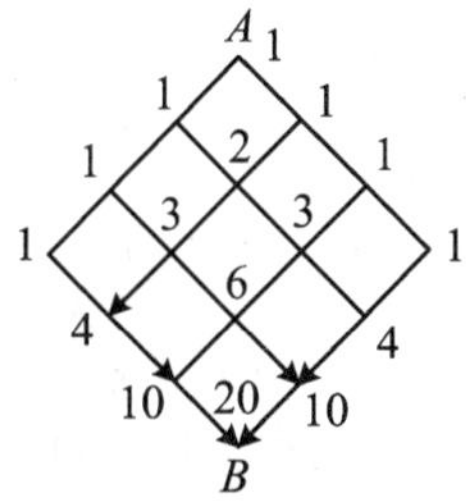

图 5-55　纵横 4 条线路图

师：同学们，现在可以解决前面“围棋少年”的问题了吧？

学生自主完成。

师：分享是种美德，交流同样是一种收获。

生：70 种！

师：在纵横 5 条线路图中，从 A 点开始按由北向南、由西向东行棋，到 B 处立棋居然有 70 种，真是众人拾柴火焰高，集体的力量就是大呀！今天“围棋少年”不在这里，我下课第一时间把这个喜讯告诉他。在这里，首先要感谢每位同学，让他等来了“柳暗花明又一村”的时刻，同时还要告诉他“纸上得来终觉浅，绝知此事要躬行”的道理！

设计意图：标线路数与方法数在交叉点上，其实质是构建杨辉三角，不要被人牵着鼻子走，要有自己的意识，转化的思想在杨辉三角的形成构建中具有举足轻重的地位。从不同的角度进行点拨，把问题由一种形式转换成另一种形式，寻求最佳解题方法，使问题变得更简单、更清晰，使其数学浓郁的文化彰显出更多的魅力。

（四）归纳模型，揭示意义

师：如果纵横线路数继续增多，把线路数与方法数都分别标在交叉点上，就会形成这样一堆数。你们仔细观察，看看这些数的形状像什么？

生：三角形！

师：对，是三角形，这是通过棋盘的一角——纵横线路图推理出来的一堆数，解决了纵横线路图的方法数的问题，利用图算的形式，找到了线路数与方法数的关联。

师：其实远在700多年前，南宋数学家杨辉所著的《详解九章算术》中就详细地解释了这种形式的数表，后称之为杨辉三角形，这是中国古代数学的杰出研究成果，它把数图形化，把组合数的内在性质直观地从图形中体现出来，比欧洲发现要早500多年，可见，杨辉三角形是中国古代数学史上一颗璀璨的数学明珠。

设计意图："经世致用"是中国儒家思想的一个典型的代表。一般情况下它没有形成系统性，所以教师设计的这个环节，目的是让学生经"画""数""算"的这个过程，让学生在此基础上，建立一种系统性、网络性、整体性的大局观，利用"有限"的过程和"无限"的思想生成"数阵"，培养学生的类推及迁移的能力。

（五）观察数阵，寻找规律

师：同学们，相信此时的你们一定会从自己独特的角度去观察我们自己所构建的这幅数阵图（图5-56），它里面是否还蕴含着别的秘密呢？

1
1 1
1 2 1
1 3 3 1
1 4 6 4 1
1 5 10 10 5 1
1 6 15 20 15 6 1
1 7 21 35 35 21 7 1
1 8 28 56 70 56 28 8 1
1 9 36 84 126 126 84 36 9 1
1 10 45 120 210 252 210 120 45 10 1

图 5-56 数阵图

师：请同学们先独立思考，再在小组内交流。

学生小组交流完毕后汇报自己的想法。

生1：左右两边的对角线上的数都是1。

生2：左边第二列对角线上的数是自然数1、2、3、4、5……右边也是如此。

生3：两边的数列都是以中间一列数为中心，形成左右对称。

师：同学们，他们的发言对你们是否有启发呢？

学生再次看数阵图，交流探讨。

师：这些数字形成了一种无形的对称之美，如果继续往下，就会形成一个无限对称的"数字金字塔"，具有对称的美韵（图5-57）。

师：同学们还有别的发现吗？

生1：左起第三列对角线上的数为1、3、6、10……它们相邻的两个数的差逐次递增1，再看右起第三列对角线的数也是这样的。

生2：从上往下，当行数为1，2，3，…，也就是奇数时，最中间的数是最大的；如果行数为

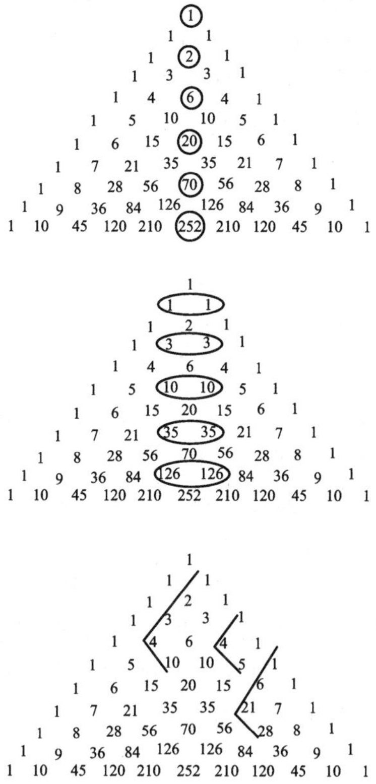

图 5-57　"数字金字塔"

2、4、6、8……也就是偶数时，最中间的两个数最大！

生 3：中间的数 2、6、20、70、252……也就是纵横线路图的相应的方法数。

师：老师也圈出了一组数(图 5-58)，看看它又有什么规律呢？

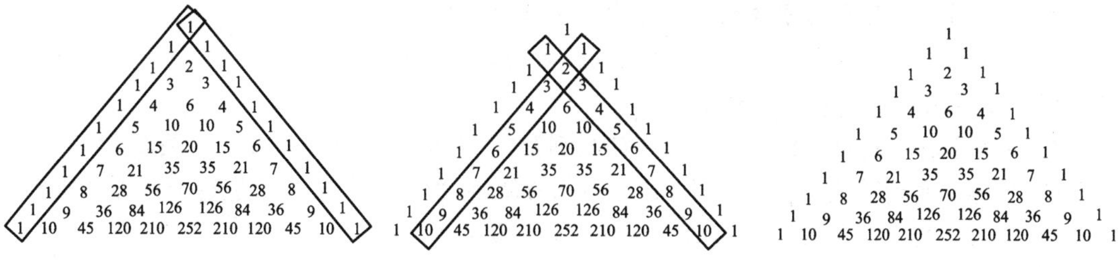

图 5-58　找规律

生 1：1＋2＋3＋4＝10。

生 2：1＋6＋21＝28。

生 3：1＋4＝5。

师：同学们，你们也尝试圈一圈，看看有什么新发现？

生 1：下边的数是它左上斜着一列数的和！

生 2：按照这种方式，任意圈出一组都是这样的，它不是一种偶然现象！

设计意图：杨辉三角中的"数阵"的规律探索，是一个较高层次的思维过程。如何在有限的时间内让学生用"数学的眼光"来探究杨辉三角形当中的数阵的规律？我们不能高屋建瓴俯视数阵的全盘，但是在片面的规律当中，寄寓学生一种数学的解题思想——数形结合。比如，中间一组数列，左右第一列……让学生发现里面数阵的最基本的规律，然后从最基本的规律入手，并进行适当地点拨或启发，因为这一阶段的学生的年龄及心理特征决定了他在“空间与几何”领域的思维不会像初中生或高中生那样敏捷及多端。

三、数形结合，品味“三角”

师：杨辉三角形的秘密只有这些吗？它只是杨辉三角形中的冰山一角。那么，在数列的背后，是否与形也有着一定的相关呢？它难道只是在数学领域有这样的应用，是否涉及其他的领域呢？

在古人的眼中，国外乃至整个数学界，“杨辉三角”都受到数学家们的青睐，让我们走进今天的“数学文化长廊”——杨辉三角形（播放课件）。

师：“杨辉三角”的规律是数学之间优美关联的冰山一角，即使到现在，研究者们还在不断揭露一些新的秘密，下一个揭露出来的秘密会是什么呢？期待着你们去探究和发现。

设计意图：借助微课，了解一下古今中外数学家眼中的杨辉三角形，解读杨辉三角形的历史及其在世界上的地位、现行的研究成果和后续的研究方向，引领学生在以后的学习中继续探究。感悟现实生活中应用的影子，启发学生对未知领域的向往，拓展学生心灵深处的求知，可谓“学无止境——贵在专，贵在研，贵在疑”。

四、畅谈收获，引领后续

师：请说一说杨辉三角形有哪些神奇的地方？

生1：构造神奇，居然与围棋有着神秘的关联。

师：真是“落花水面皆文章，生活处处有学问”。

生2：围棋的行与立的方法数能够造出杨辉三角形！

生3：能利用图算的形式，解决了纵横线路数与方法数的问题，在以后的学习生活中，我要尝试着运用这种方法来解决问题。

生4：我意想不到的是杨辉三角形中的数列，居然与图形有着千丝万缕的关联。

师：杨辉三角形的美妙之处在于，它是如此的简单，但本身在数学上有着如此大的魅力。

师：你们还想了解杨辉三角形的哪些方面的知识或应用？

生1：杨辉三角是否还有其他的建构方式？

生2：在微课中谢尔宾斯基三角形又有着怎样的应用？

生3：杨辉三角形的诸多性质是否可以推广到更多的数学应用中去？

师：同学们，老师相信你们一定能带着这种数学的哲思去品读杨辉三角形，去探索杨辉三角形的数之神奇、形之美韵！

师：的确，形源于数，创造着形。正如德国数学家庞加莱所言：“数学的真实之美，在于数与形的协调之美。”亦如我国数学家华罗庚所言：“数缺形时少直观，形缺数时难入微。”

设计意图：由“棋”到“形”，再到“数”，最后再到“形”，阐释了“数”与“形”的渊源，让学生明白在“数”探究过程当中离不开“形”，在“形”的解析背后离不开“数”，教给学生解决问题的“数学观”。

师：其实，人生旅程也是一场棋局，是在不断的行棋与立棋中一路前行——人生如棋，在棋局中的我们，需要来自心底的那份坚守与努力！只要我们人生之棋，不断拼搏，勇往直前，那么迈向人生的目标才会趋于更完美！

设计意图：谈及收获，引发后续，让学生感受杨辉三角形构造如此的简单，而它的魅力却如此的丰富。让学生带着数学的眼光去品读杨辉三角形，去开发杨辉三角形中的“数之神奇，形之美韵”。并且以“棋寓人生”，人生亦如棋，人生旅途是在不断的“行棋”与“立棋”中领略沿途风景，走好人生的一盘棋！

【板书设计】

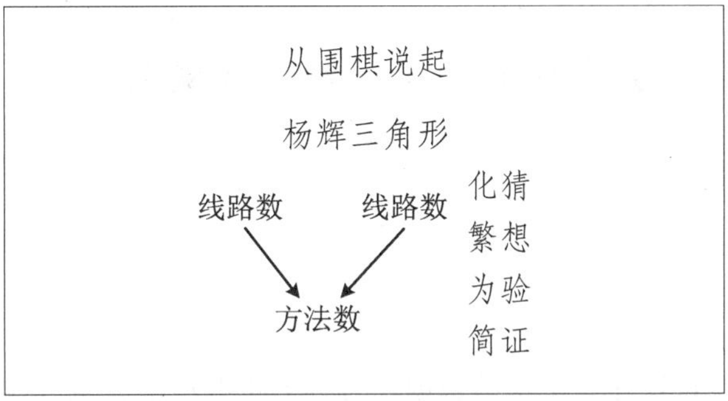

设计意图：板书设计本着“精简有度，学教有髓”的原则，让学生能够明确地悟出解决问题的方法及策略，懂得利用围棋的“行”与“立”构建杨辉三角的神奇之处！

课后反思

一是以“围棋”游戏为载体，唤醒数学经典文化。

游戏以娱乐、消遣为主，若纯粹以休闲为主则会淡而无味，故注入经典文化智力因素行棋，则使游戏的智力思维技高一筹。借助“行棋”与“立棋”的围棋技巧，嵌入了行棋线路，则使行棋的路径、方法数与杨辉三角形形成一种无形的关联。加之行棋的规则与方式的变通，让学生在举棋不定间感受棋以载“道”的奥秘。

让游戏与经典同行，使得数学更具有生活味，让学生置身于“山重水复疑无路”的情境，才会唤醒“柳暗花明又一村”的豁达！

二是以数形结合为路径，解析数学经典文化。

“经”乃线也，“典”乃书也，线串成册至今乃为“经典”。品读“杨辉三角”有那个时代的环境，拥有创造者的个性烙印，与其民族性、自豪感相得益彰。因此，借助“数”(shù)源于“数”(shǔ)的思想，解析几何与代数之间的关联的笔触应落在“形源于数，数创造着形”的基点上，以形而载“数”的思想构建数阵。学生操作线路数的过程，其实质为几何思维初步凝练的一种方式。学生的举手投足间，冥思苦想间，质疑辨析间，便会有思维火花的迸射。这种方式让学生的错误显得更有高度，不足之处有深度，弥补之处有广度，让数学文化解析由表层的肤浅走向理性的维度。

三是以有限历程促无限发展，传承数学经典文化。

课堂悬而有念，则韵味无穷。数学文化是一种态度，更是一种民族的精神。正如“数学实力影响着国家的实力，世界强国必然是数学强国”，换而言之，一种数学意识就是一种竞争。对于杨辉三角形的玄妙之处，不能止步于仅仅 40 分钟的探索。因而，有限的过程只是抛砖引玉的前奏，是学生思维开启的导航。笔者认为，用有限的时间植入“授人以渔”的灵动，则课堂才会繁花似锦。倘以固定的思维，或浅尝辄止，则会禁锢学生的思维。之所以把数学的视角投向远方，是因为我们必须有高瞻远瞩的视野，才能让学生置身于奇妙的未知数学之境，为学生开启探索之旅，岂不美哉？

比如，杨辉三角形中涉猎的知识面和深厚的理论，只是数学领域中的沧海一粟，悬而未解之题，与自然科学、社会科学、数据科学等有众多与之相关，需要我们去指引，亟待学生们去开拓。

总而言之，笔者认为数学经典文化的开发与探究旨在传承、贵待发扬、更待开创！

厘清分物方式，建构计数思想

——“话说埃及分数”教学实践与反思

教学内容

本节课是自编教材，旨在让学生结合埃及分数产生的历史背景及实物均分产生的过程，进一步体会埃及分数的独特形式，初步掌握简单真分数拆分成埃及分数和，了解埃及分数的形成历程及部分规律。

课前思考

分数最早起源于古埃及。埃及分数以独特的形式影响了整个世界，古埃及作为四大文明古国，和中国一样用自己独特的数学方式向世界阐释数学文化的璀璨及其浓厚的底蕴。埃及分数的实质是单分子分数，即分类单位。独特的分物方式是埃及分数产生的必然，是在“度量”和“均分”的原则上产生的一种必然，而非偶然。令我们感到诧异的是，古埃及人居然都是用单位分数来表示不能分成整分的这样的结果。使既熟悉而又陌生的分数披上了一层神秘的面纱。

埃及分数虽繁琐难懂，但在世界数学史上具有举足轻重的地位，既是典型的丢番图方程的一个模型，也是不定式方程建构的生活基础，还是研究二元一次方程及多元方程的雏形，更是数论领域中不可或缺的一个因素。这种“逼近”“转化”“归纳”“方程”等思想的渗透对于学生以后初等函数、多元方程、数论的分析等代数和几何领域的探究，有一定前瞻性的影响。特别是经典故事分码，分数传统神话色彩的渲染而成的埃及分数，以及 Paul Erdos 猜想，都会影响着学生的探究欲望，让他们对数学未知领域充满向往，这就是数学教学最根本的基点。

教学目标

(1) 经历探索分饼与画图活动，认识“埃及分数”，让学生经“猜测—推理—验证—归纳”过程，初步形成缜密逻辑推理的“数学观”。

(2) 通过将埃及分数再拆分成另两个不同埃及分数之和，将分子是 2 的真分数改写成两个不同埃及分数的和，以及将一个真分数写成多个埃及分数之和的形式，感受古代埃及人的智慧，并通过观察计算规律，积累埃及分数的计算经验，体验智力思维的乐趣。

(3) 通过相关的数学故事、神话传说、数学历史，帮助学生感受埃及分数在古代现实生活中的运用，激发学生后续探究的欲望，了解“数”源于“数”的数系扩充思想，进一步地体会数学的文化魅力。

【教学重点】

(1) 通过动手操作分分进一步了解“埃及分数”的意义。

(2) 掌握把一个真分数分成两个或多个不同的埃及分数和的形式。

【数学难点】

通过计算、观察、对比与探究，积累埃及分数的表示方法及拆分经验，掌握把一个真分数拆分成埃及分数的解题策略。

教学实践

一、引入课题，初步感知

师：同学们，你知道四大文明古国吗？

生 1：中国、古埃及、古印度、古巴比伦。

师：这些古老的国度有哪些古老的文明吗？

生 2：中国有万里长城。

生 3：古巴比伦有空中花园，古埃及有金字塔，古印度有泰姬陵。

师：今天让我们从数学的角度，来看一看古埃及的数学成就，其中最引人注目的就是我们学过的分数。分数起源于古埃及。

师：让我们穿越到 3000 年前，古埃及数学文明就是在尼罗河流孕育和发展的，人们牧马、游民、迁徙，在狩猎中创造“数”！

师：同学们，让我们去埃及看一看，感受异域风情，领略一下埃及的数。计数的时用到数。比如，抓到一只兔子，用数 1；两只兔子则用 2；三只兔子用 3。(出示课件：古埃及人表示自然数字的方法)

师：随着猎物及实物的增多，或者说随着人数的增多，不能整分到整数的时候，一种新的计数方式应运而出，说说看是什么数？

生：分数。

师：古埃及数学著作《莱茵德纸草书》中详细记载了分数最初的样子，记录了公元前 2000 年至公元前 1800 年之间，埃及人的 48 个数学知识，其中注有详尽埃及分数分解表。用一个椭圆形的符号表示这个数，在椭圆形符号的下面写一个整数，即这个整数相当于现在使用分数的分母。

师：我们一起来看看几个分数：$\frac{1}{3}$，$\frac{1}{5}$，$\frac{1}{10}$，$\frac{1}{100}$，…同学们仔细观察这几个分数的分子，你们发现了什么？

生：他们发明的分数的分子都是“1”。

生：难道找不到分子不是“1”的分数吗？

师：同学们的确如此，这也是古埃及分数的“奇葩”之处！

生：为什么会出现这种情况呢？

师：古埃及人在均分猎物的时候，总是先保证每一个人分到 1 份，并且每次只能取走其中的 1 份，因此，分数的分子都是“1”，像这样分子是 1 的分数，称之为“埃及分数”，也叫单分子分数，或单位分数。

生：埃及分数只有几分之一，如果我们需要取其中的 2 份、3 份怎么办呢？

师：这个问题很有价值，今天我们就一起研究埃及分数。（板书：话说埃及分数）

设计意图：埃及分数是一个古老而又永恒的话题。新课伊始利用文化的视角，让学生感受埃及数字的整分及其不整分，了解埃及分数的产生背景，让学生在现实生活中感受“数”源于“数”，“分数”源于“分”，对既熟悉而又陌生的埃及分数有一个全新的认识，又激起学生的学习欲望。将中国与埃及两种计数方法进行比较，让学生感受国度的不同，数学文化也不尽相同，这是源自数学底蕴的不同。

二、数形结合，初步感悟

（一）初步感知埃及分数的拆分

师：3 个同样大小的饼，平均分给 4 个人，每人分得多少个？

生 1：用我们以前学过的知识经验，把 3 平均分成 4 份，每份就应该是其中的$\frac{3}{4}$，也就是$3\div4=\frac{3}{4}$（个）。

生 2：也可以把每一块饼平均分成 4 份，取 3 个这样的一份就应该是$\frac{3}{4}$个。

师：但是对于古埃及而言，他们没有“$\frac{3}{4}$”这个概念，到底他们是怎么分的呢？

师：他们先拿出两张饼，将每一张饼平均分成 2 份，一共分成 4 份，这样每个人先得到的是$\frac{1}{2}$个；再将剩下的一张饼平均分成 4 份，每人再取其中的 1 份，2 次刚好分完，每人分得饼的数量就是$\frac{1}{2}+\frac{1}{4}$。（课件展示）

（二）指向核心，理解算理

师：古埃及人非常聪明，他们利用现实生活中的“均分”思想，用到最少次数的分完，且每次争取分到都要确保均分中最多的，而无剩余。这种埃及分数拆分的方法，后人把它称之为“贪心算法”，也称为“贪婪算法”。此法蕴含着古人极高的智慧，可以利用这种策略，把任何一个真分数都可以改写成两个或两个以上的埃及分数和的形式。

师：如果你是古埃及人，你会怎样拆分$\frac{3}{4}$呢？

讨论：比$\frac{3}{4}$小的最大埃及分数是多少？学生与同桌讨论后，进行交流。

师：我们来仔细地看一看$\frac{3}{4}$，在拆分的过程中，首先拆成的是$\frac{1}{2}$，$\frac{1}{2}$是比$\frac{3}{4}$小的最大的一个埃及分数，还剩一个$\frac{1}{4}$，这个$\frac{1}{4}$正好是埃及分数，毋庸置疑，两次就正好分完。

设计意图：借助实际分一分，初步地感受埃及分数的产生历程，感受民主、平等的思想，也进一步体会古埃及人的"均分"思想是建立在度量均衡的基础上的，确保每人均分最大化。利用方法对比，构建分数与古埃及分数的联系及区别，从而激起学生探究"怎么回事"的念头与欲望。此地无声胜有声，既是伏笔，又是思考，更是智慧的绽放！

三、再次探究，算理领悟

(1) 探究分子是2，分数拆分成2个埃及分数的和。

师：按照这样的方法尝试着把2块饼平均分给5个人，每个人应该分多少块呢？尝试着画一画、分一分！

学生尝试操作，教师巡视指导，然后全班交流。学生作品展示(图5-59)。

$$\frac{2}{5}=\frac{1}{5}+\frac{1}{5}$$

$$\frac{2}{5}=\frac{1}{3}+\frac{1}{15}$$

图5-59　学生作品

生1：这个简单，$\frac{2}{5}=\frac{1}{5}+\frac{1}{5}$。

师：古老的埃及人非常讲究创新，在埃及分数拆分的过程当中，绝不允许出现相同的分数。看来在古埃及要有一个立足之地，还要有一个聪慧的大脑！

师："横看成岭侧成峰，远近高低各不同。"换个角度来看待$\frac{2}{5}$吧！对于我们熟悉的分数，对于古埃及人而言，确实相当的陌生！

生1：我可以仿照刚才的"贪心算法"，比$\frac{2}{5}$还小的最大的分数单位是$\frac{1}{3}$，剩下则是$\frac{2}{5}$减去$\frac{1}{3}$，正好为$\frac{1}{15}$，所以，$\frac{2}{5}=\frac{1}{3}+\frac{1}{15}$。

生2：我是这样想的，古埃及人"贪心算法"首先确保每个人都能分到一份，如果把每块饼平均分成2份，2块饼则一共分成4份，那么就不能确保每个人分得1份，因此，不能分成$\frac{1}{4}$。

生3：把每块饼平均分成3份，2块就平均分成了6份，这样每人就可以先分得其中的$\frac{1}{3}$，还剩其中的一块，再把1块饼再平均分成5份，则这1份就相当于一块饼的$\frac{1}{15}$，也就是说，$\frac{2}{5}$就相当于$\frac{1}{3}$与$\frac{1}{15}$的和。

师：同学们，如果 2 块饼平均分给 7 个人，又应该如何分配呢？请动手做一做。

学生自主完成后，作品展示。

生 1：我把 1 块饼平均分成 4 份，两块饼则平均分成了 8 份，那么每人取得其中的一份，还剩$\frac{1}{4}$，再把$\frac{1}{4}$平均分成 7 份，这样每一份就是这一块饼的$\frac{1}{28}$，这样两次也就分完了，所以，$\frac{2}{7}=\frac{1}{4}+\frac{1}{28}$。

生 2：我感觉比$\frac{2}{7}$还小的，最大的埃及分数应该是$\frac{1}{4}$，然后利用$\frac{2}{7}$减$\frac{1}{4}$的差就是$\frac{1}{28}$，因此我可以把$\frac{2}{7}$拆分成$\frac{1}{4}$加上$\frac{1}{28}$的和。

师：同学们，你们都很聪明，能够把分母是 2 的真分数拆分成两个埃及分数的和，那么仔细地观察一下$\frac{2}{5}$和$\frac{2}{7}$这两个拆分的过程结果，你们有什么样的发现？

小组讨论对比发现。

生 1：我们首先可以找到比这个分数小的最大的埃及分数，然后用这个分数减去埃及分数所得的差。

生 2：我们可以利用首先所要拆分的分数小的最大的埃及分数作为第一个埃及分数，用所要拆分分数的分母与第一个埃及分数分母的积作为第二个埃及分数的分母，这样所得到的就是第二个埃及分数。

生 3：第一个埃及分数是分母除以 2，再加 1 的和作分母的。

生 4：我们可以把分母是 2 的真分数，拆分的分母是原来分母加 1，再除以 2 得的商就是第一个埃及分数的分母，第二个埃及分数的分母则是第一个埃及分数的分母与原来分数分母的积。

师：同学们同意他们的看法吗？

有的学生点头首肯，而有的学生则比较茫然。

师：你们的发现是否正确呢？我们可以将其作为一种猜测。数学是一门逻辑学科，我们可以尝试去探索、发现，并且验证。

学生验证并相互交流。

师：谁能用自己的话说一说"分子是 2 正分数拆分成两个埃及分数的和"？

生 1：$\frac{2}{3}$可以拆分成$\frac{1}{2}$加$\frac{1}{6}$，第一个埃及分数是$\frac{1}{2}$，它就是 3 加 1 除以 2 的商；第二个数的分母 6 就是 2 乘以 3 的积，我的发现是成立的。

生 2：$\frac{2}{9}$，我们可以按照这样的方法拆成$\frac{1}{5}$和$\frac{1}{45}$的和。

生 3：$\frac{2}{11}=\frac{1}{6}+\frac{1}{66}$。

师：用自己喜欢的方式记录你们发现的这个规律。

生：分子是 2 的真分数，我们可以拆分成两个埃及分数的和。这两个埃及分数的分母分别是所要拆分的分母加 1 除以 2 所得的商，作为第一个埃及分数的分母；第二个埃及分数的分母则是所要拆分的分母与第一个埃及分母的积。

生 2：如果用字母表示则更清楚！

生 3：$\frac{2}{a}=\frac{1}{\frac{a+1}{2}}+\frac{1}{\frac{a(a+1)}{2}}$。

设计意图：在学前测试的考查中，我们发现学生把一个真分数拆分成两个埃及分数和的形式，是茫然不知所措的。学生思维的局限性，陷于“拼”“凑”“删”“改”的基础上，显然，茫然的“拼”与豁然的“凑”的过程是极富挑战意义的，只有在动手操作过程中才能够激发学生的求知欲望，在一次次的整理、观察、归纳、再次提升的学习策略中，丰富着自己的理性思维，总结着自己学习的策略，在体会“转化”“递推”与“逼近”中，感受数学的使用价值，享受学习数学的乐趣。

(2) 探究分子是 1 的真分数拆分成两个埃及分数的和。

生：$\frac{1}{2}$能不能拆成两个埃及分数的和呢？

师：你真的是一个善于思考的孩子，同学们可以尝试着解决上述问题。

学生自行尝试解决。

生 1：$\frac{1}{2}=\frac{1}{3}+\frac{1}{6}$。

生 2：$\frac{1}{3}=\frac{1}{4}+\frac{1}{12}$。

生 3：$\frac{1}{5}=\frac{1}{6}+\frac{1}{30}$。

生 4：$\frac{1}{6}=\frac{1}{7}+\frac{1}{42}$。

…………

师：对比观察分子是 1 的分数拆分成其他埃及分数和的形式，你又有怎样的发现呢（图 5-60）？

分子是1的分数拆分的过程结果，你有什么发现？

$$\frac{1}{2}=\frac{1}{3}+\frac{1}{6}$$
$$\frac{1}{3}=\frac{1}{4}+\frac{1}{12}$$
$$\frac{1}{4}=\frac{1}{5}+\frac{1}{20}$$
$$\frac{1}{5}=\frac{1}{6}+\frac{1}{30}$$
$$\frac{1}{6}=\frac{1}{7}+\frac{1}{42}$$

图 5-60　对比观察

设计意图：分子是 2 的真分数的埃及分数拆分，遵循从大到小的拆分原则，而不是任意性的拆分，注重“有序”思考，确保“均分”合理性。依据这样的拆分方式，可以鼓励学生跳跃性思维，更要水到渠成地找到解决问题的途径。但是对于单位分数，除了$\frac{1}{2}$以外，这样的埃及分数是否又可以拆成几个不同埃及分数和的形式呢？这也是引领学生进一步探究的一个过程，开启学生不定式方程及数论领域的另一起点。

学生小组讨论后交流。

生 1：一个加数的分母比要拆分的分母大 1，另一个加数的分母是前两个分母的积。

师：同意他的看法吗？用这个规律再试试看。

学生验证并汇报。

生 1：这个规律我们可以用字母来表示，$\frac{1}{a}=\frac{1}{a+1}+\frac{1}{a(a+1)}$，其中 a 是大于 1 的自然数（图 5-61）。

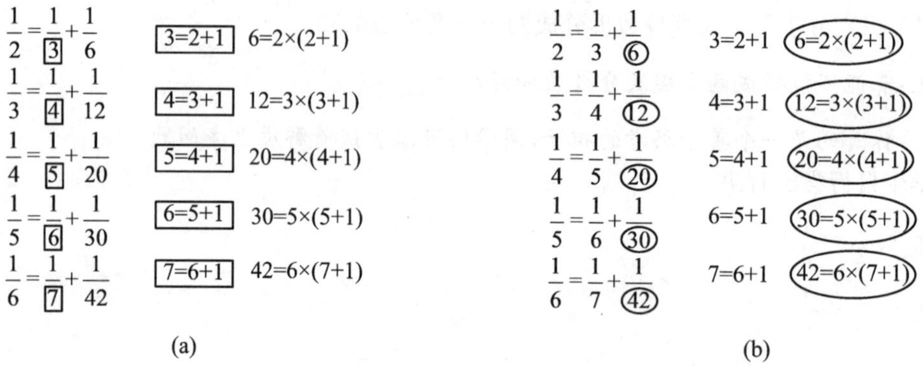

图 5-61　分子是 1 的分数拆分过程

师：有别的运算方法吗？

师：因为 $\frac{1}{2}=\frac{2}{4}$，将 $\frac{2}{4}$ 拆成 $\frac{1}{4}+\frac{1}{4}$，则不符合要求，所以分子分母都同时乘 3，$\frac{1}{2}=\frac{3}{6}$，因此，则有 $\frac{1}{2}=\frac{3}{6}=\frac{1}{6}+\frac{2}{6}=\frac{1}{6}+\frac{1}{3}$。

师：我们把这种拆分埃及分数的方法称为“扩分法”，但是在 3000 年前的古埃及没有这种方法，他们采用的是“贪心算法”。

师：通过上面两种类型真分数的拆分，你们如何看待埃及分数呢？

生 1：用埃及分数来进行表示有一定的繁琐性，比较麻烦。

生 2：用埃及分数来表示最关键的一步，就是首先要找到比这个分数要小一点的单位，然后利用两个分数的差，进一步求出下一个埃及分数，依次往下直到分完为止。

生 3：拆分埃及分数的过程，虽然非常麻烦且痛苦，但这也是一个求知探索的过程，我们可以在探索过程当中体会到古人的智慧。

生 4：用现在的眼光来看，埃及分数虽然繁琐，但这也是数学独特的、深厚的底蕴所在。

师：同学们，是不是任意一个真分数都可以拆分成两个埃及分数形式的和的形式。我们刚才探究的是分子是 1 和分子是 2 的，那么在古埃及人眼中，如分子是 3、4、5 等，又该如何拆分的呢？他们一定能够拆分成两个数的和或者说更多数的和吗？

师：大家可以尝试拆分 $\frac{3}{5}$，看看可以拆分成哪几个埃及分数的和？

学生独立练习并交流。

生：$\frac{3}{5}=\frac{1}{3}+\frac{3}{15}+\frac{1}{15}=\frac{1}{3}+\frac{1}{5}+\frac{1}{15}$。

师：同学们观察一下上述拆分$\frac{3}{5}$的过程。我们刚才初步得出一个结论，一个真分数也不一定就能够一定划分成 2 个埃及分数的和，或许有更多的埃及分数的和，其他埃及分数的拆分又会有怎样的秘密呢？

师：数学的魅力是无穷的，数学领域的探索也是未知的。埃及分数从 2000 多年前的发现到现在的运用，是埃及分数领域中的沧海一粟！

设计意图：引领学生探究分子是 2 和 1 的分数拆分成两个不同埃及分数和的规律。毕竟具有特殊性，只是个例，我们教给学生的不是固化思路，而是"授人以渔"的主线。"用推理的眼光来充实理性，用归纳的态度来完善知识结构，用系统的哲思来建构数学理念"，我们数学课堂追求至善至纯的完美。

一般的分数又该如何拆分呢？如果延迟了上面的方式进行展开探讨，容易固化学生的思维。引领学生从课内到课外，把方法的雏形植入"骨髓"。课堂有限，思想无限，力争用智慧的双眼，打开思维的阀门，使课堂更加灵动、更加睿智。把思考引向课外，植根于生活，真正体现数学的大局观。

四、走进数学文化，感悟埃及文化魅力

师：古希腊数学家阿基米德曾对《莱茵德纸草》记载做出初步推断；我国著名的数学家柯召也对埃及分数做过深入研究，用他自己的话来说"只是停留在表层"，"埃及分数是我们人类目前还没有解决的一个难题，里面很多的数学思想需要我们进一步去感悟古人的智慧"。著名 Paul Erdos 猜想："任何分母是 4 的真分数一定能够拆分成 4 个埃及分数的和。"这仅仅只是一个猜想，如何进行论证还需要我们逐步地思考推理验证，让我们一起走进埃及分数——"神灵的眼睛"。

(1) 教师播放微课视频，感受数学文化。

(2) 介绍埃及分数"神灵的眼睛"的未解之谜的征途，经典数学"分马"的破解等。

(3) 学生谈一谈自己的见解。

设计意图：古老的埃及文明孕育着古老数学文化，分数的背后，有着无数的传奇和经典的故事。"神灵的眼睛"向人们诉说着古老而又凄美的传奇故事，经典故事分马让我们感受到古埃及分数的特殊的数学地位。从不可以均分到实际可以均分这样的一个转化过程，让我们了解埃及分数，明确埃及分数的价值，同时也会引起人们的思考。像分马这样的经典问题，如果对于一个活生生的动物而言，确定它不仅仅是数量上的问题，还有体形、价值及其他因素，所以埃及分数的"均分"问题在其他经济领域并不一定适用，同时也是让我们从供应的角度感受逼近思想，分的单位分数越多，它与真实的价值之间的差距会越来越小。如果是从理想化极限化角度权衡，最终就趋向于零，其实亦是微积分的一个雏形。

五、传承文化，引领后续

师：通过这堂课的学习，你们有哪些收获？你们还想探究埃及分数哪些方面的应用？你们还想进一步地了解埃及分数在现实生活中的哪些实用价值？

教师可让学生思考后分享交流自己的收获。

师：埃及分数，一个曾被人瞧不起的古老的课题，隐含了丰富的内容，还有许多新奇的谜等待人们去揭开。

人们在考察古埃及历史时注意到，像阿基米德这样的数学巨匠，居然也研究过埃及分数。21 世纪一些最伟大的数学家也研究埃及分数，例如，沃而夫数学奖得主保罗·欧德斯提出了著名的猜想：$\frac{4}{n}=\frac{1}{x}+\frac{1}{y}+\frac{1}{z}$。这一猜想难倒了世界上第一流的数学家。

设计意图：埃及分数展现了古埃及人的计算能力和几何分析能力是何其的超常。但古埃及分数并没有流传下来，可能与其繁琐的推理有关，深奥难懂。这些未解之谜会引领我们不断探索，相信“当我们怀着对某件事情非常强烈的期望，我们所期望的事物就会出现”！

课后反思

本节课分别利用分子是 2 的真分数拆分成两个埃及分数之和、分母 1 的真分数拆分成两个单分数的和、埃及分数神话故事、数学猜想及经典分马故事等，引导学生探索埃及分数的特殊性，让学生在经历埃及分数的探究中，获得成功和乐趣。

一是从对比角度，引出渊源的独树一帜。

从时间的纵向维度、地域的横向维度，引出埃及分数以独特的形式“鹤立鸡群”。带着疑问入课，把“课堂”变成“学堂”：在古埃及会产生这样独树一帜的数系？这是本节课要阐述或研究的一个要素，因此抓住“均分至上”的理念来突破教学中的难点，利用“贪心算法”突破问题的瓶颈，领悟埃及分数内涵。

二是从发展角度，看待原始的民主均分。

本着“数”源于“数”，“分数”源于“分”的思想，衍生出埃及分数。从《莱茵德纸草书》记载来看，埃及分数的确繁琐、麻烦，而对于古埃及人却是信手拈来。埃及分数的应用，可谓“清水出芙蓉，天然去雕饰”，它不是刻意计数的分物方式，诸多现象表明这一方式与他们的生活息息相关，因此我们在了解埃及分数的同时必须了解数学背后国度的文化。分物不是一次分完，而是在均分较大分类单位的基础上，剩下的再均分，直到分完为止，从计数中可窥见一斑，即埃及分数的用途的广泛性与民主性。

三是从遗失角度，品味计数的桀骜不驯。

从分物方法和计数方式来看，古埃及人数学的水平是相当的高超，思维非常敏捷，也正因为此因素导致这种分数的繁琐程度让人费解。此外，这种分数也会出现表示结果的不唯一性，比如“1”就可以有无数种表示方法，$\frac{2}{3}$既可以拆分成两个单分数的和，也可以拆分成三个单分数的和……这也是埃及分数不能流传至今的一个因素——多端性，或者说也是其没有流传至今的内因。

四是从文化传承角度，赏析思想的一脉相承。

“文化是一种态度”，需要我们去传承。纵览寰宇，古为今用，洋为中用，要取其精华，去其糟粕，要用另一种眼光去看待埃及分数发展的历程。把埃及分数不断地均分，属于有限的分割，而它的不唯一性则是不定式方程、逼近方程等思想是数学的灵魂，正如克莱尔所言：“让真正供养生命的东西是思想、是精神、是灵魂，是内心的繁花似锦。”因而让学生带上理想的翅膀，则数学的明天定会繁花似锦！

五是从悬念继承的角度，畅谈后续的百家争鸣。

教学目标的达成，不是课堂上 40 分钟所能实现的，要有“一曲终了，余音绕梁”之妙。为此，我们要用“授人以渔”的灵动与豁达开启学生思维的阀门。用有限课堂去拓宽学生的数学视野，领略丢番图方程的可行性，窥探经典分马问题的完美性，实现“不可逾越的推断”。同时，古老国度文化使数学赋予神话色彩，数学韵味更浓厚，更多的未解之谜的引入，会开启学生的另一条数学征途，让他们感受到世界难题与我们的距离不是遥不可及。让文化植根于精髓，静静地在他们心里埋下攻克数学难题的种子，数学的明天定会是百家争鸣！

立足度量看数学，溯本求源见本质

——“异分母分数加减法”教学实践与反思

课前思考

“数学探究、数学建模、数学文化”是新课程标准中三个重要的特殊内容。由此可见，数学不仅是一种重要的“工具”或“方法”，也是一种思维模式，即“数学方式的理性思维”；数学不仅是一门科学，也是一种文化，即“数学文化”；数学不仅是一些知识，也是一种素质，即“数学素质”。

因此，只是在课堂中渗透数学文化，不能够让学生真正领悟数学文化的内涵，因为现在的小学数学教学，较多地让学生做习题，却较少地让学生想问题。在做习题中，又较多地在操作层面上训练解题方法，而较少地在思维层面上培养数学文化素养及意识，因而，结合“异分母分数加减法”来谈立足度量看数学，溯本求源见本质。

教学目标

(1) 经历探索异分母分数加减法计算方法的折纸操作与通分的活动过程，理解计算道理，体验分数直观模型和数学“转化”思想在解决问题中的运用。

(2) 能正确地进行异分母分数加减法计算及解决有关的实际问题。

教学实践

一、集课前思考，寻破难之径

(1) 课前教师思考：掌握算法和理解算理是运算能力的一体两翼。理解算理是掌握算法的基础，异分母分数加减法“通分”的依据是什么？理解算理的载体在哪里？如何让计算过程可视化？与经典文化有何相关？文化的传承的切入点是什么？作为小学加减法运算内容的终结，异分母加减法承载着贯通整数、小数和分数加减法算理的重要任务——理解算理。如何打通同分母与异分母分数算理的联系？如何沟通整数、小数和分数的算理？与古人经验又有着怎样千丝万缕的联系？

(2) 课前学生思考：为什么不能分子加分子，分母加分母？为什么要通过化成同分母分数？为什么同分母分数加减可以分母不变，分子相加减？为什么不能全部化成小数计算？为什么通分要同时看两个分数的分母？

如何让一节课在 40 分钟的时间里，把学之困、教之获、思之新融合在一点上，利用一个完美的支撑点，从其入手，开启学生思维的大门，这是教师首先要解决的一个问题，也就是说如何抓住直观，利用度量，实现师生双赢。本节课从"画""辨""驳""通"四个角度，让课堂内容达到一个新的高度和坡度。

二、借助分数尺，呈可视图表

为了弄清异分母分数与同分母分数加减法之间的联系，我们可以借助"分数尺"，目的是更好地体会分类单位。首先借助"分数尺"，回顾分数的意义和同分母分数加减法计算的方法，让学生在初步借助分数尺的基础上，进一步理解分数的意义，理解相同分类单位可以直接相加减的原理。

教学片段：

(1) 呈现代表"1"的直条图(图 5-62)，学生口述如何表示出$\frac{1}{2}$，并说明理由；同理，让学生口述表示出$\frac{1}{5}$，回顾分数意义。求$\frac{1}{5}+\frac{2}{5}$。

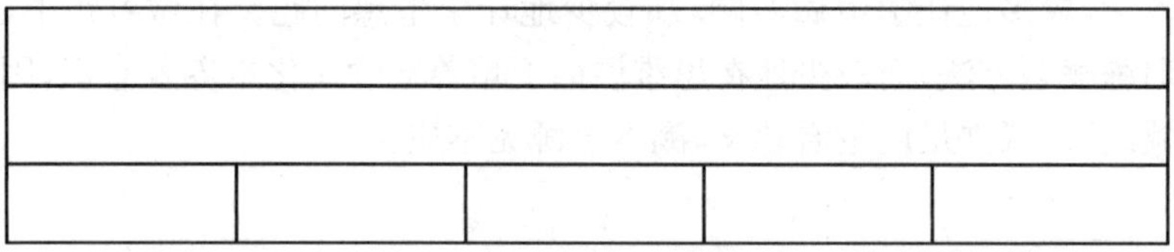

图 5-62　直条图

学生解释算式含义，以图说明"相同计数单位个数相加"的道理，回顾同分母分数加减法计算法则。

(2) 探究异分母分数相加的方法，明晰算理。

计算$\frac{1}{2}+\frac{1}{5}$等于多少，解释算式含义，并用图表示出来。学生独立思考，自主探究计算方法，教师提供"分数尺"帮助理解算式含义。

反馈展示学生方法：

(1) 化小数法。抓关键问题："为什么转化成小数？"新知转化为旧知，渗透数学思想。

思考：分数都可以转化成小数来解决吗？

(2) 通分法。抓关键问题：$\frac{2}{10}$与$\frac{5}{10}$从哪儿来？为什么要将这两个分数进行通分，依据是什么？

① 通过"分数尺"找寻"等值分数"，$\frac{1}{2}$这个分数可以找到哪些"等值分数"？如 2 个$\frac{1}{4}$，3 个$\frac{1}{6}$……发现一个分数有无数个计数单位。

② 为什么要选择 5 个$\frac{1}{10}$？组织交流，展开讨论。转换分数，在等值分数的量变中，借助用小单位度量大单位。

③ 借助“分数尺”，交流讨论通分的依据和理由。经历异分母分数相加，需要找到两个分数相同的计数单位及其对应的个数，再把计数单位的个数相加这一过程。

通分是异分母分数加减法计算法则的建立，属于技术性问题。借助“分数尺”直观展示了将异分母分数加法中的每一个加数都转化成为某个单位下的整数个数，从而对个数进行累加，这样就可以进行相应的合并，解决了把异分母分数合并成一个数的本质问题。

三、类推正迁移，度量抽象化

教学片段：

(1) 学生自己出一道异分母分数的加法题目，并尝试不同的方法计算，看是否都行得通。计算出结果后，可以用“分数尺”进行验证，写出自己的发现。

(2) 呈现开放题，如（　　）+（　　）$=\frac{11}{12}$，让学生独立思考编写算式，并在“分数尺”中再次验证。

(3) 呈现“$\frac{1}{4}+\frac{2}{3}$，$\frac{1}{4}-\frac{1}{16}$，$\frac{1}{4}-\frac{1}{10}$”三道加减法习题，学生计算并想象算式在“分数尺”中的表现形式。

组织讨论：

同样都是“$\frac{1}{4}$”，为什么在不同算式中转化的分数不一样？转化的标准是什么？“$\frac{1}{4}$”还可以转化成什么分数？让学生说说自己的看法。

学生在“分数尺”上的寻找过程，其实就是一个直观到抽象的变化过程。在变与不变中，学生体会的是只有相同分类单位，才可以用整数个相同的分类单位进行加减，也就是让学生在无数次的经历变化过程当中体会到，只有分类单位相同的情况下，才可以进行相加减的道理。进而从直观度量到抽象度量，打通异分母与同分母分数加减的算理。

四、纵观全学段，对比求关联

教学片段：

从整数、小数、分数加减的计算例题，掌握单位相同才能直接计算的加减法的本质。

数学知识的学习除了求全外，还应该求联，体会“形变质通”的数学思想。因为异分母分数加减法是小学加减法运算内容的终结，承载着贯通整数、小数和分数加减法算理的纽带，让学生通过经验性理解、形式化理解、度量化理解和结构化理解，使其形成系统性网络。

五、忆传统文化，溯本见本质

教学片段：

古人又是如何计算异分母分数加减法的呢？

（1）异分母分数相加。

“有二分之一，三分之二，四分之三，五分之四。问：合之得几何？”

古人利用合分术解决，母互乘子，并以为实；母相乘为法。所谓的“合分术”就是分数加法的运算法则，“母互乘子，并以为实”，它的意思是两个分数分子、分母交叉的积合并起来，作为和的分子；“母相乘为法”，就是两个分数分母相乘的积，作为和的分母。

（2）异分母分数减法。“四分之三，减其三分之一。问：余几何”。

古人利用“减分术”，即母互乘子，以少减多，余为实。也就是两个分数分子、分母交叉相乘的积，用多的数减去少的，把余数作为差的分子。“母相乘为法”，其实就是两个分数分母相乘的积，作为差的分母。由此可见，早在2000多年以前，我国的四则运算法则已经非常先进了。

教学片段：

掌握“合分术”“减分术”与异分母分数加减法之间的联系。

古人在实际的生活当中已经建立了一个度量的概念：“母相乘为法”。他们在实际生活中就已经体会到分母相乘的积，即把单位“1”平均分成了“母相乘之积”份。他们采用的是原始的生活经验——度量，“母子互乘子，并以为实”，母子互乘，同扩大，与我们今天通分相同。

“齐同法”（通分），即“凡母互乘即谓之齐，群母相乘谓之同”，讲的就是这个道理：分数要进行加减运算，必须有同样的分母，做到“同”（通分），还要使每一个分数的分子与分母同步扩大，做到“齐”，即“母同子齐”，度量单位（分类单位）相同才能加减。

当然，在结果上古人采用的是“约分术”，也称为“更相减损法”，它利用的是减法，找到公因数，使之变成最简分数，即“可半者半之，不可半者，副置分母子之数，以少减多，更相减损，求其等也，以等数约之”。当然，更相减损法在我们现实生活中应用不大，但是对于分子分母较大的分数而言，此方法还是有一定的意义的。

课后反思

古人们就是借助于生活中的经验，从度量的角度解放出来，在数系的扩充的情怀中体会分数存在的必然；在日常生活的计算运用过程当中又产生了分数的加减。由此可见，数学是一种文化的传承，折射出古人的智慧，对后世产生了深远影响。我们要用欣赏的眼光来看待经典文化，用辨析的眼光去沟通古今，去欣赏辉煌的古代数学，去品味经典的文化。让经典的数学文化在学生们的心底生根发芽，虽然很古老，但是依旧光芒四射；虽然历史久远，但仍需我们用心去呵护，用心去挖掘。

数学文化到底是什么？数学文化，是我们的发自内心的一种思想；数学文化，是我们课堂上潜移默化的理论；数学文化，是学生受用一生的素养，是数学与文化邂逅后的曼妙之美。因为，数学与文化不是偶然的相关，而是必然的关联！

第六节　六年级数学文化课例

数学文化中的价值观教育

——“圆周率的历史”教学实践与反思

课前思考

人们在生产生活中发明了轮子，几千年来圆的周长与直径的关系，即圆周率，像一块巨大的磁石一样，吸引人们孜孜不倦地探索。本节课是一堂数学阅读课，目的是让学生在阅读中体会人类对数学知识痴迷的追求，感受数学文化的魅力，了解我国古代在数学领域也是人才辈出，从而激发学生的民族自豪感。在研究教材的过程中，笔者认为，如果仅仅是在课堂教学中安排学生去阅读课本上的内容，学生或许也能受到教育，那这种感受注定是肤浅的；同时学生自主学习的习惯也无法养成。能不能放手让学生去收集查阅资料，然后进行交流，畅谈感受和想法呢？这种方式一方面锻炼了学生的动手收集整理的能力，另一方面在思想的碰撞中价值观教育落到实处。再者，课本上的材料比较单一，学生学习起来会感到单调甚至枯燥。那么能不能尝试引入课外资源，由课内到课外，由书本到实践，激发学习兴趣，促进情感态度和价值观的目标达成呢？

教学目标

结合圆周率发展历史的阅读，体会人类对数学知识的不断探索过程，感受数学文化的魅力，激发民族自豪感。

教学实践

一、取舍材料，精准“放矢之的”

放手让学生去收集“圆周率”的相关资料，不等于放任自流，不加要求。网络资源丰富翔实，同时也玉石杂糅，图书等纸质书籍上的信息也不一定完全符合小学生的实际。在学生收集资料之前，要做到以下两点：① 收集的资料一定要真实、科学和具有正能量；② 尽可能地多收集我国自古至今“圆周率”的资料。在收集资料的过程中可请家长协助和监督。

在课堂交流中，教师要有意识通过问题导向，巧妙引导，对学生进行正确的价值观教育，激发学生民族自豪感。

教师出示课件：古人推独轮车的画面。慢慢突出轮子在滚动，出现马车的车轮、水车的车轮在滚动。

师：轮子是古代的重要发明。由于轮子的普遍应用，人们很容易想到这样一个问题：一个轮子滚一圈，可以滚多远？

教师出示课件：小轮子、大轮子滚动的距离不同。

师：显然，轮子越大，滚得越远。那么滚的距离与轮子的直径之间有没有关系呢？最早的解决方案是测量。当许多人多次测量之后，人们发现了圆的周长总是其直径的 3 倍多。

师：谁收集到了关于"圆周率"最早的记录？

生 1：在我国，现存有关圆周率的最早记载是 2000 多年前的《周髀算经》，上面有"周三径一"的记载。

师：这句话的意思是什么呢？

生 2：这句话的意思是说，圆的周长和直径的比是 3∶1。

教师引导学生分组交流"圆周率的历史"等资料，巡视指导。然后学生集体交流。

师：在探索"圆周率"的历史上，知道哪些著名的数学家？

生 1：古希腊数学家阿基米德在圆内、圆外同时做正多边形，两者都逼近圆，得到圆周率在$\frac{223}{71}$至$\frac{22}{7}$之间。

师：我国古代的数学家在这方面有哪些研究？

生 1：我国魏晋时期杰出的数学家刘徽得出了较精确的圆周率的值。他采用"割圆术"，一直算到圆内接正 192 边形，得到圆周率的近似值是 3.14。

师：这个"3.14"怎么这么熟悉？

生：我们现在计算圆的周长都取 3.14。

师：这个"3.14"，在数学界称为"徽率"。

生 2：我国南北朝时期著名的数学家祖冲之得到了 π 的两个分数形式的近似值：约率为$\frac{22}{7}$，密率为$\frac{355}{113}$，并且算出 π 的值在 3.1415926 和 3.1415927 之间。

师：还有要补充的吗？

生 3：祖冲之的这一成就在世界上领先了约 1000 年。

师：没错，讲得很好。

生 4：中国历史上不仅文学成就巨大，数学成就也非常了不起。

师：是的，中国历史上数学成就也是非常辉煌的，作为中国人真的很骄傲哦。

设计意图：在学生交流这一环节，教师有意识地把学生的注意力引导到我国在"圆周率"方面的成就上，学生在潜移默化中受到文化的熏陶和爱国主义教育。

二、整合资源，提升价值体验

圆周率的历史悠久，学生们收集了很多资料，但是整体上依然缺乏条理性。学生对这些资料缺乏清楚的认识，有的地方甚至不理解。教师可在课前整理有关资料，并制作课件——课件 1：割圆术；课件 2：圆周率的历史进程。

课件 1 通过动画演示，让学生明白了割圆术的算理；通过展示课件 2，让学生对圆周率的发展史有一个清晰的认识。在此基础上，让学生谈感受就水到渠成了。

生1：人类探究圆周率的历史真漫长，圆周率的小数位数每前进一位，都要付出几代人的努力。

生2：科学家对真理的追求孜孜不倦，计算机的出现改变了历史，加速了科学技术的发展。

…………

设计意图：通过上述两个课件的讲解，学生了解了自古以来人类对圆周率的研究历程，领略了与计算圆周率有关的方法，在人类对数学知识进行不断探究的过程中，感受到数学的魅力，为学生打开了一扇窥探数学文化发展史的窗户。

三、开阔视野，激发学习兴趣

《小学数学课程标准》指出：课程内容的呈现应注意层次性和多样性。学生学习的内容不能局限于教材，适当引入课外的学习内容，可以开阔学生的视野，激发学生学习数学的兴趣，情感态度和价值观的教育目标也更容易达成。本节课要引导学生交流收集的圆周率的历史有关资料，并增加"神秘的圆周率"和"有趣的圆周率"学习环节。

师：在所有数学符号之中，圆周率 π 也许是最神秘、最吸引人的了，因为人们不可能知道 π 的精确值，所以也永远无法测量出一个圆的周长或面积的真正数值结果。

教师出示埃及胡夫金字塔图片，并讲解：几个世纪以来，埃及考古学家和神秘主义追随者一直痴迷于胡夫金字塔暗藏的圆周率之谜。因为该金字塔的塔基周长除以高度的2倍，即3.14，也就是圆周率。

圆周率的小知识

每年的3月14日是圆周率日。在这一天，很多全世界的数学爱好者都会烘烤各种口味的馅饼，以此来庆祝数学中最具代表性的无理数：π。

吉尼斯世界纪录记载，圆周率记忆最多的纪录属于印度拉杰维尔·米纳，他在2015年3月21日花费了9小时27分钟背诵了7万个圆周率的小数位。而此前的纪录保持者——中国的赵璐曾在2005年背诵到第67890位。

全球的数字爱好者们为了记住 π 的更多数位，会使用一些辅助记忆技巧手段，如被称为"π 学"的记忆技巧来辅助记忆。例如："山巅一寺一壶酒(3.14159)，尔乐苦煞吾(26535)，把酒吃(897)，酒杀尔(932)，杀不死(384)，乐尔乐(626)。"我们凭此可以轻松背出20多位，你也来试试吧。

学生先是沉浸在对神秘的圆周率的遐想中，继而又对背诵圆周率产生浓厚的兴趣，这一互动让学生对学习数学的热情瞬间被调动起来，他们觉得数学学起来如此生动、有趣。

四、实践活动，升华教育效果

数学学科中的价值观教育往往借助于情景图、习题和史料等，数学文化无疑是重要的载体。要挖掘数学文化的内在价值，在课堂主阵地上下功夫，课内和课外结合，对学生进行价值观教育。学习完"圆周率的历史"一课，教师给学生布置了一道实践作业：用数学日记记录下你学习的感受。

从日记可以看出,学生在学习中获取了“圆周率”的相关知识,受到了正确的价值观教育,对数学学习的兴趣进一步提高。教师可以把学生写的数学日记整理在一起,配上插图装订成册,放在班级书柜,供全班传阅,让学生感到数学不再那么抽象,不再那么枯燥呆板,而是一门充满人文气息、生动有趣的学科。

课后反思

任何一门学科都具有教育功能,数学这门学科闪耀着人类智慧的光芒,除了要让学生掌握基本的数学知识和数学技能,还要充分发挥它的育人功能,通过教材中数学文化的挖掘对学生进行非智力因素的培养,将情感态度价值观的教育渗透到数学学习的整个过程,让学生受到数学文化的熏陶,全面提升数学素养。

传承的数学文化,流动的指尖智慧

——“圆的周长”教学实践与反思

教学设想

圆有许多重要的性质,人类很早就认识了圆,使用了圆。圆的周长从数学发展的历史和学生的发展来说都是难点,因此在小学数学教学中,“圆的周长”这堂课同样成为诸多教师的研究课之一。在这堂课中,如何能对学生更好地展现出人类研究圆周率的艰辛历程,引导学生经历圆周率的探究过程?怎样对学生进行优秀的数学文化传承教育?明白圆周长的实际应用的重要性?这些问题都是笔者课前一直思考的问题。以学生的现状分析,笔者发现学生对周长的定义有了一定的了解,对长方形、正方形等基本图形周长的计算方法能熟练掌握。而且作为这个年龄段的小学生来说,好奇心强,动手欲望强,笔者对本节课进行了梳理、重构,力求在操作中发现规律,在探究中渗透数学文化。树立“以生为本”的教学理念,具体从以下几个方面入手:

(1) 以学情为基点,创设流动的思维智慧。

对学生基本情况的正确认识是设计适合每个学生自主发展的教学过程的基本点,它直接影响新知识的学习程度。我们在教学设计时应十分重视学生的原有认知基础,促进新旧知识的同化和顺应。了解学生的学龄特点、生活习惯等进而加强新知的渗透和内化。设计时,考虑到六年级的学生对悬疑推理较敏感,具有挑战意识,又有一定的学习经验及动手能力,因此可以考古为谈话起点,利用手中的学具、教具让学生自主探究周长的测量方法,由剪圆环到量圆片,由空中移动的轨迹思考测量的策略,最后发现圆周率。环环相扣,层层叠加,让学生主动思考解决问题的方法,思维的流动展示的是学生智慧的结晶,充分发挥了学生的主观能动性。

(2) 以教材为载体,构建非直线型的教学路径。

教材是落实教学大纲、实现教学计划的重要载体,也是教师进行课堂教学的主要依据。因此,在教学时,教师一定要认真研读教材,把握环节目标,在教学环节的设计上力求构建出非直线性的教学路径。本课的教学要先找准教材的重难点，再对每个环节设计多个具体方案，如在“测量”这一环节中，教师可出示一种由线围成的圆环，学生一定会很快想出还可以直接剪开再在尺子上测量，而在面对圆片周长的测量时学生又会想到滚动法和绕线法。在探究圆周长与直径的关系时，先引导学生进行大胆猜测，再利用各种方法进行验证。在介绍圆周率时应注意教学过程中的单一性，可提前准备多种方案做到“以不变应万变”。

(3) 以传承文化为出发点，彰显人文情怀的实现。

《小学数学新课程标准》提出，要对学生渗透数学传统文化的教育，培养学生的爱国情怀。在“圆的周长”这堂课中，为了更好地传承我国的数学文化，让学生感受到圆周率探究的艰辛历程，进而体会古人的智慧，可以从这两个方面着手：第一，在导入部分，设计展示考古人员挖掘出来的女娲手持规和伏羲持距的图，即圆规，目的是让学生感受到公元 2 世纪我国就已经有人用圆规这一工具来画圆及用圆，充分感受到古人的智慧。第二，在学生探究出来圆周率的关系时，可利用课件依次介绍中外历代数学家探究圆周率的过程和方法，并重点介绍我国数学家祖冲之的故事，使学生在感叹圆周率的发展历程艰辛的同时以身为中国人而自豪，进而学生会对圆周率的发展更加有兴趣，对圆周率的探究也产生浓浓的研究欲望，为未来数学文化的传承埋下种子！

教学目标

(1) 结合实例认识圆的周长，在探索圆的周长与直径关系的过程中，理解圆周率的意义及圆周长的计算方法。

(2) 能正确运用公式计算圆的周长，能运用圆周长的知识解决一些简单的实际问题。

教学实践

一、谈话导入，激发兴趣

师：同学们，考古学家曾发掘出公元 2 世纪汉朝的浮雕像，其中有女娲手持规、伏羲手持矩的图像。“规”就是圆规，是用来画圆的工具；“矩”很像现在的直角尺，是画方形的工具。正如俗话所说：“不以规矩不能成方圆。”看来方和圆有着很密切的联系呢！本节课我们就借助方形进一步探究有关圆的知识。(板书：圆)

二、动手操作，了解周长的测量方法

(一) 复习周长的定义

师：老师这里有一个方形和一个圆形，你们有什么办法能求出它们的周长吗？(板书：周长)

生 1：周长就是图形一周的长度。

生 2：正方形的周长是指 4 条边长度的总和。

师：那圆呢？

生：圆的周长就是围成圆的一圈的长度。

师：围成圆的线叫什么线呢？

生：是曲线。

师：那么怎样才能计算周长呢？

（二）学生讨论周长的测量方法

生1：正方形只要量出一条边的长度，然后乘4就可以了。

生2：直接剪开围绕圆的线，量一量就可以啦！

师：你来给大家演示一下吧？

（三）操作测量

师：现在老师这里还有一个圆(拿出圆片)，你还能剪开测量吗？

生：不能！

师：那有什么办法呢？请与同桌讨论一下，然后借助学具箱里的学具，想办法得出这个圆的周长。操作的时候，思考测量时需要注意哪些问题。

学生罗列问题，如可以用什么办法测量？测量时怎样使数据准确点？

（四）交流汇报

师：看来有好几组的同学都完成了，谁来汇报一下你们组是怎样做的？

生1：我用绳子围着这个圆一圈，打开后用尺子量出它的长度就是这个圆的周长。

师：有哪些同学也是用这种方法来测量的？嗯，在测量的时候有需要注意的吗？

学生讨论注意事项，如：① 绳子不能重叠；② 要找准终点；③ 要看清刻度。

师：好的，谁还有别的测量方法吗？

生：把圆片在尺子上滚动一圈，然后看尺子的刻度。

师：那有什么需要注意的？

生：要找到尺子上的起点和终点，还要在圆上做个标记。

师：你测量的圆的周长是多少呢？

生1：46厘米。

生2：48.5厘米。

师：为什么同一个圆，测量出来的结果却不一样呢？

生：可能是刻度没有对齐，也可能是重叠了。

师：这些都是误差，测量过程中出现误差是很常见的事！

（五）比较总结

师：现在我们一起回顾一下刚刚同学们的测量方法：第一种是把圆直接剪开，变成一条直线再测量；第二种是把线绕圆一圈，再测量线的长度，这种通常可以叫作绕线法；第三种是把圆片在直尺上滚动一圈，算出尺子上直线的刻度，也叫滚动法。那么请同学们思考一下，这几种方法的共同点是什么呢？

学生观察交流，教师引导学生作总结。

师：都是变成直线再测量！把什么线变成直线呢？

生：是的，把曲线变成直线进行测量，其实在数学上这是一种很重要的数学思想，也是很重要的转化的方法，即化曲为直。这种方法在很多领域都有应用哦！

三、实践探究圆的周长的规律

（一）演示激疑，大胆猜测

师：是不是所有的圆形都可以通过上述方法测量出来呢？大家看看这里，这是一个玩具（球绑在绳子上），如果我像这样转动玩具，那么球移动的轨迹会形成一个圆形，你还能测量出这个圆形的周长吗？

生：不能！太难了！它在移动，没有办法测量。

师：看来无论是滚动法，还是绕线法都不能测量出这个圆的周长。可以用什么方法测量这个圆的周长呢？

生：如果能找到规律的话可以计算出来吧？

师：我也相信圆的周长一定是有计算规律的。现在先回想一下正方形的周长和什么有关？

生：正方形的周长跟边长有关，周长是边长的 4 倍。

师：那么圆的周长会跟什么有关系呢？

生：可能跟直径有关。

师：在远古的时候人们就发现了车轮的直径越大，它的周长也就越长。

师：周长与直径会有什么关系？也有可能是倍数吗？圆的周长可能是直径的几倍呢？

生 1：2 倍。

生 2：3 倍。

师：想知道到底是多少吗？

（二）操作验证，比较归纳

师：请每个小组选一个圆形，量出它的周长，再量出它的直径的长度。研究它们之间有什么倍数关系。

学生以小组为单位进行测量计算。

生 1：我们小组量的是 1 号圆形，它的周长是 23.64 厘米，直径是 7.5 厘米，周长是直径的 3.152 倍。

生 2：我们小组量的是 3 号圆形，它的周长是 27.68 厘米，直径是 8 厘米，周长是直径的 3.46 倍。

教师根据学生的汇报，及时在板书记录相关数据，并引导学生仔细观察并思考：直径与周长的关系。

生：有的约 3.1 倍，有的约 3.2 倍。

师：其实我们还可以通过这样的操作再次验证一下。老师手里有一个绳子，我先比画出这个圆的一圈的长度，再比画一下圆的周长里有几个直径的长度。大家一起数一数。

师：是的，有 3 个多直径的长度。

师：实际上，圆的周长除以直径的商是一个固定的数，我们把它叫作圆周率，用字母π来表示，计算时通常取3.14。（板书：圆周率、π=3.14）

（三）介绍圆周率的历史

师：在探索圆周率的过程中，人们经历了漫长的历史，也研究出来了很多的方法，如阿基米德的切圆法、刘徽的割圆术，以及著名的“蒲丰投针试验”，他们对圆周率的研究都做出了巨大的贡献，其中大家最熟悉的是我国南北朝时期的著名数学家祖冲之得到了π的近似值，算出π的值在3.1415926至3.1415927之间，这一成就在世界上领先了约1000多年！随着数学的不断发展，到2000年，现代电子计算机能够精确计算出π小数点后12411亿位。人类对计算圆周率的探索从没有停止过，希望同学们将来在探索圆周率的路上能够更上一层！

四、巩固提升，以方说圆

师：下面我们来看图思考一下这个问题：为什么圆周率都是约3.14呢？

教师出示组合图形方切圆，并出示题目：正方形的周长是圆的直径的（　　）倍，所以圆周长除以直径一定小于（　　）。

师：你能借助图形说一说吗？为什么圆周长除以直径小于4呢？

生：是4倍。圆在正方形里面，圆的直径就相当于正方形的一条边长，所以正方形的周长是圆直径的4倍；而圆的周长又比正方形的小，所以除以直径，肯定要比4小。

师：很棒！你们借助图形的特点，又一次探究了圆周率的奥秘！

师：好了，同学们，回顾一下这节课，我们都有哪些收获？

生：知道了周长与直径的关系，明白了周长除以直径是一个固定的值，也就是圆周率。还学会了一种化曲为直的方法。明白了π是无限不循环的小数。知道了圆周率经历了漫长的历史……

课后反思

本堂课充分地体现了以生为本的教学理念，有利于学生的可持续发展，注重教学目标的多元化，在目标取向上，不仅仅局限于学生获得一般的解决知识的技能，更重要的是让学生在探究的过程中感受数学文化的魅力，获得数学的基本思想，了解数学的价值体验问题，使学生的情感、态度、价值观能得到充分的发展。本节课从课前的教学设想和教学实践结果来看，主要体会和感悟，具体有以下几点：

一是动手操作不仅仅关注的是手，还有脑。

纵观人类的发展，生产力的进步都离不开劳动，而劳动的本质就在于动手操作。苏联教育实践家和教育理论家苏霍姆林斯基曾说：“儿童的智慧在他们的手指尖上。”提高学生的动手能力，使其直接获得亲身体验，触动心灵的感应，进行大脑的思考，最后获得智慧的结晶，让智慧的思维跳动在指尖上。不少教师都明白动手操作的重要性，在数学课堂上，费尽脑筋地设计学生动手环节，让学生摆、拼、画等，从表面看来气氛活跃，学生们都在动手操作，但细细观察发现，学生们只是按照教师的要求完成任务。这种教学方式不利于学生的大脑思考，他们的思维有没有得到锻炼。

在本节课中，教师巧妙地安排教具的出示时机，引导学生主动动手操作，然后去发现问题，进而思考解决问题的方法，使他们的思维得到提升。例如，在探究圆的周长测量方法的部分，教师设计了圆环形的教具，如何求出这个圆环的周长呢？由于教具的特殊性，学生看到很自然地就想到了用剪刀解开再测量的方法，这时教师又相继出示圆片，并提问：还能用剪开的方法来测量它的周长吗？显然，学生的思维产生了新的冲突，他会思考新的测量方法。此时教师再适时引导学生拿出学具进行动手操作。当学生拿出直尺时，他会想到用圆片在直尺上滚一周，这样就能得出圆片的周长了；当他看到线绳时，他会思考可以用绳子绕圆片一周再测量绳子的长度，这样也能得到圆片的周长。学生在操作中思考、探究、交流，最后得出了绕线法和滚动法。接下来在探究圆周长与直径的关系时，教师设计了甩小球游戏，把球固定在一根绳子上，进行抛物线运动，让学生观察形成的“虚圆”，那么“虚圆”的周长还能用刚才的方法测量吗？这个问题又一次打破了学生们的认知平衡，他们开始再次寻找解决问题的方法，并在接下来的猜测、操作、验证中获得新知，思维得到了训练，指尖上的操作流动的是思维的智慧，因此我们在设计学生动手操作活动的同时，更要关注学生大脑思维的可持续发展。

二是在实践中传承数学传统文化，感悟数学思想。

优秀的传统文化中蕴含的是深刻的人文情感、思想方法、道德品质，等等，是涵盖思想观念、价值取向、思维方式、道德情操、礼仪制度等维度的多方面整体，体现了一个国家庞大的文化底蕴和精髓。数千年来传统文化的传承和发展无一不是在人们的应用实践中得以实现，如传统文化中的数学问题：鸡兔同笼问题、七巧板、算筹的应用、负数的出现、勾股定理的证明等，都是古人通过生活中的实践探究出来的数学文化精髓，是他们在一次又一次的实践中应用总结出来的，是他们劳动智慧的结晶。

圆周率的出现经过了数千年的演变。在本节课中，教师让学生参与圆周长测量方法的实践探究，并总结出了“化曲为直”的方法，渗透思想方法的教学。然后根据正方形的周长与边长的关系进行迁移，猜测周长与直径也一定有着倍数关系。为了验证自己的猜想，教师引导学生模仿古人不服输的学习精神，一遍又一遍地进行演算推理。实践出真知，经过几组学生的演算、对比发现圆周长都是直径的 3 倍多一些。圆周率历经千年数人的实践才总结出来，不是这一堂课就能研究明白的，所以笔者适时介绍为了计算方便，圆周率取 3.14，用字母 π 表示。之后，再利用课件对学生介绍历代数学家对圆周率的推导策略及结论，使学生明白圆周率的推演计算人们一直没有放弃，如今，现代电子计算机能够精确计算出 π 小数点后 12411 亿位直到现在，圆周率的数位还在无限增加，从而对学生进行无极限数学思想的渗透。

这一实践过程也让学生明白数学文化的传承就是在不断地实践中总结出来的，我们要以古人为榜样，从小树立起为国家富强、为民族振兴而发奋读书、顽强拼搏、积极奉献的责任感。

三是需要进一步研究的问题。

学生在经历了探究圆周率的艰辛历程后，除了感受古人的聪慧、圆周率研究方法的多元化及其无限思想外，还需思考：为什么千古以来人们对研究圆周率有这么大的兴趣呢？为什么要研究它呢？圆周率到底有什么用？这些内容在课本中都没有涉及，如何去融会贯通地站在学生的角度思考问题，是我们接下来要研究的内容。

“圆”背后蕴含的文化魅力

——“圆的认识”教学实践与反思

课前思考

《小学数学课程标准》中明确指出：数学文化作为教材的组成部分，应当渗透在整套教材中。为此，教材可以适当地介绍有关背景知识，包括数学在自然与社会中的应用，以及数学发展史的有关材料，帮助学生了解在人类文明发展中数学的作用，激发学生学习数学的兴趣，感受数学家治学的严谨，欣赏数学的美。如何在课堂教学中践行并彰显数学的文化本性，让文化成为数学课堂的一种自然本色？本节课教学中，教师借助多媒体，将自然、社会、历史、数学等各个领域中的圆有效整合，充分放大圆所内含的文化特性，努力折射“冰冷”图形背后所散发的独特魅力，将“圆”这一抽象的平面图形以一种瑰丽的姿态走进学生们的视野，让数学真正美丽动人起来。

教学目标

(1) 结合生活实际和丰富多彩的活动，在观察和操作中体会圆的结构特征。

(2) 在画圆的过程中，理解同圆中半径、直径以及直径和半径之间的关系，体会圆心和半径的作用，会用圆规画圆。

(3) 能用圆的知识解释生活中的简单现象，感受数学与生活密切相关。

教学实践

一、“圆”中传承圣贤思想

(1) “圆，一中同长也。”

师：同学们会用圆规画圆了吗？

生：会。

师：知道半径、直径的奥秘了吗？

生：知道。

师：谁能用自己的语言，向在座的老师和同学们，介绍一下你的新朋友“圆”呢？

生：圆是平面曲线图形，有一个圆心，用字母 O 表示，半径用字母 r 表示，直径用字母 d 表示。

生：我知道在同一个圆里有无数条半径，它们的长度都相等；有无数条直径，长度也都相等。

生：我还知道同一个圆里直径长度是半径的 2 倍，半径是直径的一半。

师：你们讲得都对，但是我国古代有一位大思想家他只用了五个字就把圆介绍完了，想不想认识一下？

生：想。

教师出示课件："圆，一中同长也。"（墨子）

师：其实，早在2000多年前，我国古代就有了关于圆的明确记载。墨子是我国古代伟大的思想家，他在著作《墨经》中这样的描述："圆，一中同长也"。

师：所谓"一中"指的是什么？

生：一个中心，就是一个圆心。

师：同长又指什么呢？

生：半径长度相等，直径长度相等。

师：这一发现和大家的发现怎么样？

生：完全一致。

师：我国古代墨子的这一发现比西方国家整整早了1000多年。

生：我国古代人民真是太聪明，太伟大了！

设计意图：以上教学片段中，学生的民族自豪感油然而生，激情满满，数学知识上升到思想高度。在这里，数学史料不仅仅作为课堂教学的一种点缀，更重要的是通过与学习内容的融合品味其中的含义，用于巩固、深化、拓展对圆的认知。

(2)"不以规矩，不成方圆。"

师：俗话说："没有规矩，不成方圆。"意思是没有圆规，就画不出圆。

师：同学们，你们能用圆规在白纸上画一个圆吗？

学生动手画圆，教师巡视。

师：我发现有的同学画得不圆是怎么回事？

生：可能是圆规的针尖动了。

生：可能是圆规两脚间的距离变了，这样就不能沿着原来的"轨迹"画了，圆就跑偏了。

师：这位同学说得很形象！如果想画得好必须遵循一定的"轨迹"。

教师借此强调圆规画圆的基本方法，一边示范，一边在操作中介绍圆心、半径、直径。

师：刚才同学们画的圆有大有小，老师想让大家画的圆一样大，怎么办？

生：老师要给我们规定好半径的长度。

师：请同学们用圆规画一个半径3厘米的圆。

学生动手画圆，教师巡视。

师：既然不用圆规我们依然创造出这么多画圆的方法，那么俗语中为什么还有"没有规矩，不成方圆"的说法呢？

生1：可能是古时候人们没想到这些方法吧？

生2：我觉得不是这样，因为可能一开始"没有规矩，不成方圆"指的是没有圆规和矩是画不出圆和方的，但是现在我觉得也对，应该意思发生了改变，不再仅仅指原来的意思了，而是指很多事情必须讲究规矩，懂得章法。

师：俗语"没有规矩，不成方圆"源自"不以规矩，不成方圆"（孟子）。"规"指圆规；"矩"指曲尺、直角尺。这句话本指不用圆规和曲尺是不能画出圆形和方形的，现在比喻做事要遵循一定的法则。

师：同学们在班级要遵守班规，在家里要遵守家规，任何时候都要遵守法律法规，这样我们的生活才能有序进行,人民才会幸福安康!

师:真没想到,一条普通的数学规律,经过上千年的流传,竟然成为我们生活中一条重要的人生准则。同学们,你们说数学是不是很奇妙?

设计意图:在这一教学环节中,学生掌握了画圆的方法,由无序任意画圆到用圆规画圆;由画任意大小的圆到画指定大小(半径为3厘米)的圆,深刻理解了"没有规矩,不成方圆"的含义。在讨论这句话在现代的对与否的过程中,教师适时对学生进行思想教育,使学生们的思想认知再次得到升华。

二、"圆"中渗透哲学思辨

数学知识无需终身铭记,但数学精神会激励学生终身;解题技巧无需终身掌握,但观念及其文化哲学会受用终身。在练习中,教师设计了以下两个环节:

环节一:

师:我国古代关于圆的研究和记载远不止这些,《周髀算经》是我国古代的数学名著,其中有这样一个记载:"圆出于方,方出于矩。"所谓"圆出于方"就是说最初的圆形并不是由圆规画出来的,而是由正方形不断切割而成的。

师:事实上这种方法至今仍在沿用,美术老师还会用这种方法教我们画圆。你们画过吗?

生:画过,但是不好画。

设计意图:在了解古人画圆方法的过程中,体会原来自己美术课上画圆的方法还有这样一段美丽的典故呢?数学文化正悄悄滋润着每位学生的心田。在落实知识与技能的同时,学会用数学的眼光分析生活问题,精彩演绎着数学文化。在不断学习与深化的过程中,始终有伟人与史料做伴,数学文化使得数学课堂变得丰满而圆润。在此,渗透"大白若辱,大方无隅,大器晚成,大音希声,大象无形"的哲学思辨。

环节二:

师:说起中国古代的圆,下面这幅图还真得好好介绍(出示太极图),你们认识吗?

生:阴阳太极图。

师:想知道这幅图是怎么构成的吗?

生:想。

师:它是由一个大圆和两个同样大的小圆组合而成的。

师:现在,如果老师告诉你小圆的半径是3厘米,你又能获得哪些信息?

三、"圆"中展现数学之美

师:不仅游戏中蕴含着丰富的数学规律,在我们生活的每一个角落,圆都扮演着重要的角色,化身成为美的使者,让我们一起来欣赏吧。

教师出示课件。伴随着优美的音乐,如下画面逐一展现在学生面前:生活中的圆形拱桥、世界著名的圆形建筑、中国著名的圆形景德镇瓷器、中国民间的圆形中国结、中国传统的圆形剪纸、世界著名的圆形标志设计等。

师:你们觉得这些画美吗?

生：太美了！我们生活的世界需要圆，如果没有圆，车子就无法自由地行驶，生活因为有了圆而变得多姿多彩。

师：这不正是圆的魅力所在吗？

师：古老的东方，圆在我们身上留下了深刻的印记。例如，中国人特别重视中秋、除夕佳节等，那是因为远在他乡的亲人一般在此时会回家团圆；中国古典文学喜欢以大团圆作结局，那是因为广大的读者也期盼大团圆的结局；中国人在表达美好祝福时常用的词汇有“幸福美满”“团团圆圆”等。

课后反思

多年以来，在学生们的心目中，数学一直与定义、法则、运算、机械、冷峻等联系在一起，难学难教、枯燥乏味。本节课教师借助多媒体，将自然、社会、历史、数学等各个领域中的圆有效整合，层层铺垫，不断推进，充分放大圆内含的文化特性，努力折射“冰冷”图形背后所散发的独特魅力，“圆”这一抽象的平面图形以一种瑰丽的姿态走入学生们的视野，让数学课堂摆脱原有的习惯思维与阴影，让数学真正的美丽动人起来。

总之，数学课上出文化味，追本溯源，教有根的数学是一种应有的现实价值追求。在实际教学中，恰到好处地运用背景资料，会加深学生对知识体系的理解，明白知识是“从实践中来，到实践中去”的道理，形成思维的螺旋上升。借此，上课伊始，教师选用学生感兴趣的游戏和生活中最常见的圆形物品及自然现象引入，激发学习探究的兴趣；课中学生探究结束后，教师及时介绍了我国古代关于圆的记载，从宏观视野丰富学生的认知；最后，教师借助“欣赏人文中的圆”等活动，以实践为基础、为出发点、为归宿，秉承文化的本质，致力于课程的育人功能，在关注社会、关爱生命中发挥积极作用。

了解古人智慧，探索比例奥秘

——“比例的应用”教学实践与反思

课前思考

《小学数学课程标准》指出：学生的数学学习内容应当是现实的、有意义的、富有挑战性的，这些内容要有利于学生主动地进行观察、实验、猜测、验证、推理与交流等数学活动。本节课利用古建筑的欣赏，从古人的物体交换和古建筑的视觉之美以及坚固持久两个层面激发学生兴趣、诱发思考。让学生感受古人的智慧，树立民族自信。

通过古人“物物交换”的原理，掌握列出比例的依据，能正确地列出比例，并联系已有知识“两个内项的积等于两个外项的积”熟练地解比例。

在巩固新知环节，利用学生的好奇心，理论联系实际，给学生介绍“明间面阔与柱高的比例为 10∶8。柱高与柱径的比例为 11∶1”，使学生了解比例对于古建筑的重要性，拓展学生的知识面。利用新知帮助教师选取建材，既给予学生成就感，又深化了新知，则本节课的主题得到升华。

教学目标

(1) 通过欣赏中国的古典建筑,感受古建筑的美,了解古典建筑的坚固的基本原理,体会古人智慧在古典建筑中的应用。

(2) 联系实际激发兴趣,让学生感受运用比例的重要性,体会解决问题方法的多样性,增强学生的应用意识和解决问题的能力。

(3) 经过探究活动,掌握知识间的联系,会运用“两个内项的积等于两个外项的积”求比例中的未知数。

教学实践

一、欣赏古典建筑,感悟古人智慧

(一) 出示古建筑图片

师:看了这些古建筑图片,你们有什么感受?

生1:非常漂亮。

生2:跟我们现在的房子很不一样。

生3:好像都是用木头做的,能坚固吗?

师:同学们太棒了!不仅善于观察,还勤于思考。古代的房子的确都是用木头做的,不仅美观,而且也非常坚固,古人智慧在建筑上得到了淋漓尽致的体现。

(二) 简单介绍,设疑导入

师:古代的建筑的确是木头建成的,仅用木头就能把房子建造得那么精美,形态各异,大小不一,古代劳动人民的智慧真的让人叹为观止。

师:请同学们仔细观察,这些木头是不是随意摆放的呢?

生1:肯定不是,我发现这些木头不仅摆放有序,而且还是经过加工的。

生2:我认为这是经过精心设计的,你看这些建筑这么漂亮。

生3:有的地方的古建筑直到现在还保存得那么完好,如果随意摆放不可能那么坚固。

师:同学们观察得很仔细,想法很有道理,我也赞同,老师认为古代的建筑造型精美,历经风雨,有的建筑千百年来依然完好,这与我们的数学知识是分不开的,那么,你们想不想了解其中的奥秘呢?

生:想。

师:好,我们就一起探索精美和坚固的原理“比例的应用”。

二、质疑问难，活动探究

（一）了解古人“物物交换”的知识

师：在原始社会，人们使用“以物易物”的方式，交换自己所需要的物资，例如，一把石斧可以换一只羊。今天我们也学习一下古人的智慧，从“物物交换”开始。

（二）呈现信息，提出问题

问题：已知 4 个玩具汽车可以换 10 本小人书，小明有 14 个玩具汽车，可以换多少本小人书？

（三）尝试解答，交流发现

师：仔细阅读上述问题，把自己的答案写下来。

生 1：$14\div 4=3.5$，$3.5\times 10=35$（本）。

生 2：$10\div 2=5$（本），$14\div 2=7$，$5\times 7=35$（本）。

生 3：4 个玩具汽车＝10 本小人书，8 个玩具汽车＝20 本小人书，12 个玩具汽车＝30 本小人书，2 辆玩具汽车＝5 本小人书，故 $12+2=14$（个），$30+5=35$（本）。

…………

师：仔细观察，思考同学们的想法，然后小组内交流，说说自己的发现。

生 1：我发现每一种方法都是玩具汽车的数量和小人书本数之间的关系。

生 2：我发现玩具汽车和小人书之间应该存在比例关系。

师：你们能发现玩具汽车与小人书存在比例关系可真了不起，大家一起来思考二者之间存在什么样的比例关系呢？

（四）拓展思路，探究新知

师：如果 14 个玩具汽车可以换 X 本小人书，同学们能不能列出比例呢？说说你们的想法。

生 1：$4:10=14:X$。

生 2：$10:4=X:14$。

生 3：$14:4=X:10$。

生 4：$4:14=10:X$。

师：想一想，这样列出比例的依据是什么呢？

生 1：玩具汽车和小人书之间的关系。

生 2：4 个玩具汽车可以换 10 本小人书，假设 14 个玩具汽车可以换 X 本小人书。

师：请同学们观察后思考，这几种方法有什么共同的特征？

生 1：玩具汽车与小人书之间存在相同的比例关系。

生 2：玩具汽车的两个数量的倍数关系与小人书两个数量的倍数关系是一样的。

师：你们说得太好了，看来你们都理解了。下面请你们试一试能不能把比例中的 X 解出来。

学生尝试解答后指名板演：

$4:10=14:X$	$10:4=X:14$	$14:4=X:10$	$4:14=10:X$
解：$4X=140$	解：$4X=140$	解：$4X=140$	解：$4X=140$
$X=35$	$X=35$	$X=35$	$X=35$

师：在这四种解法中都出现了“$4X=140$”，这一步出现的理由是什么？

生：两个内项的积等于两个外项的积。

师：通过了解古人的“物物交换”，我们知道了，其实比例在古人的生活中就已经开始应用了。同学们利用古人的智慧，发现了比例关系，并且解决了问题。这让老师看到了你们的聪明才智，现在让我们利用刚才学到的知识来看看比例在古代建筑中的应用吧！

三、联系实际，巩固新知

师：老师查阅资料发现，我国古代的建筑都是用木头做成的，不仅美观，而且坚固，其中就蕴藏着今天学习的比例知识。比如，在选取建造房屋的柱子时就很有讲究，“明间面阔与柱高的比例为 10∶8，柱高与柱径的比例为 11∶1”。意思就是“房屋中间两根柱子之间的宽度与柱子的高度的比例是 10∶8，柱子的高度与柱子直径的比例为 11∶1”。按这样的比例选取的理由是从视觉的美观和房屋的坚固性方面考虑的。

师：如果老师想建造一座仿古的房子，房屋中间两根柱子之间的宽度是 5 米，那么，这两根柱子该如何选取？请你们帮老师算一算。

生 1：解：设柱子的高度是 X 米。

$$10:8=5:X$$
$$10X=40$$
$$X=4$$

所以柱子的高度应该是 4 米。

生 2：仅仅算出柱子的高度还不行，还应该算出柱子的直径。根据“柱高于柱径的比例是 11∶1”，我算出要选取柱子的直径大约是 0.36 米。

师：你们都很棒，有了柱子的高度和直径，老师就可以放心地去选材了。

课后反思

中国古代建筑是中国古代劳动人民集体智慧的结晶，中华民族不但自文明伊始就睿智地选择了木材等有机材料作为结构主材，而且发展形成了世界上历史最悠久、持续时间最长、技术成熟度最高的结构体系。它造型优美、装饰性强、坚固耐用，可以抵抗自然灾害，其中都离不开比例知识的运用。

一是在欣赏中感悟古人智慧。

通过欣赏古代建筑，感受古建筑的精美，了解其坚固性。让学生领悟到古代的建筑不可能随意堆砌，其中一定蕴藏着相关的知识，从而激发了学生的求知欲，为接下来新知识的学习做好了铺垫。在欣赏环节学生的思维非常活跃，他们主动思考，积极发言。学生在没有思想负担的情况下，思维比较容易激发，实现了教学的预设。

二是探究新知理解比例的原理。

古人的智慧是无穷的，在原始社会就知道“物物交换”的原理，让学生理解物与物之间是可以交换的，但需要找到它们之间的对等关系，而这一关系恰恰就是列比例依据，再次感受古人智慧，增强了民族的自豪感。在情境中理解比例的原理，易学易会，为探究新知识搭建了桥梁，教学效果非常明显。

三是联系实际深化新知。

学生对新知识掌握的效果如何，要在运用中加以检验。这一环节教师采用了理论联系实际的做法，利用教师准备建筑一座仿古的房子，让学生帮助教师解决选材问题。这一富有挑战性的问题引起了学生的兴趣，也能使新知识得到检验和升华，理论联系实际的做法提升学生解决问题的能力。

此外，欣赏可以提高学生的审美能力，感悟可以让学生领会劳动人民的智慧，学生在欣赏和感悟中学到了数学知识，增强了民族自尊心和自豪感。

听历史故事，悟转化思想
——“圆柱体体积”教学实践与反思

课前思考

《小学数学课程标准》的基本理念指出：课程内容要反映社会的需要、数学的特点，要符合学生的认知规律。它不仅包括数学的结果，也包括数学结果的形成过程和蕴含的数学思想方法。本节课就利用了曹冲称象的故事感悟转化的数学思想，让学生了解历史，激发兴趣，经历圆柱体体积公式的推导过程，简要了解圆柱体体积计算在我国的发展历史，知道祖暅对圆柱体积计算的研究做出的巨大贡献。

通过数学故事的学习，让学生体会我国古人的智慧，激发他们的数学学习兴趣，体会故事中的数学思想，形成解决问题的方法，主动运用学习的数学方法解决生活中的实际问题。

圆柱体积的计算教学从以下几个方面展开：① 听曹冲称象的故事，了解其聪明之处——以“石”代“象”的等量代换，感悟转化；② 启发探究，借鉴曹冲称象的原理尝试转化；③ 借助祖暅原理明确转化数学思想的可行性，体会圆柱体转化成长方体的转化原理，经历圆柱的体积公式的推导。

教学目标

（1）通过圆柱体与长方体的类比，经历猜想与验证，探索圆柱体体积公式的形成过程，体会转化的数学思想。

（2）掌握圆柱体积的计算方法，能正确计算圆柱体体积，并会运用圆柱体体积计算方法，解决简单的实际问题。

（3）通过历史故事，了解数学转化思想，感悟古人智慧，增强民族自信心和自豪感。

教学实践

一、听历史故事,激趣导入

教师出示曹冲称象的情境图,简要叙述曹冲称象的过程。

师:从故事中,你觉得曹冲的聪明之处在哪里?

生1:没有杀死大象,又解决了大象的体重问题。

生2:等量代换。把大象的体重转化为石头的重量,因为大象无法分割,又没有那么大的秤,无法称出体重。但是石头可以分割,称出船上石头的重量就得到了大象的体重。

师:说得很好,曹冲解决难题的方法是以“石”代“象”,巧妙地利用了等量代换的关系。今天,老师也想看看同学们能否借鉴曹冲的聪明才智来解决本节课的难题。(板书:圆柱的体积)

二、巧妙转化,质疑探究

(一)感受圆柱体体积

(1)情景一。

师:这么粗的柱子如何知道需要多少木材?实际是求什么?体积如何计算?圆柱体积的大小与什么有关?

生1:圆柱越粗,体积就越大,我感觉圆柱体体积应与底面积有关。

生2:圆柱越长,体积就越大,我感觉圆柱体体积与圆柱的高有关。

师:你们很聪明,说得也很有道理。

(2)情景二。

师:一个杯子能装多少毫升的水呢?实际是求什么?

生1:应该是求圆柱形杯子的体积。

生2:不对,应该是求圆柱形杯子的容积。

…………

师:怎样计算圆柱形柱子的体积或圆柱形杯子的容积呢?下面我们就借鉴曹冲的办法看能否解决这个难题。

(二)利用转化思想进行活动探究

1. 尝试猜测,巧用迁移

师:请同学们说一说长方体和正方体的体积计算公式。

生1:长方体的体积=长×宽×高,正方体的体积=边长×边长×边长。

生2:长方体和正方体的体积统一计算公式是“底面积×高”。

教师出示圆柱体教具,让学生指一指圆柱体的底面积和高。请学生猜想圆柱体体积能否用“底面积×高”来计算。

生3：我认为是可以的，因为圆柱体同样有底面积和高。

生4：好像不行吧，它们的形状不一样。

师：太棒了！你们都敢于大胆猜测，表达自己的看法，那你们想不想知道古人是如何计算圆柱体的体积的呢？

生：想。

2. 出示祖暅的研究成果，理解转化的原理

师：早在我国南北朝时期，数学家祖暅提出体积的计算原理："幂势既同，则积不容异。""势"即高，"幂"是面积。通俗地讲，就是取一摞书放在桌子上组成一个几何体，无论怎么改变形状，无论得到多少个多面体，因为它们的高度没有发生改变，每页纸的面积也没有发生改变，所以它占据的空间的大小是不变的，也就是说它的体积没有发生改变。17世纪意大利数学家卡瓦列利也提出相同原理，而我国的数学家祖暅要比他早1000多年。

生1：我们古人太聪明了！

生2：为我们古人取得这样的成就感到自豪。

…………

师：根据祖暅的发现，你们认为圆柱体体积能不能用"底面积×高"来计算呢？

生：可以。

3. 验证猜测，经历公式的推导

师：几千年以前的古人已经验证了圆柱体体积与底面积和高有关。那就让我们遵循他们的足迹，继续探究吧。

(1) 验证猜测完成转化。

教师出示课件：将圆柱体转化成长方体。如图5-63所示，圆柱体被等分成16块、32块、64块，教师演示圆柱体拼体长方体的过程。

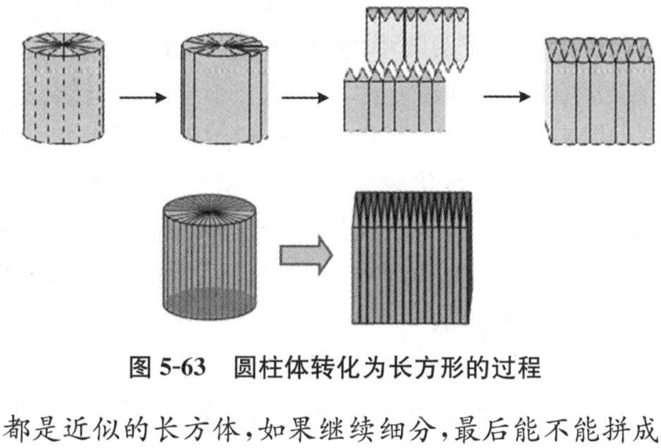

图5-63　圆柱体转化为长方形的过程

师：以上拼成的都是近似的长方体，如果继续细分，最后能不能拼成一个完整的长方体？

生1：可以的，因为越分越细，当分得足够细的时候，拼成的就是一个完整的长方体。

师：你们的想象力太丰富了。请大家思考一下，在圆柱体拼成长方体的过程中，发生了哪些变化？而哪些又没有变化？

生2：我发现高没变，体积也没变。

生3：我发现虽然它们底面的形状发生了变化，但是底面积的大小没变。

生4：它们只是形状发生了变化，体积还是相等的。

(2) 公式推导。

师：你们都是善于发现的孩子，请你们写一写圆柱体体积计算公式。完成后，可以和同桌分享，然后全班交流。

生 1：圆柱体体积＝底面积×高。

生 2：也可以写成 $V=sh=\pi r^2 h$。

师：你们太厉害了！在我国古人研究的基础上，完成了圆柱体体积的公式推导。老师既感受到古人的伟大，也见证了你们的聪明。

三、尝试应用，巩固新知

师：同学们，想不想利用你们的发现尝试解决问题呢？

生：想。

问题 1：已知一根柱子的底面半径是 0.4 米，高是 5 米，它的体积是多少？

问题 2：已知从水杯里面量，水杯底面直径是 6 厘米，高是 16 厘米，这个水杯能装多少毫升水？

以上问题由学生独立完成，教师点名让学生进行板演，并集体点评。

课后反思

转化也称化归，它是指将未知的、陌生的、复杂的问题通过演绎归纳转化为已知的、熟悉的、简单的问题，从而使问题顺利解决的数学思想。

日本著名数学教育家米山国藏指出："学生所学的数学知识，在进入社会后几乎没有什么机会使用，因而这种作为知识的数学，通常在走出校门后不到一两年就忘掉。然而，不管他们从事什么工作，唯有深深铭刻于头脑中的数学思想和方法等随时发生作用，使他们受益终身。"足见转化思想在数学教学中的重要性。在整个小学阶段，转化思想贯穿始终。例如，在数的认识中，用 1 根小棒表示"1"，10 根捆成一捆表示"10"；异分母分数加减转化成同分母的分数再进行计算；小数的乘、除法转化成整数的乘、除法再计算；平行四边形面积公式、三角形的面积公式、梯形的面积公式、圆的面积公式的推导都是把它们转化成长方形之后推导出来的；解决问题时，把不能直接解决的问题，运用转化的思想将其转化成已经能解决的若干个子问题，从而实现解决问题的目的。

圆柱体体积的计算与长方体和正方体的体积计算不尽相同。如何立足学生已有的知识经验，顺利完成知识的迁移呢？理解转化的原理尤为重要。所以本节课从历史故事入手，通过曹冲称象的故事，感受古人的聪明才智，再渗透数学的转化思想。在让学生猜测如何计算对圆柱体体积后，及时引入祖暅的研究成果，激发学生的学习兴趣，为圆柱体体积公式的推导做好铺垫，让学生在轻松愉悦的氛围中完成了圆柱体体积公式的推导。

一是了解古人智慧，感悟转化的数学思想。

《小学数学课程标准》指出：数学思想蕴含在数学知识形成、发展和应用的过程中，是数学知识和方法在更高层次上的抽象和概括。学生在积极参与教学活动过程中，通过独立思考、合作交流，逐步感悟数学思想。

中华民族历史悠久，各领域的成就举世瞩目，小小的历史故事或历史典故中都蕴含着古人的智慧。根据学生的年龄特点，以介绍历史故事的形式激发学习兴趣，可以有效避免为了学习数学而学习的枯燥形式，淡化了学生学习数学的恐惧心理。在历史故事中感悟数学上的转化思想，让每一位学生都愿意学习，感受数学与生活的联系，明白解决问题途径的多样性，理解转化是解决数学问题非常重要的方法之一。

二是关注古人成就，促成知识的顺利迁移。

本节课的难点是圆柱体积公式的推导。圆柱体给学生的直观感受是不易直接测量，有束手无策之感。在此引导学生观察圆柱体和长方体、正方体的相似之处——底面积和高。让学生大胆猜测它们的体积计算也应该有相通之处。当然，这只是猜测而已，想成为现实还需要理论支持，这就为展示古人的数学成就提供了契机。适时引入祖暅原理，为同学们的猜测提供了理论基础，使学生再次感受了转化的思想，促成了知识的迁移。长方体、正方体和圆柱体的体积计算可以用统一的计算公式“$V=sh$”，从而突破了本节课的难点。

三是古今结合，拓展应用。

圆柱体体积的计算既可以根据祖暅的圆柱体体积计算原理来实现，也可以经过“切、拼”后转化成长方体的方法来完成。古今结合，让学生进一步感悟数学的转化思想。理解直柱体都可以用“$V=sh$”计算其体积的原理。有了古今智慧的碰撞，教学目标很容易达成，接下来只要强调在具体解决问题的过程中要注意的细节即可。例如，仔细读题，明确已知什么、求什么。认真分析，能否用“$V=sh$”公式直接计算？计算中要注意什么？从而教给学生一套完整的解题方法。

转化的数学思想让人受益终身，不管是优等生，还是潜能生，虽然他们不一定能解释清楚什么是转化思想，但是他们在日常的生活学习中经常使用。本节课从故事入手，学生加深了对转化思想的认识，了解了我国的传统文化，感悟古人成就，增强了民族自信心和自豪感，使转化思想在他们的脑海中生根发芽。